KB211954

잠시 멈추어
재충전·재설정

시편 120~134
순례자의 노래와 손 잡고 걷기

잠시 멈추어
재충전·재설정

초판 1쇄 인쇄 _ 2022년 3월 5일
초판 1쇄 발행 _ 2022년 3월 10일

지은이 _ 정현진

펴낸곳 _ 바이북스
펴낸이 _ 윤옥초
책임 편집 _ 김태윤
책임 디자인 _ 이민영

ISBN _ 979-11-5877-287-1 03230

등록 _ 2005. 7. 12 | 제 313-2005-000148호
서울시 영등포구 선유로49길 23 아이에스비즈타워2차 1005호
편집 02)333-0812 | **마케팅** 02)333-9918 | **팩스** 02)333-9960
이메일 bybooks85@gmail.com
블로그 https://blog.naver.com/bybooks85

책값은 뒤표지에 있습니다.

책으로 아름다운 세상을 만듭니다. — 바이북스

미래를 함께 꿈꿀 작가님의 참신한 아이디어나 원고를 기다립니다.
이메일로 접수한 원고는 검토 후 연락드리겠습니다.

* 바이북스 플러스는 기독교 신앙의 본질을 담아내려는 글을 선별하여 출판하는 브랜드입니다.

잠시 멈추어 재충전·재설정

시편 120~134
순례자의 노래와 손 잡고 걷기

정현진 지음

바이북스†
ByBooks

호모 프로스펙투스(homo prospectus)

코로나19는 우리에게 잠시 멈출 기회를 안겨주었다. 이것이 진행되는 동안 우리는 짧게는 3-40년 뒤, 길게는 100여 년 뒤에 겪을 일들을 미리 경험하고 있다. 장차 열릴 새 시대가 팬데믹을 거치는 동안 우리 앞에 앞당겨지고 있을 뿐만 아니라, 그 내용의 일부가 자연스럽게 펼쳐지고 있다. 이런 뜻에서 코로나19는 우리에게, 여러 가지 어려움과 부작용을 낳는 동시에, 좋은 선물로 될 수도 있다, 우리 앞날을 선제적으로 준비할 기회와 시간과 지혜를 주니 말이다.

코로나19는 한편으로 지금까지의 우리 모습과 생활을 되돌아보게 한다. 다른 한편 그것은 인류가 앞으로 살아갈 새로운 시대를 어떻게 만들어나갈 것이냐에 눈을 뜨게 한다. 진실로 코로나19 덕분에 우리는 인간이 호모 프로스펙투스(homo prospectus 전망하는 인간, 미래지향적인 인간)인 것을 재확인한다.

물론 어떤 사람들은 그것을 선물로 받아들이기보다는 불편한 시간, 손해 보는 시간으로만 여기며 원망 속에 보낸다. 심지어 재난·재앙이라고 하는 사람도 있다. 물론 이런 것도 어느 정도 일리가 있다. 그런 것을 강조하는 사람들은 옛 생활이 하루빨리 회복(복구)되기를 기도드린다. 안타깝

4

게도 이것은 '복귀·복구'라는 뜻에서 극복·회복될 성질의 것이 아니다. 비록 코로나19가 어느 날 사라지더라도, 마치 그것이 없었던 것 같은 옛날은 두 번 다시 우리에게 찾아오지 않을 것이다.

우리는 옛 시대로 돌아갈 것을 꿈꾸는 대신에 새로운 사고방식과 생활방식·신앙양식을 통해 새 시대를 영접해야 하리라. 말 그대로 빅 리셋(Big Reset)이 필요하다.

화학자 프리고진(Ilya Prigogine)은 《혼돈 밖의 질서(Order Out of Chaos)》(1984)에서 말했다.

혼돈이란 단순히 의미 없는 요동이 아니다. 그것은 언제라도 질서를 창출할 수 있는, 다시 말해 질서를 내포한 상태다.

이 말을 듣고 나는 깜짝 놀랐다. 모든 것이 뒤죽박죽 종잡을 수 없는 상태가 혼돈과 공허라고 생각했는데, 그 혼돈 속에도 질서가 있다니? '그렇다면 혼돈과 공허가 찾아올 때 거기 숨어있는 질서를 찾아내며 그 질서를 따라가면 출구가 보이겠구나' 하는 깨달음을 얻었다.

하나님도 말씀하셨다. '땅이 혼돈하고 공허하며 흑암이 깊음 위에 있고 하나님의 영은 수면 위에 운행하시니라'(창 1:2) 성령 하나님은 온통 혼돈 공허 어둠만 보이는 현실에서 창조의 새 아침을 준비하는 분이셨다. 그분은 옛 코스모스 한 복판에서 새 코스모스를 품으셨다. 그 성령님은 우리 시대에도 우리와 함께 계신다.

당나라 시인 백거이(白居易 772~846)는 잠시 멈추는 기간에 관해 이렇게 말했다.(불출문 不出門＝문밖으로 나가지 않으며)

不出門來又數旬(불출문래우수순)

문 밖으로 나가지 않은 지 또 수십 일

將何銷日與誰親(장하소일여수친)

무엇으로 소일하며 누구와 벗할까

鶴籠開處見君子(학롱개처견군자)

새장 열어 학 보니 군자 만난 듯

書卷展時逢古人(서권전시봉고인)

책 펼쳐 읽으니 성인 뵙는 듯

自靜其心延壽命(자정기심연수명)

제 마음 고요히 하면 더 오래 살고

無求於物長精神(무구어물장정신)

물질에서 구하지 않으면 정신력 강해진다

能行便是眞修道(능행편시진수도)

이렇게 하는 게 진정한 수양이니

何必降魔調伏身(하필강마조복신)

어찌 마귀 이겨야만 육신이 다스려지랴

그리스도인인 우리는 코로나19와 그에 따른 여파로 매우 당황하고 있다. 정부와 언론은 교회를 방역의 방해꾼으로 취급한다. 극소수를 뺀 대다수 교회와 성도들이 방역정책에 따를 뿐만 아니라 방역대책 이상으로 자제하는 데도 우리를 대하는 그들의 시선은 차갑다 못해 따갑다.

정부와 대다수 언론은 신앙(교회)을 사회정치적 관점으로만 바라보았다. 그들은 오직 코로나19 방역정책 특히 전염병 감염에 교회와 신앙인이 방해가 되느냐 아니냐에만 눈을 둘 뿐이었다. 신앙이 사람들의 영혼과 생활에 어떤 기능과 역할을 하는지에 마음을 쓰지 않았다. 그들은 단지 교회가 모이느냐 모이지 않느냐에만 초점을 맞출 뿐 주일예배 참석 등 신앙이 각 사람의 정신건강과 영혼의 활력에 얼마나 선한 영향을 미치는 지에 관심조차 없다. 그러면서도 코로나 블루(코로나 우울증)를 태연하게 염려하는 이중적인 모습을 노출시켰다.

개신교인과 교회는 팬데믹 상황에서 각기 자기들이 지닌 다양한 신앙관과 거기서 파생되는 여러 가지 신앙양태를 가감 없이 세상 사람들에게 노출시켰다. 극소수 교회와 성도는 자신의 자유가 남을 해치는 무기가 될 수 있다는 사실에 아예 눈 감았다. 언론은 그런 모습을 크게 보도했다.

진보진영과 보수진영 및 그 사이에 존재하는 다양한 모습의 교회와 성도는 각기 상대방을 서로 무시하거나 폄하하며 자기 색깔을 드러냈다. 그들은 상대방을 비난하는 것으로 정체성을 드러냈다. 여기에서 상호존중도 절제도 찾아보기 힘들었다. 마냥 저급할 뿐이었다. 코로나19 상황에서 불어 닥친 교회안팎의 도전 앞에서 개신교회의 이미지와 위상은 보수·진보할 것 없이 크게 떨어졌다.

이제 교회는 세상 사람들에게 영적으로 어떤 힘이 있고, 그 역할을 어떻게 감당할 것인가 대답할 과제를 안고 있다. 이것은 진정한 신앙의 길, 교회를 살리는 길이 어디에 있는가 라는 물음과도 관련된다.

순례자의 노래(시편 120-134)는 일상생활의 순환을 잠시 멈춘 사람이 부르는 노래다.

순례 여행(여정)은 휴식과 안정이다. 평소 우리 생활은 앞만 보고 달리는 식으로 펼쳐진다. 그런 인생에게는 진정한 휴식도 안정도 없다. 그렇게 살던 사람이 일상생활의 순환을 잠시 멈추고 순례의 길을 떠나는 것은 마음과 영혼의 휴식이다. 순례여행은 그 목적지의 경치나 그곳에 모이는 사람, 기도, 예배 등으로 이루어지지 않는다. 그 자체가 자기 생활에 찍는 쉼표다. 순례자에게는 매일 지지고 볶는 사회현장에서 멀어지는 것 자체가 이미 휴식이요, 안정일 것이다.

순례 여행(여정)은 재충전(recharge)이다. 우리는 '자기 밖에서' 찾아오는 현실에 대해 '자기 안(내면)의 힘'을 기르며 발휘하기보다는 '자기 밖의(세상적인) 힘'으로 대응하곤 한다. 그것으로 의미도 발견하고 성공여부를 가늠해 왔다. 우리는 그렇게 돌아가는 생활의 톱니바퀴에 치이면서 자주 방전(放電)된다. 탈진(脫盡 번 아웃 burn out)한다. 그 정도로 심하지 않은 경우라도 어떤 사람은 정서와 영혼이 고갈된 채 아무렇지 않은 듯 살아가다가 나중에 큰일을 치른다. 순례는 우리를 상하게 만드는 것들을 뛰어넘어 '자기 안의 힘'을 기르며 몸과 마음과 영혼의 활력을 재충전하는 여정이다.

순례 여행(여정)은 재설정이다. 이것이야말로 순례여행의 최종 목적이다. 순례여행은 유품, 건물, 사람 등을 보러 가는 것이 아니다. 그들 안에 담긴 신앙과 비전을 품고 돌아와 자기 인생의 방향과 목적을 다시 설정하는(리셋 reset) 것이다. 바로 이것으로 성지를 찾은 이가 단순한 구경꾼인가 순례자인가가 판가름 난다.

세상 사람에게 20세기의 화두가 소유였다면, 21세기의 그것은 행복이다. 세상적인 쾌락이나 즐거움은 순례자 자신의 존재의미에 보탬이 되지 않는다. 그것은 결코 순례자의 목표가 아니다. 그것은 순례자의 목표가 되어서도 안 되며, 될 수도 없다. 순례자의 행복은 단지 재충전과 재설정 과정 그 자체이며, 그 결과로 나타날 뿐이다.

성도들 가운데 정기적으로 성지를 순례하는 이들이 있다. 주변 사람 중에 스페인의 야곱의 길(산티아고 데 콤포스텔라)에 다녀온 사람도 있다. 집이나 교회에서 성경을 읽고 묵상하며 찬송을 부르는 것으로 매일 매일 순례자가 되는 이도 많다. 순례하는 동안 그는 평소의 일상생활을 잠시 멈춘다. 그리고 자신과 사회의 내일을 위해 자기 자신을 재충전하고 재설정한다.

순례자가 잠시 멈추는 이유는 무엇인가? 그가 버리는 것은 무엇이고, 얻는 것은 무엇일까? 평소의 일상을 내려놓고 새로운 일상을 시작하는 그가 찾고자 하는 것은 무엇인가?

이런 문제의식을 안고 이번 사순절에 우리는 시편 가운데 순례자의 노래를 만나고자 한다.

이 책이 나오기까지 함께 수고하신 바이북스의 윤옥초, 김태윤, 이민영 님에게 고개숙여 감사드린다.

2022년 임인년(壬寅年)이 밝아오는 어느 날
인왕산 기슭에서

9

차례

잠시 멈추며 재충전·재설정
시편 120~134 순례자의 노래와 손 잡고 걷기

머리말 4

01 내 입의 말과 마음의 묵상이(시 19:14) 16

02 부르짖었더니(시 120:1-2) 20

03 네게 무엇을 줄까?(시 120:3-4) 25

04 나는 평화!(시 120:5-7) 29

05 산으로 향하는 눈(시 121:1-2) 35

06 너를 지키시는 자(시 121:3-4) 39

07 네 오른 쪽에서(시 121:5) 43

08 해도 달도(시 121:6) 47

09 너를 지켜(시 121:7) 52

10 지금 그리고 영원(시 121:8) 56

11 기쁘다(시 122:1) 60

12 와아!!!(시 122:2-3) 64

13 그리로 올라가는도다(시 122:4-5) 72

14 교회를 사랑하는 자의 복(시 122:6-9) 80

15 눈을 들어(시 123:1-2) 85

16 은혜 주소서(시 123:3-4) 90

17 만일 여호와가 아니었더라면(시 124:1-2) 94

18 그때에(시 124:3-5) 99

19 우리 영혼이 벗어났도다(시 124:6-7) 104

20 우리 도움은(시 124:8) 109

21 흔들리지 않게 흔들리지 않게(시 125:1-2) 114

22 선대하소서, 이런 자들을(시 125:4) 118

23 이스라엘에게 평강이 있을지어다(시 125:5) 122

24 마치 꿈꾸는 것 같았도다(시 126:1-2) 126

25 따르는 신앙인(시 126:3-4) 131

26 울면서 하는 일(시 126:5) 135

27 눈물의 미학(시 126:6) 140

28 일하시는 하나님(시 127:1) 147

29 부지런하게도 그리고 게으르게도(시 127:2) 152

30 선물(시 127:3-5) 157

31 참으로 복되도다(시 128:1) 162

32 네 손이 수고한 대로(시 128:2) 166

33 결실한 포도나무(시 128:3-4) 170

34 넓어지는 복의 지평(시 128:5-6) 174

35 그들은 나를 이기지 못하였다(시 129:1-2) 178

36 세상을 이기는 승리는 이것이니(시 129:3-4) 182

잠시 멈추며 재충전·재설정
시편 120~134 순례자의 노래와 손 잡고 걷기

37 품에 차지 않다(시 129:5-8) 186

38 내가 깊은 곳에서(시 130:1-2) 191

39 들으소서(시 130:2) 197

40 내 탓이로다(시 130:3-4) 202

41 기다림(시 130:5-6) 206

42 '깊은 곳'에서 '깊은 사람'이 나온다(시 130:7-8) 212

43 고요한 영혼(시 131:1) 216

44 젖 뗀 아이(시 131:2-3) 221

45 과거를 기억하며 미래를 소망하라(시 132:1) 225

46 야곱의 전능자가 계시는 곳(시 132:2-5) 230

47 졌더라도 진 것이 아니다(시 132:6) 235

48 엎드려 예배하리로다(시 132:7-10) 239

49 굳게 서리(시 132:11-12) 244

50 구원을 옷 입히리니(시 132:13-16) 249

51 기도와 응답(시 132:17-18) 255

52 어찌 그리 선하고 아름다운가!!!(시 133:13) 259

53 당신은 사랑받고 있는 사람(시 133:2-3) 264

54 어둠 속에 이루어진 부활(시 134:1) 270

55 손 높이 들고(시 134:2-3) 274

56 특별한 소유(시 135:1-4) 278

57 안개를 땅 끝에서 일으키시며(시 135:5-7) 283

58 기업을 주셨도다(시 135:8-14) 287

59 시온(시 135:19-21) 292

60 어찌 그리 사랑스러운지요!(시 84:1-4) 298

61 길(시 84:5-7) 303

62 천날과 하루(1000<1)(시 84:8-12) 308

부록 순례자의 노래 314

참고문헌 323

1
내 입의 말과 마음의 묵상이

시19:14

찬송가: 88장(내 진정 사모하는 친구가 되시는)

> 나의 반석이시요 나의 구속자이신 여호와여 내 입의 말과 마음의 묵상이 주님
> 앞에 열납되기를 원하나이다(시 19:14)

이것은 기도입니다. 노래로 드리는 기도입니다. 우리는 교회학교에 다
니던 시절 '나의 입술의 모든 말과 나의 마음의 묵상이 주께 열납되기를 원
하네…'라는 복음성가를 불렀습니다.

예수님은 공생애 대부분을 갈릴리 지방에서 보내셨습니다. 그러다가도
유대인의 전통 축제(예를 들면 유월절)에 참여하러 이따금 예루살렘에 올라
가셨습니다.(눅 2:41; 요 2:13; 5:1; 7:2; 11:55) 예수님은 이럴 때 유대인 순
례자들 가운데 한 분이었습니다.

유대인 순례자들이 즐겨 부르는 찬송시가 있습니다. 그것이 시편
120~134편입니다. 이 15개 시편의 제목은 다 똑같습니다: '성전으로
올라가는 노래'(쉬르 함마알로트 *šîr hamma'ǎlôt* 칸티쿰 아센시오눔 *Canticum
ascensionum*) 이것들은 예루살렘이 아닌 다른 곳에 살다가 이스라엘 민족이

다 함께 모여 하나님을 찬양하며 즐기는 명절(유월절 오순절 초막절)에 예루살렘을 향해 가며 부르는 노래로 알려져 있습니다. 이런 이유로 이것들을 〈순례자의 노래〉라고도 부릅니다.

경건한 이스라엘 사람들은 일 년에 세 번 성지 예루살렘을 순례했습니다. 성경에 그렇게 하라고 되어 있기에 그들은 말씀대로 따랐습니다.

봄에는 유월절이 있습니다. 그들은 이집트에서 자기 민족을 구원하신 하나님의 구원을 기억하며 순례 길을 걸었습니다. 초여름엔 오순절이 있습니다. 그들은 자신이 하나님 언약 백성인 것을 기억하며, 섬김과 헌신으로 그 언약을 지키리라 다짐하며 순례길에 올랐습니다. 가을엔 초막절이 있습니다. 하나님께서 자기 인생과 가정에 베푸신 결실의 복에 감사드리며 그들은 순례자가 되었습니다.

그들은 그 절기와 절기 사이 매일 매일 하나님 백성이라는 자아의식을 안고 살았습니다. 그러다가 위와 같은 때가 되면 평소의 일상을 중단하고 생활의 터전을 떠나 예루살렘으로 향했습니다. 순례자로 사는 새로운 일상이 예루살렘에 다녀오는 기간 동안 계속되었습니다. 평소의 일상과 새로운 일상이 이렇게 교차하면서 그들의 인생은 하나님의 말씀과 뜻에 따라 움직였습니다.

오늘 우리는 코로나19로 인하여 평소의 일상과 새로운 일상 사이의 긴장관계 속에 살아갑니다. 우리는 이 새로운 현실에 한편 당황하면서 다른 한편 성전에서 드리던 예배를 그리워하면서 영적 순례의 길을 떠납니다.

이요섭이 작사·작곡한 〈순례자〉입니다.

1) 나는 순례자 이 세상에서 언젠가 집에 돌아가리

어두운 세상 방황치 않고 예수와 함께 돌아가리

후렴) 나는 순례자 돌아가리 날 기다리는 밝은 곳에
    곧 돌아가리 기쁨의 나라 예수와 함께 길이 살리

2) 나는 순례자 방황하지만 예수 내 구주 이끄시네
    영광의 나팔 소리 들릴 때 천사 날 위해 찾아오리

3) 나는 순례자 피곤한 몸을 하늘나라에 누이시네
    주 볼 때마다 영광 나타나 승리를 위해 찬양하리

신앙인인 우리는 이 땅에서 살아가는 순례자입니다. 세상살이와 신앙의 여정에서 우리는 가끔 뜻밖의 어려움이나 황당한 사건을 만나곤 합니다. 이번 코로나19도 바로 그런 것들 가운데 하나입니다.

2년 넘게 코로나19가 기승을 부립니다. 그로 인해 우리는 평소에 해오던 생활에 커다란 지장을 받고 있습니다. 성도들은 성전에 모여 드리는 예배에 어려움을 겪습니다. 그 동안 우리는 중간 중간 성전에 모이는 대신에 가정(영상)예배를 드리기도 했습니다. 우리는 평소 '성전 뜰만 밟고 가지 말고 말씀을 가슴에 새기고 가게 인도하소서'라고 기도드려왔습니다. 이제는 그 성전 뜰이라도 자유롭게 밟고 싶은 심정입니다.

2년여 전만 해도 상상조차 하지 못했던 지금의 상황에 우리는 당황스럽습니다. 처음에 우리는 코로나19가 서너 달이면 끝나리라 기대했습니다. 그러던 것이 2년 넌 넘게 계속되고 있습니다. 아직 그 끝이 보이지 않습니다. 그래서 많이 안타깝습니다. 언제든 자유롭게 찾았던 성전과 그곳에서 만나는 하나님과 믿음의 형제자매들을 기억하며 우리 마음은 무겁습니다.

코로나19와 그로 인해 생겨난 일들로 힘들어 하면서도 우리는 여기에도 하나님의 목적과 뜻이 개재되어 있으리라 믿습니다. 우리는 코로나19로 인해 할 수 없게 된 것들을 아쉬워하면서도, 그로 인해 생겨난 긍정적인 요소들을 놓치지 않습니다. 우리는 그것들을 선용하여 발전하며 성숙할 동기를 찾아냅니다.

우리는 이런 마음으로 사순절기에 열다섯 편의 시 〈성전으로 올라가는 노래〉를 묵상합니다. 이 순례의 길을 시작하며 우리는 기도드립니다.

"나의 반석이시요 나의 구속자이신 여호와여 내 입의 말과 마음의 묵상이 주님 앞에 열납되기를 원하나이다(시 19:14)"

이것은 한편으로 그동안 동행하신 주님의 은혜에 감사드리며 기억하는 것이요, 다른 한편으로는 우리 마음과 몸을 힘들게 하는 것들 하나 하나를 믿음으로 견뎌내고 이겨내려는 우리의 기도입니다.

2
부르짖었더니

시120:1-2

찬송가: 338장(내 주를 가까이 하게 함은)

> 1 내가 환난 중에 여호와께 부르짖었더니 내게 응답하셨도다
>
> 2 여호와여 거짓된 입술과 속이는 혀에서 내 생명을 건져 주소서

이것은 '성전에 올라가는 노래' 중 첫 번째 곡 첫 구절입니다. 교회는 오랫동안 시편 120편을 '고난을 겪으며 주님을 향해 부르짖습니다'(*Ad dominum cum tribularer clamavi*)라고 불러왔습니다. 시편 120편은 세상의 거짓과 미움으로 인해 괴로움을 느끼며 그러한 고뇌와 갈등을 가지고 사는 사람이 부르는 노래입니다. 그러니까 곧 우리 노래이기도 합니다.

여기서 시인은 세상 사람의 거짓과 미움에 시달리고 있었습니다. 그 와중에도 그는 '여호와'의 이름을 두 차례나 부르며 기도를 드렸습니다. 이것이 이 시편 전체의 핵심 낱말입니다. 이를 통해서야 비로소 본문이 제대로 보입니다. '여호와'라는 이름, '주님'이라는 단어가 우리 입에서 나오는 순간, 우리 자신의 진실과 하늘을 찌를 듯한 세상의 거짓말이 다 드러납니다.

우리도 거짓이나 미움과 관련하여 주변 사람에게 시달린 경험이 있습니

까? 아마 여러 차례 그런 일을 겪었을 것입니다. 그럴 때 심정이 어떻습니까? 그 마음 아픔과 명치끝이 시리는 고통을 기억하며 시 120:1-4를 다시 천천히 읽어보십시오. 아마 그 기억을 떠올리며 처음 읽는 몇 번 동안에는 가슴 속에 폭풍이 몰아칠 것입니다. 마음이 진정될 때까지 이 말씀을 계속 읽으십시오.

그렇게 여러 차례 이 말씀을 되풀이 읽어가노라면 한 번 더 읽을 때마다 직전에 읽을 때보다 마음이 차분해지지 않습니까?

순례자의 노래는 바로 그 불편함에서부터 시작합니다. 우리 귀에 거슬리고 우리 마음에 회오리바람을 일으키는 현실에서부터 시작합니다. 그 순례자의 노래는 마침내 우리의 불편한 마음과 생활현실을 잠재우는 위로부터 오는 힘을 느끼게 합니다.

우리는 순례자 하면 웬지 고상하고 경건한 사람으로 생각합니다. 순례자는 우리 보다 한 수 위에서 인생을 바라보고 사는 사람으로 여겨집니다. 사실이 그렇습니다.

여호와께 내 환난 중에 나는 부르짖었다(직역)

이것이 순례자가 부르는 노래의 첫 소절입니다. 여기에 보통사람과 순례자의 차이가 드러납니다. 보통 사람 같으면 노래를 '나는 부르짖었다'라고 시작할 것입니다. 순례자는 '여호와께'로 시작합니다. 이 시편은 사실상 '여호와께'로 시작됩니다. 이것은 표제어 다음 첫 낱말입니다.

순례자의 첫마디는 '우리(나)는'이 아니라 '여호와'였습니다. 우리는 어떻습니까? 혹시 우리가 겪는 이런 저런 문제를 죄다 주절거리고 나서 또는 우리에게 이런 저런 골칫거리를 안겨준 사람들에게 실컷 원망하고 나서 맨 나중에야 기도를 시작하지 않나요?

'여호와께' - 바로 여기가 우리 출발점입니다. 이 외침은 단순히 괴롭다고 부르짖는 투정이나 절규가 아닙니다. 그것은 불편한 현실을 딛고 일어나 새로운 시작을 불러옵니다.

순례자에게는 부르짖을 상대가 있었습니다. 하소연할 상대가 있었습니다. 이것이 얼마나 큰 복입니까? 앞이 캄캄하고 막막할 때, 억울하고 분할 때, 전후좌우 어디를 둘러봐도 도움의 손길을 발견할 수 없을 때, 우리는 어떻게 합니까? 부르짖을 곳도 하소연할 곳도 없다면 그 자체로 이미 절망입니다.

순례자가 여호와의 이름을 부른 이유가 무엇입니까?

여호와여 거짓된 입술과 속이는 혀에서 내 생명을 건져 주소서(2절)

세상사람 중에는 '거짓된 입술과 속이는 혀'를 가진 사람도 있습니다. 그런 사람일수록 은근하게 친근하게 다가옵니다. 그를 믿다가는 자기가 가진 것(사업)이 한 순간에 다 넘어갈 수도 있습니다. 자칫 가정이나 생명이 위태로울 수도 있습니다.

똑똑한 사람들은 남에게 속지 않을까요? 그렇지 않습니다. 세상에서 꽤나 똑똑하다고 여겨지는 사람도 작정하고 속이는 자 앞에서는 속수무책인 경우가 많습니다. 어쩌면 스스로 지혜있다고 생각하는 사람이 더 잘 속아 넘어갑니다. '나는 절대로 속지 않아, 내 판단은 너의 그것보다 정확해'하다가 자기도 모르는 사이에 넘어가기도 합니다.

그렇게 당한 사람의 심정은 어떻겠습니까? 아마 상대방을 '날카로운 화살'로 쏘아 죽이고 싶고 '로뎀 나무 숯불'로 태워 죽이고 싶지 않을까요?(4

절) 순례자는 이런 심정을 안고 '여호와의 이름'을 부릅니다.

오늘 우리는 어떤 심정으로, 어떤 상황에서 영적인 순례를 하고 있습니까?

순례자의 기도(Pilgergebete)

– 미샤엘 케슬러(Michael Kessler)

시작하게 하시는 주 하나님!

우리에게 복을 내리소서,

주님 부르심에 반응할 때,

주님 목소리가 손짓할 때,

주님의 신이 시작하게 하시고 또 시작하게 하도록 우리를 감동시키실 때.

시작하게 하시는 주 하나님!

우리와 동행하시며 보호하소서,

타성에서 벗어나고자 할 때,

구습을 타파하려 할 때,

감사한 마음으로 뒤를 되돌아볼 때,

새로운 길을 가고자할 때.

시작하게 하시는 주 하나님!

주님 얼굴을 우리에게 향해 주소서,

우리가 잘못된 길로 향하는 것이 아니라면,

우리가 불안에 떨 때,

우회하는 길이 우리를 지치게 할 때,

불확실성이란 폭풍우에서 방향을 찾을 때.

시작하게 하시는 주 하나님!

우리 길에도 빛을 비추소서,

무기력감이 우리를 휘감을 때,

우리가 낯선 땅에 들어설 때,

우리가 주님에게 보호를 요청할 때,

우리가 감히 새로운 길을 추구할 때,

우리의 내적 여정에.

시작하게 하시는 주 하나님!

우리와 동행하소서,

우리 자신에게, 사람들에게, 주님에게 가는 길에.

주님의 선하심으로 우리에게 복을 내리소서.

주님의 친근한 얼굴을 보이소서.

주님의 자비하심으로 우리를 만나주소서.

주님 평화의 빛을 비추어주소서, 우리의 길마다. 아멘.

3

네게 무엇을 줄까?

시120:3-4

찬송가: 348장(마귀들과 싸울지라)

> 3 너 속이는 혀여 무엇을 네게 주며 무엇을 네게 더할꼬
>
> 4 장사의 날카로운 화살과 로뎀 나무 숯불이리로다

이것은 시인이 겪는 고통의 원인들 가운데 하나를 보여줍니다. 그것은 '속이는 혀'입니다. 2절과 3절에 이것은 세 차례나 언급될 만큼 시인을 괴롭게 했습니다. 그것은 마치 i) 장사의 날카로운 화살 ii) 로뎀나무 숯불처럼 시인을 번뇌하게 만들었습니다.

시인이 어떤 환난 중에 있었는지 2절에 나옵니다. 우리는 보통 환난이라고 하면 자신이 견뎌내기 어려운 정도로 극심한 고통을 말합니다. 원수가 나를 죽이려고 하거나 물질적인 고통, 혹은 육체적인 병에 걸려서 언제 죽을지 모르는 상황을 환난이라고 부릅니다.

지금 시인이 겪고 있는 환난은 그런 종류의 것이 아닙니다. 2절 말씀입니다. "여호와여 거짓된 입술과 속이는 혀에서 내 생명을 건져 주소서"

'거짓된 입술과 속이는 혀'들 속에 사는 것이 그에게는 환난이었습니다.

세상 사람들과 함께 어울려 살아가다가 보면 거짓된 입술과 속이는 혀는 매일 경험하는 일상입니다.

코로나19 와중에도 가짜뉴스가 얼마나 많이 떠돌아다닙니까? 생전 처음 보는 바이러스 병균이라서 그런 것만은 아닙니다. 방역에 온 힘을 기울이는 의료진의 수고나 정부당국의 노력을 비웃듯이 여러 가지 종류의 거짓뉴스가 유튜브는 물론 TV나 일간 신문에 버젓이 등장하곤 합니다. 그들은 모르면서도 아는 체 하느라 그런지, 상대방을 비방하느라 그런지 정제되지도 않은 부정확한 소식을 쏟아냅니다. 이런 것들은 그것을 해명하느라 쓰지 않아도 될 힘과 시간을 사용하게 하니 낭비도 이만 저만한 낭비가 아닙니다. 이런 행위는 가뜩이나 지쳐가는 사람들을 더 지치게 하는 사회악입니다.

하나님을 믿지 않거나, 믿는다 하면서도 하나님 없이 살아가는 사람들은 자주 거짓된 입술과 속이는 혀를 우리에게 보여주지 않습니까? 진실을 말하는 사람이 거의 없을 정도로 그들은 자기의 유익을 위해서 살아갑니다. 세상의 삶의 법칙이 거짓된 입술과 속이는 혀입니다. 우리는 그 속에서 속고 속이며 진실과 의리 없는 곳에서 당하고 실망하며 살아갑니다.

사람들은 흔히 혀에 기름이라도 바른 듯 매끄럽고 번지르르하며 유창하게 말하는 이를 더 잘 받아들이곤 합니다. 무엇인가 있는 듯이 말하는 그의 말을 듣고 있노라면 마치 금방이라도 무엇인가가 이루어질 듯 여겨집니다. 그런 사람의 공통점이 있습니다. 그들은 과거나 현재보다는 미래를 말합니다. 그것도 자기 앞의 사람이 듣기 좋아할, 듣고 싶어 할 내용으로 장담하곤 합니다. 이런 사람을 신뢰하지 않도록 조심해야 합니다.

그 사람은 자신이 지금 하지 않는 것을 합리화하려고, 또는 다른 사람이 자신과 자신의 말을 받아들이게 하려고 미래 일을 앞질러 이야기합니다.

그러나 그가 자신이 말한 대로 행할지는 아무도 모릅니다. 아니 그럴 가능성은 거의 없습니다. 아마 시간이 조금 지나면 자기가 그런 말을 했는지조차 잊을 것입니다.

시인은 어쩌면 굉장히 순진한 사람이었을지도 모릅니다. 세상을 낙관적으로 살아서 모두 내 마음 같을 것이라 생각했을지도 모릅니다. 그런데 살아보니까 그렇지 않았습니다. 사람들은 마음속에 칼을 품고 살아갑니다. 그들은 입으로는 좋은 말을 하고 얼굴은 천사의 모습을 하더라도 뒷모습은 악마의 얼굴이고 입술에는 속이는 혀를 가지고 날카로운 칼로 사람들을 찌르며 살기도 합니다.

장사의 날카로운 화살은 우리를 다치게 하거나 쓰러지게 만드는 인생의 장애물을 가리킵니다. 장사는 한창 혈기왕성한 군사 또는 장군을 가리킵니다. 누군가를 해치려 하는 순간만큼은 누구나 다 장군처럼 위협적인 존재입니다. 그가 준비한 무기 '날카로운 화살'이 얼마나 예리하며, 얼마나 치명적이겠습니까? 누구에게나 이런 것이 서너 개 쯤 있습니다.

로뎀나무에 불을 붙이면 순식간에 불타오릅니다. 그 불의 열기는 오래 지속되기도 합니다. 이는 한 순간에 우리를 태워버릴 듯 달려드는 위기와 위험을 가리킵니다. 우리가 살아가는 이 세상에는 이런 것들이 적지 않습니다. 지금 당장 우리 눈에 띄지 않기에 어느 곳 어느 사건 어느 사람을 통해 그런 것이 닥쳐올지 우리는 다 알지 못합니다.

인생을 사는 동안 누구나 그 독화살을 맞을 수 있습니다. 독화살을 맞으면 가장 먼저 할 일이 무엇입니까? 몸에 독이 퍼지기 전에 최대한 빨리 그 화살을 빼내고 치료받는 일입니다. 이런 사실을 알면서도 사람들 대부분은 "누가 이것을 내게 쏘았지" 하면서 범인부터 찾아내려고 합니다. 그러는 사이에 자기가 먼저 죽어가지요.

인생을 사는 동안 누구나 그 불길을 만날 수 있습니다. 그 불길이 일어나면 가장 먼저 할 일이 무엇입니까? 다 타버리기 전에 먼저 그 불을 끄는 일입니다. 이런 사실을 알면서도 사람들 대부분은 "누가 이 불을 내게 질렀지" 하면서 범인색출에 먼저 나선다고 합니다. 그러는 사이에 자기가 먼저 그 불길에 타들어가지요.

시편 120편의 시인도 독화살을 맞았습니다. 거짓된 입술과 속이는 혀(2절)의 아픔을 당했습니다. 시인은 화평을 원하는데도(7절) 악한 자들은 거짓과 속임수로 그의 인생을 무너뜨리려 했습니다. 거짓과 속임수라는 독화살을 맞아본 사람들은 그것이 얼마나 쓰라린지 압니다. 아마 그도 복수 하고 싶었을 겁니다. 독화살을 쏜 자를 찾아내서 그대로 갚아주고 싶었을 것입니다. 그러나 시인은 다르게 반응합니다.

> 내가 환난 중에 여호와께 부르짖었더니 내게 응답하셨도다 여호와여 거짓된 입술과 속이는 혀에서 내 생명을 건져 주소서(시 120:1-2)

우리(나)는 어떻습니까? 혹시 나(우리)는 속이는 혀 역할을 한 적이 없나요? 속이는 혀의 공격을 믿음과 소망과 사랑의 정신으로 대처하여 전화위복을 경험하며 사는가요?

4
나는 평화!

시120:5-7

찬송가: 212장 (겸손히 주를 섬길 때)

5 메섹에 머물며 게달의 장막 중에 머무는 것이 내게 화로다

6 내가 화평을 미워하는 자들과 함께 오래 거주하였도다

7 나는 화평을 원할지라도 내가 말할 때에 그들은 싸우려 하는도다

이것은 갈등과 싸움, 보복의 세월을 보내는 사람의 노래입니다. 그가 사는 곳에는 날카로운 화살이 어지럽게 날아다닙니다. 그는 세상의 '뜨거운 맛'(불)을 몸소 겪으며 살아갑니다. 서로 싸우고 다투는 그 사회는 마치 불구덩이 같습니다.

새로운 인생이 시작되려면 우리는 하나님을 향한 여행으로부터 출발해야 합니다. 하나님을 향해 나아갈 때 곧 진정으로 평화로운 인생이 어떤 것일지를 알게 될 뿐만 아니라 평화롭게 살 수 있습니다. 평화를 향해 순례의 길을 떠나는 순례자의 첫마디는 무엇입니까?

내가 환난 중에 여호와께 부르짖었더니 내게 응답하셨도다(1절)

29

우리말 성경 시편 120은 '내가 환난 중에'로 시작합니다. 지금 무척 어렵다는 이야기입니다. 이 시편은 어떻게 끝맺습니까?

나는 화평을 원할찌라도 내가 말할 때에 저희는 싸우려 하는도다(7절)

여기서 말하는 화평은 대인관계에 관계된 것으로 보입니다. '저희는 싸우려 하는도다'라는 말 속에는 한편에는 자신을 괴롭히는 사람들이 여전히 있고, 다른 한편에는 하나님께 기도에 응답을 해주시는 현실이 공존한다는 뜻입니다. 우리도 그런 경우가 얼마나 많습니까. 시편 120편은 비록 즐거운 노래가 아닐지라도 아주 솔직하고도 실감나는 노래입니다.

순례자가 사는 곳은 메섹과 게달입니다. 이것이 사람 이름이라면 〈메섹〉은 야벳의 아들이며, 〈게달〉은 이스마엘의 아들입니다.(창 10:2: 25:13)

이것이 지명이라면 메섹은 흑해 연안 러시아 스텝지역입니다. 그들은 포악하기로 널리 알려져 있습니다. 게달 종족은 이스마엘의 둘째 아들의 후손입니다. 그들은 시리아-아라비아 사막에 사는 유목민입니다. 메섹과 게달이란 말은 '가장 멀리 있는 야만인들과 가장 포악한 이방인들'이라는 뜻으로 보입니다.

어떤 사람들은 메섹과 게달이 아주 멀리 떨어져 있기에 한 사람이 동시에 그 두 곳에 거주할 수 있느냐는 물음을 제기합니다. 이는 교통이 발달한 오늘날에도 쉽지 않은데 고대 사회에서는 거의 불가능한 것입니다. 우리는 이것은 i) 외국에서 이곳 저곳 먼 곳을 오가며 힘겹게 살아가는 모습을 나타내거나 ii) 거칠고 험한 세상에서 살아가는 모습을 비유하는 것으로 이해합니다. 여기서 우리는 쉴러(F. Schiller)의 시(희곡) 〈윌리암 텔〉의 한 구절을 생각합니다. "아무리 경건한 사람이라도 자기 이웃에 사는 악한 사람 마음에 들지 않으면 평안히 머물지 못할 것이라."(Er kann der Frömmste nicht im Frieden bleiben, wenn es dem boesen Nachbarn nicht gefällt)

예수님은 "화평하게 하는 자는 복이 있나니, 그들이 하나님의 아들이라 일컬음을 받을 것임이요."(마 5:9)라고 말씀하셨습니다. 시 120:7에 이런 뜻이 잘 나타나 있습니다. 이를 직역하면 "나는 이런 자 곧 평화다(*아니- 샬롬*). 그리고 진심으로 (그것을) 말한다.(*브키 아다베르*) 그들은 싸우려 한다" (*헴마 르하말카마*)입니다.

순례자는 "내가 평화를 원할지라도, 그들은 계속 싸우려고만 하니 어찌 해야할꼬"하며 답답해합니다.

다른 한편 이 말씀에는 그들이 싸우려 하더라도 '아니 샬롬'(=나는 평화를 추구할 거야)이라는 속뜻이 들어있습니다. "아니 샬롬!"을 직역하면 '나는 평화'입니다. 시 109:4의 *봐아니 트필라*(그리고 나는 기도=나는 오직 기도드릴 뿐)와 같은 문형입니다. 여기에는 '나는 전적으로 평화를 원한다'는 간절한 뜻이 들어 있습니다. 더 나아가 '나는 어떤 경우라도 평화의 길을 선택할거야'라는 결심이 담겨 있습니다. 비록 메섹과 게달 같은 곳에 살더라도 그곳과 그곳 사람들을 미워하는 것으로는 온전한 삶을 살 수 없습니다.

평화의 힘으로 불화와 갈등을 이겨내는 것, 이것이 성경의 정신이며 우리가 지금 가야 할 길입니다. 평화를 만들고 유지하기는 불화하거나 다투기보다 훨씬 더 어렵습니다. 어떤 위기에 처할 때, 흔히 비둘기파 매파 그런 얘기들 하지요? 사람들은 보통 매파 쪽으로 기웁니다. 그것이 대중심리입니다. 사랑 평화 배려 존중 – 이런 것들을 이루는 데에는 많은 시간과 인내가 필요합니다. 그래서 사람들은 그 좁은 길을 외면하고 그 순간 마음가는대로 행하기 쉽습니다.

오늘 이 시인은 메섹과 게달의 장막에 거하는 것이 자신에게는 화라는 사실을 깨달았습니다. 우리도 그것이 화라는 사실을 깨닫기를 간절히 바랍니다. 그는 그곳에서 살면서 사람들의 이상한 모습을 깨달았습니다. 그 모습을 이렇게 증거하고 있습니다. "내가 화평을 미워하는 자들과 함께 오래 거주하였도다 나는 화평을 원할지라도 내가 말할 때에 그들은 싸우려 하는도다"(6-7절)

하나님 없는 사람들은 자기중심적으로 처신하기에 설령 입으로는 평화를 말할지 몰라도 실제로는 그 반대로 행동합니다. 화평은 누군가가 희생할 때 일어나는 기적입니다. 손톱만큼도 손해보지 않으려는 곳엔 항상 긴장과 불화가 있습니다. 가정에서는 물론 두 세 사람이 모인 곳에서 평화가 이루어지려면 누군가가 손해를 감수해야만 합니다. 상대방보다 앞서 내가 양보하겠다는 마음이 아니고는 평화가 성립되지 않습니다. 싸우고 분쟁하는 일이 이 세상에 항상 있는 이유가 바로 그 때문입니다.

이 원리를 잘 아는 시인은 그곳을 떠나서 "하나님, 이제 제가 성전에 올라가겠습니다. 성전에 올라가서 하나님을 만나야 이 모든 두려움과 마음의 짐들이 해결되겠습니다." 라며 하나님 앞으로 나아갑니다.

평화를 이루려 할 때 쌍방이 서로 양보할 것 양보하고 취할 것 취하며 이성적으로 받아들이는 것이 최선의 길입니다. 만일 그렇지 못하다면, 비록 어쩔 수 없는 선택이라고 판단하더라도 같이 맞서고 싸우는 것은 하치의 방법입니다. 이에 순례자는 혼자서 하나님 전을 찾았습니다. 거기서 자기 심정을 토로하며, 하나님께서 주시는 지혜와 안정을 구했습니다. 그는 참으로 현명한 선택을 했습니다.

그가 하나님을 만난 다음의 생활은 여기 기록되지 않았습니다. 성전에 올라가는 것으로 이 시편이 끝을 맺습니다. 그렇더라도 우리는 그의 그 다음을 미루어 짐작할 수 있습니다. 시인은 마음의 평화와 안정을 얻었을 것입니다. 우리도 하나님의 성전에 올라올 때 이런 복잡한 마음으로 올라오지 않습니까? 화평이 없는 세상 사람들에게 지쳐서 성전에 올라옵니다. 거짓된 입술과 속이는 혀 때문에 힘들고 어려운 마음으로 주의 전을 찾습니다. 하지만 내려갈 때는 새로운 힘과 용기를 가지고 내려갑니다. 오늘도 그런 은총이 있기를 바랍니다.

성전을 향하여 가는 자는 이 세상에서 만족을 구하는 자가 아닙니다. 거짓과 속임이 난무하는 세상에서 의와 화평을 고대하는 순례자는 하나님의 구원을 사모하며 성전으로 향해 갑니다.

하나님의 성전이 우리에게 그런 위로와 힘을 주는 곳이 되기를 원합니다. 성전에 올라왔다가 내려가기만 해도 새 힘을 얻으며 각자의 생활의 자리를 살만한 세상으로 만들 꿈을 꾸는 순례자이기를 간절히 바랍니다. 이것이 하나님 말씀이 생수처럼 흘러나오는 예배를 드린 하나님 백성의 모습입니다.

인생의 리듬

- 프랑크 그로이벨(Frank Greubel)

나무 싹이 돋고 꽃이 피어날 때
네 인생도 피어난다.
새잎들이 나무를 크게 하듯이
네 인생의 날들도 너를 굳건히 세워간다.

뜨겁게 내리쬐는 태양이
너를 괴롭힐 때

네가 치러 왔던
그리고 뛰어넘었던
치열한 전투를
기억하라.

빗줄기가 시원하게
네게 떨어질 때
네 내면을 충전하라.
기억나는 것들과 생각들을
네 안에 저장하라.

인생의 다양성에,
자연의 색깔들에 경탄하라.
그리고 낙엽들이 떨어질 때
있던 것들이 사라지는 것에
슬퍼하지 말라.

캄캄하고 추운 밤에,
얼어붙은 날들에
네 내면세계를 음미하라.
그리고 준비하라,
인생의 리듬 안에서
새로 꽃피어날 것들을.
아멘.

5
산으로 향하는 눈

시121:1-2

찬송가: 93장 (예수는 나의 힘이요)

> 1 내가 산을 향하여 눈을 들리라 나의 도움이 어디서 올까
>
> 2 나의 도움은 천지를 지으신 여호와에게서로다

이것은 세상에서 한몫 잡으려다 낭패를 본 사람의 고백입니다. 순례자는 흑해 연안의 어느 지방, 게달은 남부 아라비아 반도의 어느 지방입니다. 아마 그는 이 두 곳을 오가며 사업(상거래)을 하였던 것 같습니다. 그두 곳은 그의 고향(고국)이 아닙니다. 게다가 그 두 곳 사이의 거리는 아주 멉니다.

그가 하는 말 '내가 … 오래 거주하였도다'(시 120:6)는 것으로 알 수 있듯이 그는 그곳에 오래 체류했습니다.

오늘날과 달리 옛날에는 이런 일이 매우 드물었습니다. 시편 120편과 121편에는 그런 내용이 들어있지 않습니다. 우리는 단지 그것을 추측할 뿐입니다.

그는 무슨 목적으로 타향(타국)에 오래 머물렀을까요? 어쩌면 시인도 여

느 사람들처럼 돈이나 명예나 권력을 좇아 메섹이나 게달로 갔을지도 모릅니다. 그는 아마 일확천금을 노리며 세상 소문을 따라 메섹과 게달의 장막으로 갔을 지도 모릅니다. 그런 자리에 머무는 것 자체가 곧 그 당사자에게 화가 됩니다. 복있는 사람은 악인들의 꾀를 따르지 아니하며 죄인들의 길에 서지 아니하고 오만한 자들의 자리에 앉지 않습니다.(시 1:1)

소돔과 고모라에 머물던 롯을 생각해 보십시오. 베드로는 예수님을 죽이려는 대제사장의 집 뜰에 머물다가 주님을 세 번이나 부인했습니다.(마 26:69) 이와 같이 우리가 어디에 머무느냐 하는 문제는 우리 인생에 매우 중요합니다. "내가 정신만 똑바로 차리면 되지, 난 절대로 환경에 지배당하지 않아. 호랑이굴에 들어가도 정신만 차리면 산다잖아" 하며 자기 자신을 믿다가 쓰러진 사람이 한 둘이 아닙니다.

물론 어느 곳에 몸이 머무느냐보다는 정신과 영혼을 관리하는 일이 더 중요합니다. 다만 정신과 영혼의 관리를 인간인 자기 자신이 하겠다고 나섰다가 무너진 사람이 하나 둘이 아니라는 사실을 명심해야 합니다. 우리 인생의 주인이신 하나님 손에, 그분 말씀에 관리하게 하지 않는 한 그것은 언제 허물어질지 모릅니다. 하나님께서 관리해주시는 생활의 자리, 하나님께서 돌보시는 우리 마음과 영혼이 되어야 우리마음이 어느 곳에서나 어느 때에나 진정됩니다.

시인은 눈을 듭니다. 그리고 산을 올려다 봅니다. 이는 간절한 심정으로 바라본다는 뜻입니다. 이는 어떤 방향을 가리키기보다는 절박하고 간절한 마음을 나타냅니다.

성경은 산의 이미지를 여러 가지로 나타냅니다. 그 가운데 하나가 '힘'입니다. 우상을 숭배할 때 이스라엘은 산에 산당을 지었습니다. 바알 숭배자들은 산에서 도움을 기다렸습니다.(신 12:2 참조) 오늘날에도 인왕산 삼각산

계룡산 등에 가면 바위 아래 움막을 짓고 도움을 기다리는 사람들이 있습니다. 성경에 보면 신앙과 관련된 아름다운 일들 가운데 산에서 이루어진 것이 많습니다.

시내산에서 모세는 하나님으로부터 십계명을 받았습니다.

비스가산에서 모세는 하나님의 보살핌 속에 영원하신 하나님 품에 영원히 안겼습니다.

갈멜산에서 엘리야는 바알승배자 450명을 단호히 물리쳤습니다.

변화산에서 예수님은 햇빛보다 더 환하게 변화된 모습으로 모세와 엘리야와 더불어 이야기를 나누셨습니다.

부활하신 예수님은 감람산에서 영광스러운 모습으로 승천하셨습니다.

그래서일까요? 옛날 사람들 가운데 달, 해, 별이나 산을 신비하고 신령하게 여기는 사람도 있었습니다. 심지어 산을 신으로 섬기는 경우도 있었습니다.

그들은 산꼭대기를 우러르며 나의 도움이 어디서 올까 물었습니다. 그러자 산은 '나는 그냥 산일뿐이야'라고 대답합니다. 그들은 물을 바라보며 나의 도움이 어디서 올까를 물었습니다. 그러자 물은 '나는 그냥 물일 뿐이야'라고 대답했습니다. 그들은 사람을 붙들고 나의 도움이 어디서 올까를 물었습니다. 그 사람은 '내게 무슨 힘이 있다고…'했습니다.

이런 모습들을 보며 시인은 말합니다. '나의 도움은 천지를 지으신 여호와에게서로다' 그는 이 세상의 그 어느 것도, 그 누구도 자기 인생에 결정적인 도움, 궁극적인 도움이 되지 못하는 것을 깨달았습니다. 그는 세상으로부터 오는 도움은 3년 가뭄에 여우비 정도밖에 되지 못하는 경험을 여러 차례 했습니다. 우리는 때로 전혀 도움을 줄 수 없는 상대에게 손을 내밀었다가 크게 실망하기도 합니다. 그 사람 형편이 요즘 어려워졌나보다 하며 연민을 품기보다는, 세상을 원망하고 그 사람을 미워하며 한을 마음속에 차곡차곡 쌓아가기도 합니다.

'도움'이란 말은 성경에서 자주 하나님께서 개입하시는 것을 나타냅니다. 하나님의 개입으로 상황이 완전히 바뀐다는 뜻입니다. 그렇습니다. 하나님께서 움직이게 하셔야 산도 물도 환경도 사람도 움직입니다. 저절로 움직이고 저절로 변하는 것은 없습니다. 하나님은 그것들을 만드신 창조주십니다. 그분께서 은혜 주셔야 그분의 피조물인 환경도 조건도 움직입니다.

> 작은 산들과 큰 산 위에서 떠드는 것은 참으로 헛된 일이라 이스라엘의 구원은 진실로 우리 하나님 여호와께 있나이다(렘 2:23)

오늘도 우리는 묻습니다. '나의 도움이 어디서 올까?' 우리는 어떻습니까? 마음속에 이런 물음이 떠오를 때 누가(무엇이) 가장 먼저 생각납니까?

6
너를 지키시는 자

시121:3-4

찬송가: 73장(내 눈을 들어 두루 살피니)

> 3 여호와께서 너를 실족하지 아니하게 하시며 너를 지키시는 이가 졸지 아니
> 하시리로다
> 4 이스라엘을 지키시는 이는 졸지도 아니하시고 주무시지도 아니하시리로다

이것은 여호와 하나님께서 자기 백성을 반드시 지켜주신다는 믿음을 고백하는 내용입니다. 소도 비빌 언덕이 있어야 비빈다고 했습니다. 비빌 언덕이란 평소에 보살펴주고 이끌어 주는 미더운 상대를 가리킵니다. 이는 위기를 당해 힘들고 어려울 때 그것을 헤치고 나갈 힘이 됩니다. 여기서 지키다는 말은 자기 인생에 기댈 언덕이 있다는 뜻입니다.

우리가 가는 인생 여정에는 넘어야 할 장애물이 많습니다. 많은 사람이 그들이 살아가야 할 생의 순례의 길을 내다보며 어떻게 누구에게 도움을 받으며 살아갈 것인가? 라는 물음을 던집니다. 그러한 생의 물음에 대해 시편에서 주는 해답은 '나에게 오는 도움은 하늘과 땅을 만드신 창조주 하나님으로부터 유래한다'입니다.

이 시편의 창을 통해 비춰진 인생의 행로에 놓여있는 장애물들에는 다음과 같은 것들이 있습니다.

먼저 인생의 행로에는 실족 곧 사고를 당할 위험이 곳곳에 있습니다. 그 하나가 헛발을 디뎌 넘어지거나 미끄러지는 것입니다. 이는 단순히 육체적인 것뿐만 아니라 정신적인 것과도 관계가 있습니다. 판단의 착오, 생의 근심과 불안으로 인한 마음의 둔함, 생의 행로에서 오는 피곤함 등이 그것입니다.

그 다음으로 인생의 행로에는 쉴새 없이 낮과 밤, 양지와 응달이 교차합니다. 그 시간의 흐름 가운데서 사람들은 복잡한 사회적 관계를 맺고 살아갑니다. 그러한 관계에서 감정, 사고, 의지를 가지고 교류합니다. 그러한 교류에서 서로 상처를 받습니다. 그 상처들로 인해 아픔을 느끼고 불면의 밤을 보내기도 합니다. 그 상처들이 어린 시절에 받은 것일 때는 장성한 후에도 계속해서 그에게 좋지 않은 영향을 주게 됩니다. 여기에도 역시 희망의 빛이 있습니다. 하나님이 오른쪽에 서서 그늘이 되어주신다는 복음의 소식입니다.

시편 121의 창에 비춰진 장애물은 인생의 행로에서 대면하는 각종 재난입니다. 그런 일이 생길 때마다 우리는 소중한 무엇인가를 잃습니다. 그 상실은 오래 오래, 아니 평생 우리 가슴에 앙금으로 남곤합니다. 하나님은 그런 것에서도 우리를 지켜주십니다.

이스라엘 민족은 그들의 역사에서 졸지도 않고, 주무시지 아니하시는 하나님, 그들의 그늘이 되시는 하나님을 직간접적으로 경험해왔습니다. 여기서 잠(졸음)은 휴식이나 재충전이 아니라 무관심 방치 포기입니다.

하나님은 이스라엘만의 하나님은 아닙니다. 하나님은 온 백성의 하나님입니다. 하나님은 온 인류를 구원하시려고 독생자 예수님을 우리에게 보내어 그리스도(구세주)가 되게 하셨습니다. 선한 목자로 우리 가운데 함께 계시는 예수님은 자신을 따르는 양들을 결코 포기하지 않을 것과 자기 수중에 있는 양들을 아무에게도 빼앗길 수 없다고 하셨습니다. 인생살이 중에 만일 우리가 넘어서야만할 문턱을 넘지 못하고 망설이거나 포기할 때, 눈을 들어 높은 곳을 바라보면 거기 선한 목자이신 예수님이 계십니다. 그분은 두려워하지 말고 그 문턱을 넘으라고 우리에게 말씀하십니다.

모래에 찍힌 발자국(Footprints in the Sand)

- 마가렛 피쉬백 파워즈

어느 날 밤 나는 꿈을 꾸었다.

난 주님과 함께 해변을 걸었다.

어두운 하늘 가로 질러

내 삶의 장면들이 번쩍이며 다가 왔다.

각 장면마다 나는 보았다,

모래 위에 두 사람의 발자국이 있는 것을.

그 중 하나는 나의 것이었고

다른 하나는 주님의 것이었다.

내 생활의 마지막 장면이

내 앞에서 번쩍일 때

나는 모래 위에 새겨진 발자국들을 뒤돌아보았다.

거기엔 내 생애 동안 거쳐 온 많은 시간이 있었다.

특히 내 생활에서 매우 침체되고 슬픈 순간에는

한 사람의 발자국 밖에 보이지 않았다.

그것이 나를 심란하게 했다.

나는 주님께 여쭈었다.

'주님, 제가 주님을 따르기로 결정했을 때

주님은 말씀하셨습니다,

제 인생길에 언제나 동행하시겠다고.

지금 저는 알았습니다,

제 생애에서 가장 슬프고 고통스러운 때에는

발자국이 한 사람의 것 밖에 없다는 것을.

왜 그런지 전 이해할 수 없습니다,

제가 주님을 가장 필요로 하는 그 순간에

어찌하여 주님은 저를 떠나 계셨는지를.'

주님은 내 귀에 속삭이셨다.

'내 소중한 아이야,

나는 너를 사랑하며 결코 너를 떠나지 않았단다.

결단코 떠나지 않았단다,

네가 가장 큰 시련과 어려움을 당한 그때에도.

네가 한 사람의 발자국만 본 것은

내가 너를 안고 갔기 때문이란다.'

7

네 오른쪽에서

시121:5

찬송가: 374장(나의 믿음 약할 때)

여호와는 너를 지키시는 이시라 여호와께서 네 오른쪽에서 네 그늘이 되시나니

이것은 시인이 하나님께서 자신을 지켜주시는 은혜가 얼마나 큰지를 고백하며 찬양하는 내용입니다. 시편 121에는 '지키다'는 말(šāmar)이 6번 쓰였습니다. 전체 8절 밖에 되지 않는 짧은 시편에 이 낱말이 이렇게 자주 쓰였습니다. 이 낱말은 시편 121을 이끄는 기관차와 같습니다.

시인은 하나님을 우리의 오른편에서 그늘이 되시는 분이라고 고백합니다. 하나님이 우리 오른편에 계시다는 말씀은 아주 귀중한 말씀입니다.

이것은 전쟁터를 연상하게 합니다. 옛날 전쟁터에서 군인들은 왼손에는 방패, 오른손에는 칼이나 창을 들었습니다. 만일 적군이 왼쪽에서 화살을 쏘거나 창을 던지면 왼손에 든 방패로 막아냈습니다. 만일 적군이 오른쪽에서 공격해 오면 여간 잽싸지 않고는 그것을 막아내기가 힘들었습니다. 적군이 오른쪽에서 쏜 화살이나 던진 화살이 자신도 모르는 사이에 오른쪽 가슴과 옆구리에 박혀 상처를 입었습니다. 그 상처가 깊으면 죽기도 했습

43

네 **오른 쪽에서**(O. Keel 258) **주전 13세기, Yazillikaya**

니다. 옛날 병사들에게 약점은 왼쪽이 아니라 오른쪽에 있었습니다.

하나님께서 우리 오른쪽에서 그늘이 되신다는 말씀은 우리 약점이 있는 곳에 하나님께서 계시며 우리를 지켜주신다는 뜻입니다.

그리스 신화에 아킬레우스가 나옵니다. 그가 태어났을 때 바다의 여신 네레우스의 딸이었던 그의 어머니 테티스는 제우스에게 이 아이를 죽지 않을 몸으로 만들어 달라고 간청을 했습니다. 제우스는 아이의 몸을 '서티크스 강'에 담그면 칼과 창이 뚫지 못한다고 알려주었습니다. 어머니는 아킬레스의 발뒤꿈치를 잡고 강 속에 몸을 넣었습니다. 그뒤 아킬레우스는 어떠한 강철로도 뚫지 못하는 초인으로 변했습니다. 다만 한 곳 강물이 닿지 않았던 발뒤꿈치는 인간의 피부인 채로 그대로 남았습니다. 만일 이곳에 창이 꽂힌다면 그도 죽을 수밖에 없었습니다. 그는 그리스의 트로이 원정군에 합세해 많은 무공을 세웠습니다. 그리스 제일의 장군으로 이름을 떨쳤습니다. 그러나 트로이의 왕자 파리스가 쏜 독화살이 그의 발뒤꿈치에 꽂히면서 그는 전사했습니다. 여기서 사람의 약점을 가리켜 '아킬레스(아킬레우스) 건'이란 말이 생겼습니다.

이와 비슷한 이야기가 또 있습니다. 독일 건국신화인 '니벨룽엔 노래'에 절세의 영웅 지그프리트가 있습니다. 그는 사람들을 괴롭히는 용과 싸워

이겼습니다. 그 용은 엄청난 피를 흘리며 죽고, 그 시신에서 흘러나온 피는 흘러넘쳐 커다란 호수가 되었습니다. 지그프리트는 알몸으로 뛰어들어 그 호수에 수영을 하며 마치 용의 피에 코팅하듯이 전신을 담갔습니다. 이로써 그는 불사신처럼 되었습니다. 다만 그때 나뭇잎 하나가 떨어지면서 지그프리트의 어깨에 착 달라붙었습니다. 바로 그 자리에는 용의 피가 묻지 않았습니다. 전신이 다 창이나 화살이 꽂혀도 아무 상처를 입지 않는데 비해, 그 자리만은 예외였습니다. 결국 그는 그 비밀을 아는 자에게 공격을 당해 죽었습니다. 이때부터 '지그프리트의 어깨'라는 말이 나왔습니다.

아킬레우스 건이나 지그프리트의 어깨라는 말은 아무리 빈틈이 없어 보이는 강자에게도 치명적인 약점이 있다는 뜻입니다. 천하무적인 영웅도 이럴진대 우리 보통 사람이야 말해 무엇하겠습니까? 아무리 탁월한 사람이라도 최소한 대여섯 가지 약점을 가지고 있기 마련입니다.

이스라엘을 출애굽시킨 지도자 모세에게도 약점이 있었습니다. 어눌한 말투로 하나님의 말씀을 전하는 일은 그에게 늘 부담이 되었습니다. 야곱에게는 앞뒤를 살피며 주변 사람을 배려하기보다는 의욕이 앞서는 단점이 있었습니다. 믿음의 용사였던 히스기야 왕에게는 자기과시욕이 있었습니다. 사도 베드로는 성질이 급한 약점이 있었습니다. 사도 바울에게는 연약한 몸과 지나치게 완벽하고자 하는 약점이 있었습니다.

하나님의 사람인 우리 각 사람에게도 금방 생각해도 대여섯 가지 약점이 떠오릅니다. 사탄은 사람의 약점이 보이면 덮어주거나 감싸주는 대신 치고 들어와 공격하는 특징을 지닙니다.

오른편에 계신 하나님은 우리의 그 약점을 보호하시는 분입니다. 하나님은 우리의 약한 면, 부족한 면에 우리와 함께 계시면서 그 약점을 파고드는 사탄의 공격으로부터 우리를 지켜주십니다. 하나님은 더 나아가 우리 약점이 선한 목적을 이루는 일에 쓰임받게 하십니다.

사람에게는 장점 바로 옆에 단점이 있고, 단점 바로 그 곁에 장점이 있습니다. 단점과 장점은 반드시 나란히 있습니다. 이 둘 다 긍정적인 측면과 부정적인 측면이 공존합니다. 어떤 사람은 자신의 장점 때문에 오히려 망가지기도 합니다. 또 어떤 사람은 약점으로 인하여 자신의 역량을 오히려 더 탁월하게 키웁니다.

선하신 하나님은 우리 약점도 우리 강점도 선한 목적에 합당하게 사용하시는 분입니다. 이를 위해 약점이 사탄의 도구가 되지 않게, 장점이 일을 그르치지 않게 성령님을 통해 조절하십니다.

내가 여호와를 항상 내 앞에 모심이여 그가 나의 오른쪽에 계시므로 내가 흔들리지 아니하리로다(시 16:8)

이와 같이 성령도 우리의 연약함을 도우시나니…(롬 8:26)

하나님의 이런 도움이 있기에 느헤미야는 온갖 방해에도 예루살렘 성을 재건했습니다. 에스라는 갖은 어려움을 딛고 넘어서 율법을 완성했습니다.

첫째 달 초하루에 바벨론에서 길을 떠났고 하나님의 선한 손의 도우심을 입어 다섯째 달 초하루에 예루살렘에 이르니라(스 7:9)

8
해도 달도

시121:6

찬송가: 356장(주 예수 이름 소리 높여)

낮의 해가 너를 상하게 하지 아니하며 밤의 달도 너를 해치지 아니하리로다

이것은 낮의 뜨거운 태양도 밤의 교교한 달빛도 우리 인생의 거침돌이 될 수 없다는 선언입니다.

사막의 뜨거운 태양열이 얼마나 사람을 괴롭히며, 심지어 목숨까지 앗아갈 수 있는 지에 대해서는 두말할 필요가 없습니다. 출애굽 이후 광야에서 생활하는 이스라엘 백성을 위해 하나님은 구름기둥으로 동행하셨습니다. 사막 같이 그 작열하는 태양열 아래 이스라엘 백성이 일사병에 걸리지 않게 보호하셨습니다.

여기서 달은 '달아 달아 둥근 달아, 이태백이 놀던 달아…' 같은 낭만과 서정이 서린 달이 아닙니다. 밤의 달에는 이와 또 다른 두 가지 뜻이 있습니다.

i) 메소포타미아 지방에서는 달을 신으로 섬기고 달력도 음력을 썼습니다. 그런데 이들은 간질이나 심한 열병, 그리고 정신질환의 원인을 달신이

노하는 데서 비롯된다고 생각하였습니다. 그러고 보니 미치광이라는 말 (lunatic)은 달(lunar)이란 말에서 나왔습니다.

영화 같은 데 보면 아주 불길한 일이 생기기에 앞서 하늘의 달이 구름에 반쯤 가려져 있는 장면을 보여주기도 합니다. 그러는 동안 분위기가 음산하게 바뀌면서 불미스러운 사건이 일어나곤 합니다.

ii) 옛날 우리 나라 이순신 장군이 쓴 시조가 있습니다:

한산(閑山)섬 달 밝은 밤의 수루(戍樓)에 혼자 안자

큰 칼 녀희 차고 기픈 시름 하는 적의

어듸셔 일성호가(一聲胡歌)는 남의 애를 긋나니

충무공 이순신 장군같이 용맹스럽고 단단한 사람도 달밤에 처량한 모습으로 앉아 시름에 잠겨 있는 것을 보면, 달이 사람이 지닌 약한 감성을 어떻게 자극하는 지 짐작할 수 있습니다. 사실 밤하늘의 달은 사람이 지닌 감정 중에서도 여린 감정, 고독, 외로움, 시름과 걱정, 고민 등 인생살이에서 겪는 여러 가지 고민과 고뇌를 자극하여 사람을 연약하게 만듭니다.

여기서 해와 달은 자연환경이나 사람의 감정. 정신 등에서 비롯되는 위험을 상징합니다. 사실 세상 곳곳에 위험이 도사리고 있습니다. 만일 그런 것들을 심각하게 받아들인다면 우리는 집밖으로 한걸음도 내디디지 못할 것입니다. 길에는 길의 위험, 물에는 물의 위험, 불에는 불의 위험, 약에는 약의 부작용과 위험, 차에는 차의 위험, 일터에는 일터의 위험, 사람에게는 사람의 위험이 내재돼 있습니다. 그런 것들을 다 알면서도 우리는 아무렇지 않은 듯 일상생활을 이어가고 있습니다.

사도 바울의 고난목록(peristasenkatalog)에 그런 내용이 잘 나타나 있습니다.(고후 4:7-15; 6:3-10 등 여러 곳) 어떻게 그럴 수 있습니까? 그 이유는 단한 가지! 하나님께서 그런 것으로부터 우리를 지키시는 분이기 때문입니다. 순례자는 이에 창조주 하나님은 우리를 지키시는 분이라고 단호하고 분명하게 고백합니다:

> 7 여호와께서 너를 지켜 모든 환난을 면하게 하시며 또 네 영혼을 지키시리
>   로다
> 8 여호와께서 너의 출입을 지금부터 영원까지 지키시리로다(시 121:7-8)

여호와가 너를 항상 인도하여 메마른 곳에서도 네 영혼을 만족하게 하며 네 뼈를 견고하게 하리니 너는 물 댄 동산 같겠고 물이 끊어지지 아니하는 샘 같을 것이라(사 58:11)

그 길은 내 것이 아닙니다. 오 주님!

– 호라티우스 보나르(Horatius Bonar, 1808~1889)

주님,
그 길이 아무리 어두울 지라도
내 길이 아니라 주의 길로
주님 손으로 친히 나를 인도하시고
나를 위해 그 길을 고르소서.

그 길은
평탄하든지 험하든지
물론 가장 좋은 길일 것이며

굽었든지 곧든지

주님의 안식으로 곧장 이끌어가는 길입니다.

내가 감히 내 운명을 정하지 않으렵니다.

비록 그리 할 수 있을지라도 하지 않으렵니다.

내 하나님이여

주께서 내게 정해 주소서

그리하시면 어김없이

그리로 가렵니다.

내 잔을 드시고

기쁨으로 혹 슬픔으로 채우소서.

주께서 좋게 여기시는 대로

내게 좋은 것과 나쁜 것을 정하소서.

나를 위하여 주께서

내 친구들을 골라주시고

질병이든지 혹 건강이든지 택하여 주소서.

가난이든지 혹 부유함이든지

나를 대신해서 고르시고

나를 돌보소서

내가 찾는 왕국은

주님의 것입니다.

그러니 길을 인도하소서.

주님 것이 되게 이끌어주소서

그렇지 않으면

나는 분명 길을 잃고 말 것입니다.

크든지 작든지

무슨 일이든지

선택은 내게 속한 것이 아닙니다.

내게 속한 것은 아닙니다.

주는 내 인도자가 되시고

내 힘이 되시며

내 지혜가 되시고

내 모든 것이 되소서

9

너를 지켜

시 121:7

찬송가: 382장(너 근심 걱정 말아라)

> 여호와께서 너를 지켜 모든 환난을 면하게 하시며 또 네 영혼을 지키시리로다

이것은 지켜주시는 하나님을 다시 한 번 강조하는 대목입니다. 지키다는 말 속에는 돌보다, 보살피다, 아껴주다, 보전하다, 수호하다, 보호하다, (손실, 방해거리, 공격을) 막다, 돕다 등 여러 가지 뜻이 들어있습니다. 하나님께서 우리를 지켜주신다는 말씀은 위와 같이 다양한 영역과 상황에서 그때 그때 가장 알맞은 방법으로 우리 인생을 잘 여며주신다는 뜻입니다.

하나님은 모든 시간 모든 상황에서 우리를 지키십니다. '지키다'는 말이 7절에 두 번, 8절에 한 번 쓰이면서 시편 121편은 강력한 여운을 남기며 끝납니다. 하나님께서 지켜주신다는 말은 아론의 축도(사제의 축도) 가운데 두 번째 기원이기도 합니다. '여호와께서 너희에게 복을 주시고, 너희를 지켜주시기 원하오며…'(민 6:24)

이런 기도와 기대는 단순이 자기가 원하는 것을 하나님으로부터 얻어내려는 부르짖음이나 수단이 아닙니다. 그것은 하나님과 자신의 관계를 보여

주는 통로입니다. 기도의 토대는 무엇이 어떻게 되기를 바라는 것에 앞서 우리가 하나님과 맺은 살아있는 관계가 이루어지고, 그것이 항상 유지되기를 바라는 데 있습니다. 이 관계에 기초하여 하나님은 우리의 필요에 따라 때로는 기도드린 그대로의 응답(answer)으로 때로는 성령의 역사 안에 일어나는 힘(power)을 불어넣어 주십니다.

시 121:7 말씀은 뒤엣것에 가깝습니다. '여호와께서 너를 지켜 모든 환난을 면하게 하시며 또 네 영혼을 지키시리로다' 이렇게 고백하는 그 사람은 정녕 닥쳐오는 문제들(시련과 고난)을 향해 지혜롭게 그리고 용기백배한 모습으로 다가설 것입니다.

지키다는 말은 편안하고 여유로울 때보다는 그 반대 상황에서 주로 쓰입니다. 시편 121편 자체가 그렇습니다. 이 시편에 쓰인 용어에서 우리는 가뭄 기근 전쟁 파괴 멸시 불안 폭력 포로 죽음 뼈를 찌르고 살을 찢는 듯한 심리적·현실적 고통을 엿봅니다.

시 121:7을 각기 다른 번역으로 읽어보겠습니다.

표준	공개	새한글
주님께서 너를 모든 재난에서 지켜 주시며, 네 생명을 지켜 주실 것이다.	야훼께서 너를 모든 재앙에서 지켜주시고 네 목숨을 지키시리라.	여호와가 그대를 지켜 주실 것입니다. 온갖 나쁜 것에서. 여호와가 지켜주실 것입니다. 그대의 목숨을.

시인은 '모든 환난'이란 말(라 ra =악, 나쁜 것)로 사람이 겪을 수 있는 온갖 종류의 환난을 아주 간결하게 표현했습니다. 이것은 사람이 겪을 수 있는 모든 종류의 재난이나 불행을 가리킵니다. 이는 사람에게 고통과 절망 시련과 좌절을 안겨주는 온갖 종류의 죄를 포함합니다.

그런 상황에서 시인은 창조주 하나님의 도움을 구체적 상황에 잇대어 고백했습니다. 시인은 그 위험의 성격이 어떠하든, 어디서 위험이 발생하든, 언제 닥치든, 얼마나 오랫동안 지속되는지에 상관없이 하나님께서 지켜주시리라는 확신을 가지고 있습니다. 7절에는 지켜주기 위한 그 어떤 조건도 달려 있지 않습니다. 그것은 절대적인 약속입니다. 영혼(생명, 목숨)으로 옮겨진 말(네페쉬 nefesch)은 위와 같은 뜻을 지닌 다의어입니다. 지켜주시는 하나님은 사람이 어떤 위기에 처하더라도 거기서 살아날 길을 열어주시는 분입니다.

영화 〈사운드 오브 뮤직〉은 1965년 3월에 개봉된 영화입니다. 이것은 2017년에도 재개봉되었으며 50년도 훌쩍 넘어선 지금까지 여전히 사랑받는 명작입니다.

그 영화의 내용은 많은 사람의 가슴에 깊은 인상을 심어 놓았습니다. 그 영화에서 아주 긴장감이 높은 장면들 중 하나는 오스트리아 해군장교인 배런 폰 트랩(Baron von Trapp)이 2차 세계대전 초 히틀러 제국으로부터 군입대 소집통지서를 받자 조국을 탈출하여 스위스로 피신하는 장면입니다. 그는 아내 마리아(Maria)와 자녀들과 함께 아내가 결혼 전 몸담았던 수녀원으로 몸을 숨겼습니다. 독일군 헌병들이 그 곳으로 몰려와 그들의 은신처를 샅샅이 수색했습니다. 발각되기 일보 직전, 위기일발의 그 절망적인 순간에 마리아가 애절하게 기도문을 읊었습니다. 그 가운데 한 부분은 "내가 산을 향하여 눈을 들리라. 나의 도움이 어디서 올 것인가?"였습니다.

그 절박한 기도에 이어 폰 트랩 가족은 기적처럼 수녀원 뒷문으로 빠져 나왔습니다. 정말 기적 같은 순간이었습니다.

그는 가족과 함께 국경선을 넘어서 스위스 알프스 산맥 어느 푸른 언덕 위에 도착했습니다. 마리아는 그 언덕들 그 푸른 산등성이를 타고 치마를 나풀대며 내리 달리면서 아이들과 손잡고 춤을 추며 자유의 노래를 목청껏 부르는 것으로 그 영화는 끝납니다.

이 영화는 시편 121:1 "나의 도움이 어디서 올까"라는 물음으로 시작하여 시편 121:8 "여호와께서 너의 출입을 지금부터 영원까지 지키시리로다"는 말씀으로 완성되는 구원의 실례처럼 보일 정도입니다.

여호와께서 환난 날에 나를 그의 초막 속에 비밀히 지키시고 그의 장막 은밀한 곳에 나를 숨기시며 높은 바위 위에 두시리로다(시 27:5)

시편 121은 믿는 사람들에게 사랑을 많이 받고 있습니다. 이 시편을 소재로 여러 노래가 만들어졌습니다. 그 중에는 우리가 자주 부르는 찬양 곧 "하나님은 너를 지키시는 자, 너의 우편에 그늘 되시니…"라는 것도 있습니다. 우리가 오늘 부른 찬송가 382장 가사에 이런 고백이 나옵니다. "주 너를 지키리 아무 때나 어디서나 주 너를 지키리 늘 지켜 주시리" 이런 하나님과 함께 사는 우리의 나날이기를 소망합니다.

10
지금 그리고 영원

시121:8

찬송: 9장(하늘에 가득 찬 영광의 하나님)

여호와께서 너의 출입을 지금부터 영원까지 지키시리로다

이 말씀은 우리에게 신비한 힘을 불어넣어줍니다. 이 말씀을 묵상할 때마다 우리는 현실(현재)을 뛰어넘을 힘과 용기와 지혜를 얻습니다.

영원을 묵상하는 일은 '지금 여기'에 뚫고 들어온 영원하신 하나님을 만나는 귀중한 활동입니다. 영원이란 말은 순례자에게 아주 잘 어울립니다.

우리는 누구나 한번쯤 '지금 이 순간이 영원히 계속 되었으면… 지금의 이 행복이 영원하기를' 같은 소망을 품은 적이 있을 것입니다. 이럴 때 '영원'이란 말은 무엇을 의미합니까? 그것은 분명 지금 느끼는 기쁨의 깊이, 지금 받아 안은 확실한 안정감이며, 지금 무엇인가를 현실로 만들고자 애쓰고 힘쓰는 헌신의 무게를 나타냅니다.

시인은 영원을 먼 미래 일로 말하지 않습니다.(시 121:8) 여기서 말하는 영원이란 하나님과 함께 하는 시간(자리)이요, 의미 깊은 삶을 찾아가는 여정이요, 인생의 과제(목적)에 쏟아 붓는 정열입니다.

스위스의 신학자이자 목회자였던 아버지 요한 크리스토프 블룸하르트 (Blumhardt 1805-1880)와 아들 크리스토프 프리드리히 블룸하르트(1842-1919)에게 영원은 단순히 죽은 자들의 영혼이 안식하는 불투명한 미래가 아니었습니다. 추상적인 사후 세계는 더더욱 아니었습니다. 그들에게 영원은 지금 여기서 삶을 만들어나가고 변화시키는 힘이었습니다. 그것은 이미 그 사람의 시간 안에 들어와 있는 실체였습니다.

영원을 지향하는 마음과 눈이 있다면 그 사람은 일상생활의 현실에서 이미 영원을 살고 있는 것입니다. 그 영원은 그 사람 인생의 안내자이자 희망의 등불이며, 힘의 원천이자 마르지 않는 소망의 샘입니다.

영원을 향한 지향을 잊어버린 인간은 삶의 목적을 세속적인 성취나 만족 정도로 격하시킵니다. 인생의 궁극적 목표와 목적이 희미해집니다. 그는 세상과 그 현실에 붙들린 채 살아가게 됩니다.

우리는 가끔 강한 욕구와 정욕, 어둠의 세력에 끌려 다니기도 합니다. 우리의 이런 모습은 주어진 시간(상황)이나 유한한 인생에 대한 안타까움과 이어질 때 우리에게 주어질 영원성을 잃게 만듭니다. 그러면서 사람다운 우리 품격은 바닥에 떨어지지요. 인생의 끝자락에서 그 사람은 모든 것을 잃고 허무해지곤 합니다. 톨스토이가 쓴 〈이반 일리치의 죽음〉에 나오는 주인공 이반 일리치가 그런 예입니다. '영원을 잊어라. 현재를 즐겨라'는 이 말은 귀에는 매우 달콤하게 들리더라도, 우리 마음을 혹하게 하더라도 결국에는 우리 인생을 망가지는 길로 이끕니다.

이런 의미에서 영원이란 말은 추상명사가 아닙니다. 사람의 인생을 이끌어가는 동력입니다. 영원을 염두에 두는 사람은 이 세상 있는 것들 가운데 가장 중요하고 귀하게 여겨지는 것일지라도 언젠가는 그 빛을 잃고 사라지거나 썩어버릴 것을 알고 받아들입니다. 그러다보니 영원을 기억하는 사람의 시야는 넓어지고 깊어지며 높아집니다. 영원을 바라보는 사람의 활동에서는 숭고한 것이 우러납니다.

그런 사람은 비록 현실과 세상이 지옥같은 색깔로 자신에게 다가오더라도 소망을 버리지 않습니다. 그는 생존 그 자체 또는 먹고사는 문제가 아니라 하나님께서 자신에게 준 사명(소명)을 향해 나아갑니다. 영원이란 이름의 안경을 쓰고 시련과 장애물을 해석합니다.

인간은 시간 속에 있는 유한하고 구체적인 자기 자신 모습으로부터 완전히 벗어날 수가 없습니다. 우리는 구체적인 시간 구체적인 자리(상황) 안에 있는 존재입니다. 우리는 i) 영원성만 지향하고 현재성을 무시하거나 ii) 현재성만 강조하고 영원성을 잊거나 iii) 그 둘 사이에서 방황하다가 절망하여 결국 자기 혼자 힘으로 자기 자신의 위상을 극대화시키려는 위험에 처할 수 있습니다.

하나님은 우리 과거의 주인이십니다. 그리고 현재와 미래의 주인이십니다. 시인이 노래하듯이 여호와 하나님은 '지금부터 영원까지 지키시는'분입니다. 하나님 안에서 영원은 '과거 현재 미래'가 굴비 엮이듯이 하나의 직선으로 이어지는 것이 아닙니다. 그것은 그 길이가 아니라 지금 여기서 만들어지는 하나님 은혜의 깊이요 높이요 넓이입니다. '지금 여기서' 얼마나 깊게 넓게 높게 사느냐에 따라 우리와 영원의 거리가 결정됩니다.

희망의 신비

- 봐인게르트너(Lindolfo Weingärtner)

희망이란
오늘을 벗어나
내일로 도피하는 것이 아닙니다.

희망이란

내일을

오늘로 끌어들이는 것입니다.

내일로부터 우러나는 힘으로

오늘을 창조하며

살아가는 것입니다.

미래의 주인이신 나의 주여,

지금 이 시간에 계시옵소서.

오늘 내 생활이

주님의 주권을 드러내게 하소서.

장차 오실 분이신

주님께서 고난당하신 것이

내 기쁨의 원천이옵니다.

주님만이

모든 곳에

그리고 모든 시간에

내 희망의 뿌리가 되어주소서.

11

기쁘다

시 122:1

찬송: 266장(주의 피로 이룬 샘물)

사람이 내게 말하기를 여호와의 집에 올라가자 할 때에 내가 기뻐하였도다

이것은 예루살렘 성지순례를 위한 초청을 아주 기쁘게 받아들이는 사람의 고백입니다. 이 시편의 첫 낱말은 '기뻤다'입니다. 이를 나타내는 히브리 말 샤마흐(sāmah)는 단순한 기쁨을 넘어 감격이란 말맛을 지닙니다.

시편 122편은 예루살렘 성전을 순례하는 내용이 시편 120, 121편보다 더 분명하게 나타납니다. 1절 "여호와의 집에 올라가자" 2절 "우리 발이 네 성문 앞에 섰도다" 4절 "이스라엘 전례대로 그리로 올라가는도다"는 말씀이 그것을 나타냅니다. 1절 '여호와의 집' 2,3,6절 '예루살렘' 9절 '하나님의 집'도 이것이 성전으로 올라가는 노래라는 것을 알려줍니다.

동네 사람들이 시인에게 와서 '우리 예루살렘에 가서 하나님께 예배를 드리자'고 초청합니다. 그러자 시인의 마음이 기뻤습니다. 이 기쁨은 어떤 기쁨일까요? 사람마다 기뻐하는 것의 내용이 다릅니다.

사람마다 무엇에 기뻐하고 무엇에 슬퍼하는지에 크고 작은 차이가 있습

니다. 어떤 사람은 팔짝팔짝 뛰며 즐거워하는 바로 그 일이 또 다른 사람에게는 시큰둥할 수 있습니다. 어떤 사람은 힘들어 죽겠다고 하는 바로 그 일이 또 다른 사람에게는 '이 정도쯤이야' 하며 가볍게 여겨질 수 있습니다. 그 사람이 즐거워하는 내용과 괴로워하는 내용에서 그 사람의 가치관·신앙관이 드러납니다. 이런 뜻에서 우리는 다른 사람을 살피기 전에 먼저 우리 자신부터 되돌아보아야 하겠습니다.

여기서 시인이 반기는 기쁨은 단순한 여행의 기쁨이 아닙니다. 이 기쁨은 '여호와의 집'과 뗄레야 뗄 수 없는 관계에 있습니다. 그는 세상에서 벌어지는 일들보다, 사람들 사이에서 벌어지는 일들보다 영적인 것들에 반응하는 자신의 감흥을 노래했습니다. 자기 속에서 일어나는 신바람을 노래했습니다.

이것이 영적인 기쁨입니다. 그가 하나님을 사랑하다보니 하나님의 성전으로 가는 것 자체만으로도 마음속에 저절로 흥이 솟구쳤습니다. 이는 하나님의 성전에 올라가 하나님께 예배드릴 때 하나님께서 주실 은혜를 맛보리라 기대하는 기쁨입니다. 이는 예루살렘 성전에 가서 예배를 드리는 기쁨, 하나님의 은혜를 기대하는 기쁨, 하나님의 은혜를 맛볼 기쁨입니다.

시인이 시편 122편에서 노래하는 영적인 기쁨을 다음 몇 가지로 생각해 볼 수 있습니다.

i) 예루살렘으로 초청하는 말을 듣고 그곳으로 가겠다고 마음먹는 순간 가슴에 차오르는 기쁨이다. 1절은 예루살렘으로부터 날아 온 초청장을 받아들고 날아 갈 듯한 기분을 노래한다.

ii) 긴 여정을 마다하지 않고 예루살렘에 도착할 날만 기다리며 고된 나날을 보내다가 드디어 예루살렘이 눈앞에 보일 때 느꼈던 희열이리라.

iii) 힘겹게 달려온 순례여행 끝에 마침내 예루살렘 성안에 첫발을 들여놓았을 때 말로 형용할 수 없을 정도로 끓어오르던 감격일 수 있다. 2절 '예루살렘아 우리 발이 네 성문 안에 섰도다'는 말에 그런 뜻이 들어있다. 당시 예루살렘 성전은 예배자가 사는 지역에 따라 다르더라도 대체로 여러 날 또는 서너 달 동안 온갖 위험이 사방에 도사리고 있는 거친 광야 길을 통과해야만 비로소 이를 수 있는 곳이었다. 그럼에도 이스라엘 사람들은 하나님께 예배하기 위해 일 년에 적어도 세 차례 이상 자신의 모든 일상생활을 내려놓고 험난한 순례의 길을 다녀왔다.

iv) 순례여행을 다 마치고 집으로 돌아와 여유로운 시간에 그 동안 있었던 일들 하나 하나 음미하며 느끼는 흡족한 기분이리라. 시인은 다시 일상생활로 되돌아와서도, 예루살렘 성전에서 만났던 하나님을 기억하며 살았을 것이다. 그때 느꼈던 감격을 안고 평소의 생활에서도 활력과 웃음이 가득했으리라.

하나님을 만나러 예루살렘 성전을 찾는 일, 그 단 하나가 이렇게 많은 시간들 안에서 감격하고 기뻐할 근거가 됩니다. 그 기쁨은 그냥 감정이나 기분만이 아닙니다. 그 기쁨은 어느 곳에서나 어떤 상황에서나 인생의 주어진 생활을 힘차게 영위할 동력으로 작용합니다.

시인이 예루살렘으로 성지순례를 다녀오는 이유는 단 하나입니다. 곧 그곳에 성전이 있고, 그곳에서 하나님을 실감나게 만나기 때문입니다. 그 비중은 어떤 장소보다도 '만남'에 있습니다. 찬송가 266장 2절 가사 그대로입니다.

죄악 세상 이김으로 거룩한 길 가는

나의 마음 성전 삼고 주께서 계시네

찬송하세 주의 보혈 그 샘에 지금 나아가

죄에 깊이 빠진 이 몸 그 피로 씻어 맑히네

순례자는 자기 집에서 예루살렘이 멀다고 생각하지 않았습니다. 그 대신 예루살렘으로부터 자기가 사는 집이 멀다고 생각했습니다. 그 마음의 중심 지점은 자기가 사는 곳이 아니라 하나님의 성전이었습니다.

집이 멀다보니 그는 예루살렘으로 오는 다른 사람보다 더 길게 마음의 준비를 했습니다. 더 많이 기도드리고, 찬송하며, 더 큰 기대를 안은 영혼으로 설레는 마음으로 성전에 올 수 있었습니다.

시편 122편은 예배드리는 마음과 자세를 보여줍니다. 그 핵심은 저절로 우러나는 흥거움입니다. 그 어떤 환경이나 조건이나 상태가 아니라 예배드림 그 자체가 곧 기쁨입니다. 예배드리는 우리에게 그런 것이 있습니까?

진정으로 기뻐해야 할 것을 찾은 사람의 즐거움은 이루 말할 수 없이 큽니다. 이해인은 시 〈기쁨 찾는 기쁨〉에서 "기쁨을 찾는 기쁨만으로도 나의 삶은 더욱 풍요로울 것이다. 안에서 만드는 기쁨은 늘 힘이 있다."고 했습니다. 그런 기쁨은 오래 오래 갑니다. 기쁨을 찾는 즐거움은 인생을 행복하게 만듭니다. 요즈음 유행하는 '소확행'(작더라도 확실한 행복)이란 말도 사람의 그런 현실을 반영합니다.

12

와아!!!

시122:2-3

찬송가: 266장 (주의 피로 이룬 샘물)

> 2 예루살렘아 우리 발이 네 성문 안에 섰도다
>
> 3 예루살렘아 너는 잘 짜여진 성읍과 같이 건설되었도다

이것은 순례자가 예루살렘에 도착해 감탄하며 기뻐하는 모습을 보여줍니다. 김정준 교수는 시편 122편을 예루살렘 찬가라고 보았습니다. 어떤 가수가 부른 '서울의 찬가' 가사 중 한 부분입니다.

정다운 거리
마음의 거리
아름다운 서울에서
서울에서 살렵니다

우리는 이 시를 마치 '서울의 찬가'를 부르듯이 읽으면 곤란합니다. 여기서의 핵심은 예루살렘 또는 예루살렘 성전이 아니라, 하나님이 계신 곳입

니다. 다른 말로 하자면 '하나님을 만나는 곳'입니다. 시인에게 중요한 것은 예루살렘이라는 도시나 예루살렘 성전이라는 건물이 아니었습니다. 우리는 여기서 '예루살렘'이란 도시 이름을 빼더라도 순수하고 맑게 예배드리는 사람의 심정과 자세를 얼마든지 느끼며 본받을 수 있습니다.

시인은 예루살렘을 향해 먼 길을 걸어왔습니다. 시일도 여러 날(달) 걸렸습니다. 드디어 힘들고 먼 여행이 끝나 갑니다. 이제 예루살렘 성곽이 눈앞에 보입니다. 그것은 해발 780미터 높이에 있기에 멀리서도 잘 보입니다. 예루살렘 성이 보이기 시작하자 기대하며 설레던 그 마음이 점점 더 커집니다. 산을 향해 굽이굽이 길을 올라가면서 예루살렘을 향해 사방에서 모여드는 낯선 사람들을 만납니다. 생전 처음보는 얼굴이라도 여기까지 온 목적이 같으니 친근하게만 느껴집니다. 그들은 모두 긴 일정과 먼 길과 여정의 위험과 많은 경비를 감수하고 이곳까지 왔으니 비록 낯선 이라도 동지요 식구로 여길만합니다.

예루살렘 성안으로 들어가 보니 예배드리려고 원근각처에서, 심지어 먼 외국에서까지 먼 길을 마다하지 않고 온 사람들로 와글와글 했습니다. '우리 발이 네 성문 안에 섰도다'는 말은 순례자 자신이 예배드릴 수 있는 자리에 있다는 기쁨을 표현하는 것입니다. 그 많은 순례자 가운데 자기도 있다는 생각에 어깨가 저절로 으쓱했을 것입니다. 그 모습은 마치 시 100:2-3을 생각나게 합니다.

2 기쁨으로 여호와를 섬기며 노래하면서 그의 앞에 나아갈지어다 3 여호와가 우리 하나님이신 줄 너희는 알지어다 그는 우리를 지으신 이요 우리는 그의 것이니 그의 백성이요 그의 기르시는 양이로다

하나님 앞에 예배드리고 하나님의 은혜를 받을 기대를 가진 밝고 기쁜 얼굴들을 볼 때에 마음이 더욱 설레고, 기대가 커집니다. 순례자는 여기서 하나님의 백성이 함께 하나님께 드리는 공동예배가 있고, 그렇게 예배드릴 여건이 조성된 것에 감격하며 감사드립니다.

존 번연이 쓴 《천로역정》이라는 고전이 있습니다. 아주 오래 전부터 오늘날까지 전 세계 기독교인들이 많이 읽는 책입니다. 이 책 저자는 하나의 인생을 나그네요, 순례자로 묘사했습니다. 우리는 천국을 향해서 순례의 길을 가는 하나님의 백성입니다. 천국에 도달하기까지 우리는 많은 유혹과 장애물과 핍박과 환란을 만납니다. 하나님 안에 사는 우리는 그것들을 하나 하나 극복하며 천국을 향해가는 순례자입니다.

성경도 기독교인들을 순례자로 묘사했습니다. 창세기에 보면 아브라함이나 이삭이나 야곱 요셉 등이 세상에서는 나그네로 살았습니다. 출애굽한 이스라엘 사람들은 가나안을 향해서 40여년 여행하는 순례자였습니다. 사도 베드로는 예수님을 믿는 성도를 나그네요 외국인이라고 했습니다.(벧전 1:1)

우리는 주일에 교회로 모입니다. 교회에서 우리는 예배를 드리는 한편 이런 저런 봉사를 합니다. 어떤 성도는 예배보다도 봉사 그 자체에 더 큰 비중을 둡니다. 비록 그런 봉사가 교회와 다른 성도를 유익하게 하더라도, 그것이 예배에서 하나님과 만나며 그 만남에서 우러나오는 기쁨이 빠진다면, 우리는 성전 마당만 밟고 가는 것입니다. 만일 그렇다면 주일에 교회에 출석하여 자기 자신이나 다른 사람들에게 '나는 예배드렸다'는 위안은 될지언정 진정한 의미에서 예배를 드린 것이 아닙니다. 영적으로는 헛걸음한 것이나 다름없습니다.

예배의 감격이 이만큼 중요합니다. 그것 없이는 거친 세상에 사는 우리 자신도 자칫 거친 사람이 될 수도 있습니다. 예배의 기쁨이 그만큼 소중합니다. 그것 없이는 평화 없는 세상에서 우리도 자칫 평화 없이 살 수도 있습니다. 이런 것들이 제대로 작동할 때 그가 머무는 자리는 '잘 짜여진 성읍'처럼 보기 좋고 마음 편하고 소망이 넘치는 곳입니다. 잘 짜여진 성읍이란 정밀하게 계획된 도시라는 뜻도 웅장하고 화려한 건물축이 늘어선 도시라는 말도 아닙니다.

아마 그것은 i) 질서와 조화를 이룬 성읍 ii) 인심 좋고 인정이 넘치는 정다운 성읍 iii) 마음을 편하게 해 주는 성읍 iv) 하나님 사랑과 공의가 숨결처럼 가깝게 느껴지는 성읍 v) 신앙에 합당하게 선한 언행심사를 발휘하려는 사람들이 모여 사는 성읍 등을 가리킬 것입니다.

이런 곳은 한 두 사람의 노력만으로는 형성되지 않습니다. 모두가 합심하여 하나님을 경외하며 사람을 존중하며 살아가고자 할 때 비로소 조금씩 조금씩 만들어집니다.

순례의 길을 오가는 동안 순례자는 무엇을 합니까? 예루살렘 시가지와 거기 모인 사람들이나 성전만 보고 돌아오는 것이나, 성전에서 예배드리는 것이 순례의 전부가 아닙니다. 순례의 나날을 지내는 동안 그는 세상을 살아낼 힘을 재충전하는(recharge) 한편 인생의 방향을 어디로 향할 것인가 하며 인생의 목적을 재설정합니다.(reset)

코로나19는 우리에게 잠시 멈추라는 신호로 다가왔습니다. 그것은 우리에게 자가격리(Lockdown)를 하고, 방역을 위해 다른 사람들과 안전거리를 두라고 강요합니다. 이를 계기로 우리는 '앞만 보고 질주하던' 발걸음을 잠시 멈춥니다. 중단 없는 전진을 외치던 우리에게 이 일은 매우 낯섭니다. 이러다 망하는 것은 아닌가 불안하기도 합니다. 그렇더라도 불편해하거나 불평하거나 손해라고 여기거나 우울해하는 것으로만 이 기간을 낭비할 수 없습니다.

자기 스스로 멈추지 못하는 인간을 위해 코로나19가 잠시 찾아왔습니다. 달리기만 하는 인생을 잠시 멈추게 했습니다. 그것이 무슨 뜻이겠습니까?

코로나 바이러스라 부르는 작은 미생물

- 무스타파 달렙(아프리카 차드의 문인)

아무것도 아닌 '그 하찮은 것'에 의해 흔들리는 인류.
그리고 무너지는 사회…

코로나 바이러스라 부르는 작은 미생물이 지구를 뒤집고 있다. 보이지 않는 어떤 것인가가 나타나서는 자신의 법칙을 고집한다. 그것은 모든 것에 새로운 의문을 던지고 이미 안착된 규칙들을 다시 재배치한다.

다르게… 새롭게…

서방의 강국들이 시리아, 리비아, 예멘에서 얻어내지 못한 휴전, 전투중지 같은 것들을 이 조그만 미생물은 해내었다.
알제리군대가 못 막아내던 리프지역 시위에 종지부를 찍게 만들었다.

기업들이 못해내던 일도 해냈다.
세금 낮추기 혹은 면제, 무이자, 투자기금 끌어오기, 전략적 원료가격 낮추기 등등…

시위대와 조합들이 못 얻어낸 유류가격 낮추기, 사회보장 강화 등(프랑스 경우)도 이 작은 미생물이 성취해 내었다.

순식간에 우리는 매연, 공기오염이 줄었음을 깨닫게 되었고, 시간이 갑자기 생겨 뭘 할지 모르는 정도가 되었다.

부모들은 자신의 아이들에 대해 알아가기 시작했고 아이들은 집에서 가족과 함께 하는 시간에 대해 배우기 시작했으며, 일은 이제 더 이상 삶에서 우선이 아니고 여행, 여가도 성공한 삶의 척도가 아님을 깨닫기 시작했다.

우리는 곧 침묵 속에서 스스로를 돌아보기 시작했으며 '약함'과 '연대성'이란 단어의 가치에 대해 이해하기 시작했다.

우리는 가난하거나 부자거나 모두 한 배에 타고 있음을, 시장의 모든 물건들을 맘껏 살 수도 없으며 병원은 만원으로 들어차 있고 더 이상 돈으로 해결되는 문제들이 아님을 깨닫게 되었다.

코로나 바이러스 앞에서는 우린 모두 똑같이 연약한 존재일 뿐이라는 것도…

외출할 수 없는 주인들 때문에 차고 안에서 최고급 차들이 잠자고 있으며 그런 식으로 단 며칠만으로 세상에는 사회적 평등(이전에는 실현 불가능해 보였던 것)이 이루어졌다.

공포가 모든 사람을 사로잡았다.

가난한 이들에게서부터 부유하고 힘있는 이들에게로 공포는 자기 자리를 옮겼다.

우리에게 인류임을 자각시키고 우리의 휴머니즘을 일깨우며
화성에 가서 살고 복제인간을 만들고 영원히 살기를 바라던 우리 인류에게 그한계를 깨닫게 해주었다.

하늘의 힘에 맞먹으려 했던 인간의 지식 또한 덧없음을 깨닫게 해주었다.
단 며칠이면 충분했다.
확신이 불확실로, 힘이 연약함으로, 권력이 연대감과 협조로 변하는 데에는.

아프리카가 코로나에 안전한 대륙이 되는 것,
많은 헛된 꿈들이 거짓말들로 변하는 데에는 단 며칠이면 충분했다.

인간은 그저 숨 하나, 먼지일 뿐임을 깨닫는 것도…
우리는 누구인가?
우리의 가치는 무엇인가?
이 코로나 바이러스 앞에 우리는 무엇을 할 수 있나?

섭리가 우리에게 드리울 때를 기다리면서 스스로를 직시하자.
전세계가 다 하나같이 직면한 코로나바이러스 상황에서 우리의 휴머니티가 무엇인지 질문해 보자.

집에 들어 앉아 이 유행병이 주는 여러 가지를 묵상해 보고 살아있는 우리 자신

을 사랑하자.

13

그리로 올라가는도다

시122:4-5

찬송가: 491장(저 높은 곳을 향하여)

> 4 지파들 곧 여호와의 지파들이 여호와의 이름에 감사하려고 이스라엘의 전례
>   대로 그리로 올라가는도다
>
> 5 거기에 심판의 보좌를 두셨으니 곧 다윗의 집의 보좌로다

이것은 순례자가 예배드리는 목적을 분명하게 밝혀줍니다. 4절에 올라간다는 말(알라 'ālā)은 변방에서 중심지로 간다는 뜻입니다. 이스라엘 민족은 예루살렘을 향해 갈 때 동서남북 어느 곳에서나 다 올라간다고 표현했습니다. 이집트에서 가나안으로 향할 때에도 올라간다고 했습니다.

우리나라 말도 이와 같습니다. 지방에서 서울로 갈 때 함경도 사람도 '서울로 올라간다' 했으며 전라도 사람도 '서울로 올라간다' 말했습니다. 이것은 중심지로 향하는 발걸음을 나타내는 표현입니다.

순례자가 예루살렘으로 순례의 길을 가는 목적은 하나님과 만나 은혜받는 기쁨에만 머물지 않습니다. 자신이 바라고 원하는 것이 이루어지는 것에만 머물지 않습니다. 순례자도 사람인데 그가 위와 같은 것을 원하더

라도 우리는 그를 타박할 수 없습니다. 오히려 소원성취를 향한 그의 간절한 마음과 그것의 성취가 자기 힘과 지혜에 달려있지 않고 하나님께 달려있다고 인정하고 받아들이는 신앙을 높이 평가해야 할 것입니다.

어느 날 키가 큰 여행객이 나타나 마을이 살기에 어떤지 확인하려는 듯 돌아보았습니다. 그는 노인 한 사람을 만나 "이 마을은 살기에 어떻습니까?"라고 물었습니다. 노인은 그를 바라보며 말했습니다. "어떤 마을에서 오셨습니까? 지금 사시는 마을은 살기에 어떻습니까?" 여행객은 "제가 사는 마을 사람들은 서로에 대해 비판적입니다. 나쁜 소문을 퍼뜨리고 협력하지 않고 살기에 좋지 않은 마을입니다. 저는 그곳을 떠나고 싶습니다." 그때 노인은 그를 바라보며 말합니다. "이 마을도 당신이 사는 마을과 다를 바 없습니다. 똑같습니다."

잠시 후 어떤 남자가 또 나타나 노인에게 물었습니다. "이 마을은 살기 좋은 마을입니까?" 노인이 대답합니다. "어떤 마을에서 오셨습니까? 그곳은 살기에 어떻습니까?' 그는 말합니다. "내가 사는 마을 사람들은 가깝게 지냅니다. 서로 도와주고 어디를 가나 서로 따뜻하게 인사를 나눕니다." 그러자 노인은 미소를 보내며 대답합니다. "이 마을과 아주 비슷하군요. 이 마을도 사람들이 서로 정을 나누고 따뜻한 마음을 가지고 사이좋게 살고 있습니다." 남자는 인사를 하고 손을 흔들며 떠났습니다.

그때 노인과 함께 있던 손녀가 의아한 표정으로 할아버지를 올려다보며 물었습니다. "할아버지, 첫째 사람이 물었을 때는 마을이 살기에 아주 고약한 곳이라고 하시더니 저 사람에게는 살기 좋은 곳이라고 말씀하시니 어찌 된 까닭이어요?" 노인은 웃으며 이렇게 대답합니다. "사람은 어디를 가나 자기 마음을 가지고 다니는 법이란다. 그 마음이 살기 좋은 곳을 만들기도 하고 고약한 곳을 만들기도 하지"

그렇습니다. 어떤 마음으로 하느냐가 중요합니다. 행복은 어떤 마음을 가지고 사느냐에 따라 달라집니다.

4절은 그가 긴 인정과 먼 길과 위험과 많은 경비를 감수하고 예루살렘을 찾는 가장 중요한 목적을 밝혀줍니다. 그것이 무엇입니까? 감사입니다. 하나님께서는 이미 우리에게 은혜를 주셨습니다. 이미 부어주신 그 은혜가 마치 부족하기라도 한 듯 은혜 받으러 가는 것이 진정한 예배는 아닙니다. 예배의 핵심은 감사입니다.

> 할렐루야, 내가 정직한 자들의 모임과 회중 가운데에서 전심으로 여호와께 감사하리로다(시 111:1)

> 여호와께 감사하라 그는 선하시며 그 인자하심이 영원함이로다(시 136:1)

'행복하고 싶거든 감사하라'는 말이 있습니다. 감사가 행복을 불러들입니다. 행복이 불러들이는 감사는 그리 오래 가지 못합니다. 교회는 '죄 사함의 은혜를 확인하는 심판의 보좌'입니다.(5절) 교회에 나오는 마음은 자신을 하나님 자녀로 선택해 주신 은혜, 구원하신 은혜, 죄를 용서하신 은혜, 직분 주신 은혜, 교회 나올 수 있는 건강을 주신 은혜, 가정과 자녀와 직장을 주신 은혜, 영원한 천국을 허락하신 은혜를 자각하며 감사드리는 것입니다. 감사가 만들어내는 행복은 우리 마음속에 오래 오래 간직됩니다.

하나님께서 내려주신 은혜를 마음에 새기며 주어지는 말씀을 들으면 비록 그것이 심판의 말씀이라도 은혜가 됩니다. 그 말씀을 받아들이면서 순례자는 자기가 말씀에 부끄럽지 않게 살려 했는지 자기 삶의 태도와 원칙을 스스로 돌이켜 봅니다. 하나님께서 판단하는 말씀을 주실 때에 그것에 상처를 받는 대신에 그 말씀에 따라 자기 행실을 바로 잡는 것이지요. 그리고 자기 생활에서 말씀에 어긋난 부분들을 고치고 바로 잡으며 하나님 기뻐하실 방향으로 나아갑니다.

은혜를 받더라도 그 은혜의 주인이신 하나님께 감사드리는 마음이 없다면, 그 은혜는 긍정적인 열매로 이어지지 못합니다. 바로 이것이 은혜를 사모하는 마음에 앞서 은혜의 주체이신 하나님을 사모하는 마음이 앞서야 하는 이유입니다. 이것이 하나님께서 주시는 것이라면 받는 그 순간 부정적으로 보이든 긍정적으로 보이든 무조건 다 감사하는 마음으로 받아야 하는 이유입니다.

이렇게 하는 사람은 일상생활에서 은혜로운 결정을 내리곤 합니다. 이런 사람에게 심판하시는 하나님의 보좌는 하나님의 백성에게 시은좌(施恩座＝은혜가 베풀어지는 자리)입니다. 순례자는 그곳에서 하나님을 제대로 만났습니다. 그리고 자기 생활방식과 마음가짐을 재설정했습니다.(reset)

순례자는 그곳에서 하나님을 제대로 만났습니다. 그리고 자기 생활방식과 마음가짐을 재설정했습니다.

코로나19는 우리에게 삶의 방식을 크게 바꾸라고 권유합니다. 지금 바로 빅 리셋(Big Reset)이 필요하다고 합니다. 그렇지 않으면 소수의 사람만 죽게 만드는 코로나19로 인한 팬데믹과는 비교할 수 없을 만큼 더 강력한 에코데믹(Ecodemic)이 우리를 찾아올 것입니다. 그 조짐이 진작부터 이미 시작되었습니다.

에코데믹이란 말은 수의학자이자 언론학 교수인 마크 제롬 월터스(Mark Jerome Walters)가 2004년 처음 사용했습니다. 그는 《에코데믹, 끝나지 않는 전염병》이라는 책에서 전염병을 뜻하는 '에피데믹(epidemic)'을 생태계 변화와 합성해 이 말을 썼습니다. 에코데믹이란 전염병, 곧 '생태전염병' 내지 '환경전염병'을 가리킵니다. 이것은 인류 중 일부가 아니라 전체의 생존을 위협합니다.

월터스는 이 책에서 사람은 그 질병의 희생자인 동시에 가장 강력한 부양자라는 사실을 제대로 밝혀줍니다. 지금 지구촌 전역에 걸쳐 광범위하게 일어나는 자연의 급격한 변화를 일으킨 것은 바로 인간입니다. 인간이 새로운 질병의 출현과 확산을 불러오는 주범입니다.

지금은 순례자처럼 하나님 '심판의 보좌'를 의식하며(5절) 우리 인생의 오리엔테이션을 전반적으로 재설정할 필요가 점점 더 긴박해지고 있습니다. 이를 위해 우리는 조금 불편하고 조금 적고 조금 오래 걸리는 일들을 기꺼이 받아들여야 하겠습니다.

코로나19 바이러스가 인류에게 보내는 편지

– 비비앙 라이흐(Vivienne R Reich)

지구가 속삭였지만 당신들은 듣지 않았습니다.

지구가 소리를 내 이야기했지만 당신들은 듣지 않았습니다.

지구가 소리쳐 외쳤을 때 당신들은 오히려 귀를 막았습니다.

그래서 내가 태어났습니다.

나는 당신들을 벌주려고 태어난 것이 아닙니다.

나는 당신들을 깨우기 위해 태어났습니다.

지구는 도와 달라 외쳐왔습니다.

대규모의 홍수로 외쳐도 당신들은 듣지 않았고,

불타는 화염으로 외쳐도 당신들은 듣지 않았고,

강력한 폭풍과 돌풍에도 당신들은 들으려 하지 않았습니다.

대양의 생물들이 해양 오염으로 죽어가는 상황에서도 당신들은 여전히 지구의

외침을 듣지 않았습니다.

빙하가 녹아내리는 심각한 경고에도,

혹독한 가뭄에도,

지구가 얼마나 심각한 부정적 영향을 받고 있는지 들으려 하지 않았습니다.

전쟁이 끊이지 않고,

욕심은 멈추지 않고,

무수한 증오에도,

하루에도 수많은 죽음이 일어나도 당신들은 그저 당신들의 삶을 이어갈 뿐이었

습니다.

당신들에게는 지구가 보여주는 수많은 징후를 알아내기보다는

최신 아이폰을 갖는 것이 더 중요했습니다.

그러나 이제 내가 여기 있습니다.

나는 세계가 돌아가는 그 궤도를 멈추게 했습니다.

내가 마침내 당신들로 하여금 듣게 만들었습니다.

당신들을 대피하게 만들었고,

물질적인 것에만 더 이상 집중하지 못하게 만들었습니다.

이제 당신들은 지구가 어떤 상태인지 느낄 수 있게 되었습니다.
생존에 대한 염려가 무엇인지 알게 되었습니다.

그것을 느낄 수 있습니까?

지구 온난화가 심해지는 것처럼 당신들에게 고열을 일으켰고,
대기가 오염으로 가득 찬 것처럼 당신들에게 호흡곤란을 가져다주었고,
지구가 매일 쇠약해지는 것 같이 당신들에게도 연약함을 주었습니다.

세계를 멈추게 만들어…
지구의 문제와 그 아픔을 잊고 살게 만들던 당신들이 좋아하던 일들…
그 편안함과 즐기던 외출을 나는 당신들로부터 가져왔습니다.

그리고 이제….

중국과 인도의 하늘이 깨끗해지고 공기의 질이 달라졌습니다. 단지 공장들이
더 이상 오염물질을 지구의 대기에 내뿜지 않게 된 것만으로 이러한 일이 일어
났습니다. 베니스의 물이 깨끗해지고 돌고래들이 다시 보이기 시작했습니다.
단지 곤돌라가 멈추는 것만으로 이러한 일이 일어났습니다.

당신들은 비로소 당신들의 삶에 진정으로 중요한 것이 무엇인지 새겨볼 수 있
는 시간을 갖게 됐습니다.

나는 여기에 당신들을 벌주러 와있는 것이 아닙니다.

당신들을 깨우기 위해 온 것입니다.

내가 떠나고 이 모든 것이 지나간 후에….

제발 이 시간들을 기억해주세요.

지구의 이야기를 들어주세요.

당신 영혼의 소리에 귀 기울여 주세요.

더 이상 지구를 오염시키는 것을 멈춰 주세요.

싸움을 멈추고,

더 이상 물질적인 것에만 매달리지 말아 주세요.

그리고 이제 이웃을 사랑하는 것을 시작해 보세요.

지구와 그 안의 모든 생물을 보살펴 주세요.

그리고 마지막으로 창조주를 기억하세요.

그렇지 않다면 내가 다시 돌아오게 될 수 있습니다.

그리고 그때는 지금보다 훨씬 강력한 모습으로 오게 될 거예요.

– 코로나 바이러스로부터

14

교회를 사랑하는 자의 복

시122:6-9

찬송가: 210장(시온성과 같은 교회)

> 6 예루살렘을 위하여 평안을 구하라 예루살렘을 사랑하는 자는 형통하리로다
>
> 7 네 성 안에는 평안이 있고 네 궁중에는 형통함이 있을지어다
>
> 8 내가 내 형제와 친구를 위하여 이제 말하리니 네 가운데에 평안이 있을지어다
>
> 9 여호와 우리 하나님의 집을 위하여 내가 너를 위하여 복을 구하리로다

이것은 순례와 예배를 통해 관계가 회복된 것을 보여줍니다. 순례자가 자기 자신보다는 자기 이웃과 도시와 성전을 위한 중보기도를 드립니다. 그 주제는 평화와 형통(안정)입니다. 여기에는 샬롬(*šālôm* 평안) 샬라(*šālâ šāləwâ* 형통) 토브(*tôb* 복) 등 좋은 낱말들이 되풀이 쓰였습니다. 사도 바울은 자신의 영적인 아들 디모데에게 이렇게 권했습니다.

1 그러므로 내가 첫째로 권하노니 모든 사람을 위하여 간구와 기도와 도고와 감사를 하되 2 임금들과 높은 지위에 있는 모든 사람을 위하여 하라 이는 우리가 모든 경건과 단정함으로 고요하고 평안한 생활을 하려 함이라(딤전 2:1-2)

오늘 어떤 마음으로 하루를 시작하셨습니까? 내가 사는 생활의 자리가 여호와의 집이라 생각하시기를 바랍니다. 그곳이 바로 예배의 자리라 여기시기 바랍니다. 이것이 생활영성이요 생활예배입니다.

이렇게 되려면 무엇보다 먼저 그리스도의 몸된 성전인 교회에 오는 마음가짐부터 바르게 되어야 합니다. '어떻게 하는 것이 영적인 예배인가'라는 문제는 성전에 올라오는 태도와 마음가짐으로 결정됩니다. 성도의 일상생활은 하나님께서 받으시는 예배를 드렸느냐로 결정됩니다. 우리는 자칫 예배와 일상생활, 가정 및 사회·직장생활을 별개로 떼어서 생각할 수가 있습니다. 물론 그것이 100% 완전히 일치하지는 않더라도 그 거리가 가까우면 가까울수록 그 사람에게서는 신앙의 향기·인품의 향기가 풍겨납니다.

우리 시대에는 일상생활의 경건이 더 많이 필요해졌습니다. 입술로는 그리스도인이요 행실로는 세상 사람과 다를 바 없는 태도는 선한 영향력을 발휘할 수 없습니다.

로렌스 형제(Brother Lawrence 1605?-1691)로 우리에게 널리 알려진 니콜라 에르망(Nicolas Herman)은 17세기 프랑스의 카르멜회 수사입니다. 30년전쟁(1618-1648)에 참여했다가 다리에 부상을 입은 그는 평생 다리를 절며 살았습니다. 신학을 공부하지 않은 그는 수도원에 들어가 평신도 수도사가 되었습니다.(1640년) 그는 수도원 주방에서 음식을 만드는 일을 하다가 나중에 신발을 수선하는 일을 했습니다. 그런 일들을 하면서도 그는 순간순간 호흡하듯 하나님과 깊이 교제하며 살았습니다. 그는 이렇게 기도드렸습니다.

하나님, 저는 머리끝부터 발끝까지 주님의 것입니다.

오! 사랑의 하나님, 온 마음을 다해 주님을 사랑합니다.

주님, 제 마음이 주님의 마음을 닮게 하소서.

그가 보여준 경건한 일상생활에 크게 감동받은 드 보포르(Joseph de Beaufort)는 그가 하나님 부름을 받은 뒤 《하나님의 임재 연습》을 펴냈습니다. 그 책에는 로렌스 형제가 일상생활 속에서 하나님의 임재를 느끼며 실천하는 모습이 잘 나타나 있습니다.

로렌스 형제가 그릇을 닦고 있는 모습을 보면 마치 사제가 성만찬을 준비하는 엄숙함과 경건함이 느껴진다. 그는 경건하고 엄숙하게 정성을 다하여 그릇을 하나하나 닦고 있었다. 그리고 주어진 모든 일을 마치고 부엌에서 무릎 꿇은 로렌스 형제의 모습을 보았을 때 우리는 거기서 하나님의 임재를 볼 수 있었다. 로렌스 형제가 하나님께 나아가는 유일한 수단은 매사를 하나님을 사랑하는 마음으로 행하는 것이었다. 그래서 그는 자기가 무슨 일을 하게 될지에 관심이 없었다. 그에게는 주어진 일을 하나님을 위해 한다는 사실만 중요했다. 그는 어떤 활동이냐가 아니라 '하나님'을 중시했다.

그에게는 큰일과 작은 일, 중요한 일과 허드렛일이 따로 없었습니다. 그는 프라이팬의 달걀 하나라도 하나님을 사랑하는 마음으로 조리했으며, 그 일을 마치고 다른 할 일이 없으면 주방 바닥에 엎드려 하나님을 경배했습니다.

그 책은 오늘날에도 기독교의 고전입니다. 여러 출판사가 이 책을 우리 말로 옮겨 출판했습니다.

주일에 예배를 드린 사람에게는 그날 오후부터 그 다음 주일 예배 전까지 예배드린 사람의 향기가 풍겨나야 합니다. 이런 것들은 돈이나 기술로 살 수 없는 엄청난 자산입니다.

순례자는 즐거운 마음으로 하나님의 집에 올라 예배드립니다. 감격하며 드린 그 예배에서 은혜와 기쁨을 누린 그는 마음에 감사가 넘쳐납니다. 한 개인으로서 순례자는 영적으로 충만해졌습니다. 그는 그 충만함이 예루살렘이란 도시(6-7절)와 예루살렘 성전(9절)과 그리로 오가는 모든 사람에게도(8절) 선한 영향력으로 작용하기를 간구합니다.

예루살렘 성전에서 예배드리는 시인은 자기만의 감격과 기쁨을 누리는 한편, 자신이 한 국가의 국민이요, 지역사회 구성원이요, 한 공동체의 일원인 것도 잊지 않습니다. '지파들 곧 여호와의 지파들이 여호와의 이름에 감사하려고'(4절)라는 표현이 그런 뜻을 나타냅니다.

여기서 지파는 i) 작은 단위로 말하자면 자기 가족(가정)입니다. ii) 좀 더 큰 단위로 말하자면 자기 가문(종중)입니다. iii) 더 큰 단위로 보자면 교회(지역사회) 공동체입니다. iv) 가장 큰 단위로는 이 지구촌에 사는 모든 하나님의 백성입니다.

사람은 이웃과 더불어 사는 사회적 동물입니다. 만일 우리가 다른 사람들과 어울려 사는데 실패한다면 인생살이 자체가 무척이나 힘듭니다. 함께 어울리며 더불어 사는 지름길은 하나님께 감사드리는 데서 열립니다. 하나님께 감사드리며 살다보니 우리 주변에 있는 여러 사람과 여러 가지 사물과 일에도 감사할 거리가 점점 많아집니다.

자기 자신에게 복을 달라고 기도드릴 때보다 다른 사람을 위해 중보기도 드리며 그에게 복을 내려주시라고 기도드릴 때 신기한 일이 생깁니다. 그것은 자기 자신을 위해 기도드릴 때보다 더 큰 복이 자신에게 내려오는 것입니다. 사람이 복에 집착하면 복을 더 얻지 못하고 복을 빌어주면 복을 더 얻습니다. 서로 축복할 때 복의 지경이 넓어집니다. 이것이 신앙의 신비입니다.

시편 122편에는 감격 감사 은혜받음 관계회복 등 예배의 주요 요소가 다 들어 있습니다. 순례자는 성전으로 올라가 하나님께 예배드리는 것을 감격으로 받아들이는 것으로 시작했습니다. 감격하며 드리는 그 예배는 어느 틈에 감사로 바뀌었습니다. 예배시간이 흐름에 따라 시인은 기쁨과 감사를 넘어 '자신'이라는 울타리를 넘어 영적 구심점인 예루살렘성과 민족 공동체를 위해 중보기도를 드렸습니다. 중보기도는 순례자 자신에게 다른 사람과의 관계를 회복시킬 준비가 되어 있다는 표시입니다.

오늘날 성도 중에도 교회나 성도를 비판하는 사람이 있는가 하면 교회 식구들과 교회의 평화를 위해 늘 중보기도를 드리는 사람이 있습니다. 나 (우리)는 어느 쪽에 더 가깝습니까?

15

눈을 들어

시123:1-2

찬송가: 380장(나의 생명 되신 주)

> 1 하늘에 계시는 주여 내가 눈을 들어 주께 향하나이다
>
> 2 상전의 손을 바라보는 종들의 눈 같이, 여주인의 손을 바라보는 여종의 눈 같이 우리의 눈이 여호와 우리 하나님을 바라보며 우리에게 은혜 베풀어주시기를 기다리나이다

이것은 순례자의 노래 열 다섯편 가운데 네 번째입니다. 여기서 순례자는 '네 눈(=마음)은 어디로 향하는가'를 묻는 물음에 대답합니다. '하늘에 계시는 주여 내가 눈을 들어 주께 향하나이다'라는 1절의 고백은 시 121:1 '내가 산을 향하여 눈을 들리라'는 모습과 대비됩니다.

예수님은 제자들이 '기도를 가르쳐 주십시오'라고 할 때 하나님을 우러러보며 '하늘에 계신 우리 아버지'라고 부르라고 하셨습니다. '하늘'은 천지사방을 다 들여다 볼 수 있는 곳입니다. 하나님의 보좌가 그곳에 있습니다. 하나님은 바로 그곳에서 인생의 수고와 세상만사를 살펴보다가 가장 적절한 때에 가장 적합한 도움을 베푸는 분입니다.

때로는 사람의 시선이 어디로 향하는가로 그 사람의 마음과 형편을 알 수 있기도 합니다. 사람의 눈빛은 백 마디 말보다 더 많은 것을 말하기도 합니다. 그것으로 우리는 누군가를 기분 나쁘게 할 수도 있고, 누군가에게 웃음과 용기를 심어줄 수도 있습니다. 그것으로 상대방을 기쁘게도 괴롭게도, 위로도 상처도 안겨줄 수 있습니다. 그래서일까요? 사냥군이 짐승의 눈을 바라보면 방아쇠를 당기지 못한다고 합니다.

'몸의 값이 천 냥이라면 눈은 구백 냥이다' '눈이 보배다'는 말이 있습니다. 보는 것(시각)은 인간이 지닌 가장 기본적인 감각이자 수용의 통로입니다. 어느 나라나 보는 것과 관련된 용어가 참 많습니다. 그만큼 봐야 할 게 많다는 뜻입니다. 더 나아가 잘 구별해서 보고 배우라는 말입니다. 우린 참 많은 것을 보고 생활합니다. 사람도 보고, 책도 보고, 영화도 보고, 연극도 보고, 공연도 보고, 운동경기도 보고, 텔레비전도 봅니다.

한자에 見(볼 견)·看(볼 간)·視(볼 시)·觀(볼 관 괸)·察(살필 찰)·監(살필 감)·覽(볼 람)·診(볼 진)·覩(도)·睹(도)·覗(사)·覘(엿볼 첨)·覵(엿볼 간/지릅뜰 한)·覝(몰래 볼 맥/멱)·省(살필 성)·望(바라볼 망)·閱(볼 열)·瞻(쳐다볼 첨) (볼 진, 자세히 볼 라)등 여러 가지가 있습니다.

영어로는 see, gape, gaze, glance, glare, glimpse, look, monitor, notice, observe, peep, peek, peer, regard, sight, spot, stare, view, watch, witness 등이 있습니다.

김수업은 그의 책《우리말은 서럽다》에서 '보다'라는 뜻의 우리말이 27개라고 했습니다. 그는 '보는 것'의 의미를 크게 네 가지로 나누었습니다.(242-246)

i) 보는 자리가 안이냐 밖이냐에 따라 '들여다 보다, 내다 보다' 등 4개 있습니다. ii) 보는 자리가 높이느냐 낮추느냐에 따라 '깔보다, 우러러보다'

등 7가지 입니다. iii) 보는 마음가짐에 따라 '돌보다, 노려보다' 등 6가지 있습니다. iv) 어떤 사람 마음의 속살까지 들어가 보느냐 그렇지 못하느냐에 따라 '거들떠보다, 꿰뚫어보다, 알아보다' 등 10가지 입니다.

보는 것을 의미하는 단어가 나라마다 이렇게 많습니다. 그러니 수많은 사람의 이해관계와 입장에 따라 얽히고설켜 있는 '역사를 보는 관점'(歷史觀)은 하늘의 별만큼이나 많을 것입니다. 오늘의 시대와 현실을 보는 시각도 그렇습니다.

이렇게 보는 것이 중요할지라도 그보다 더 중요한 것이 있습니다. 그것이 무엇입니까? 마음입니다. 사람의 시선이나 눈빛에는 그 사람의 마음이 포함되어 있기 마련입니다. 《대학》〈정심장(正心章)〉의 한 구절입니다.

> 마음이 다른 곳에 가 있으면(心不在焉 심부재언) 보아도 보이지 않고(視而不見 시이불견) 들어도 들리지 않고(聽而不聞 청이불문) 음식을 먹어도 그 맛을 모른다.(食而不知其味 식이부지기미) 이에 수신은 마음을 바르게 하는 데 있다는 것이다.(차위수신재정기심 此謂修身在正其心)

어떤 감각기관이든 마음이 바르지 않으면 제대로 된 감정이나 판단이나 행동을 할 수 없다는 뜻입니다.

하나님을 바라보는 순례자의 눈, 아니 마음은 어떻습니까? 시 123:1-2에 그 간절함 절박함이 담긴 진정성이 느껴지지요?

심광만성(心廣萬成)이라 했습니다. "마음을 넓게(크게) 가지면(너그럽게 하면) 만 가지 일이 다 이루어진다"는 뜻입니다. 순례자가 하나님을 간절히 바라보는 이유가 바로 그런 것입니다. 그는 세상 일 세상 사람 바라보느라 협소해진 시야, 좁아진 마음을 자기도 어찌할 수가 없으니 하나님께서 바로 잡아주시기를 바라는 심정으로 기도드렸습니다.

내 눈이 항상 여호와를 바라봄은 내 발을 그물에서 벗어나게 하실 것임이로다
(시 25:15)

순례자는 주님께로 향하는 자신의 마음을 절묘한 비유로 실감나게 표현
했습니다. i) 상전의 손을 바라보는 종들의 눈 같이 ii) 여주인의 손을 바라
보는 여종의 눈 같이. 잠언은 종을 대하는 여주인의 모습을 이렇게 묘사했
습니다. '밤이 새기 전에 일어나서 자기 집안사람들에게 음식을 나누어 주
며 여종들에게 일을 정하여 맡기며'(잠 31:15)

시편 123에서는 반복법이 두드러지게 눈에 들어옵니다.(Bullock 379)

내 눈들(1a) →

    종들의 눈들(2a) →

    여종의 눈들(2b) →

    여호와 우리 하나님을 바라보는 우리의 눈들(2c)

자기 상전의 손(2a) →

    자기 여주인의 손(2b) →

    여호와 우리 하나님(의 손 2c) →

우리에게 은혜 베풀어주시까지(2d) →

    여호와여, 우리에게 은혜 베푸시고(3a)

    또 우리에게 은혜 베푸소서(3b)

우리는 끝없는 멸시를 견뎌내나이다(3b) →

    안일한 자의 조소와 교만한 자의 멸시가 우리 영혼에 넘치나이다(4)

술수와 맘몬(물질, 물신주의)이 주관하는 듯이 보이는 생활현장에서 갖가지 유혹과 조소와 교만과 멸시를 이길 힘은 어디서 나옵니까? 그것은 우리 눈이 오직 여호와를 향하고, 거기서 나오는 그리스도를 닮는 경건함에서 우러납니다. 이런 사실을 순례자는 반복법으로 절묘하게 그려냈습니다.

16

은혜 주소서

시 123:3-4

찬송가: 638장(주 너를 지키리)

> 3 여호와여 우리에게 은혜를 베푸시고 또 은혜를 베푸소서 심한 멸시가 우리
>   에게 넘치나이다
>
> 4 안일한 자의 조소와 교만한 자의 멸시가 우리 영혼에 넘치나이다

이것은 순례자가 하나님의 은혜를 간절히 청하는 기도입니다. 그에게는
'하나님이 내 편'이라는 신앙고백이 있기에 '여호와여 우리에게 은혜를 베
푸시고 또 은혜를 베푸소서'라고 기도드릴 수 있었습니다.

시편 123편은 거센 세상 풍파를 겪으며 하나님의 자비와 긍휼을 바라는
우리 마음을 아주 잘 표현한 시입니다. 실제로 그는 멸시와 조롱을 많이 당
하고 있습니다.

… 심한 멸시가 우리에게 넘치나이다 안일한 자의 조소와 교만한 자의 멸시가
우리 영혼에 넘치나이다"(시편 123:3-4)

우리도 이런 일을 겪은 적이 있습니까? 사람은 사실관계를 잘 모르면서도 자기 기분이나 자기 느낌에 따라 다른 사람을 비웃거나 멸시할 수 있습니다. 이런 것이 얼마나 무책임한 일인지, 이런 것이 마치 송곳으로 찌르듯이 사람의 가슴을 얼마나 후벼 파는지를 의식하지 못한 채 마구 그렇게 합니다.

이럴 때 우리는 어떻게 처신합니까? 그는 마음과 눈 곧 영혼과 몸을 집중하여 하나님 은혜를 간구했습니다. 순례자는 자신이 보이는 반응을 다음과 같이 두 가지 상징어법으로 나타냅니다. 1) 상전의 손을 바라보는 종들의 눈 같이 2) 여주인의 손을 바라보는 여종의 눈 같이.(1-2절) 이 부분에는 동사가 들어 있지 않습니다. 우리는 1절 '(눈을) 들다'에 맞추어 이 부분에 '(하나님을) 응시하다' 라는 동사를 끼어넣고 묵상합니다.

눈을 든다는 말은 어떤 일이나 사람에게 몰두해 있던 마음을 돌이킨다는 뜻입니다. 2절은 '눈'이란 낱말을 빼고 그냥 '우리가 여호와 우리 하나님을 바라보며…'라고 해도 뜻이 잘 통합니다. 그런데도 순례자는 '눈'을 세 차례나 되풀이 썼습니다. 이로써 눈은 단순히 신체기관이 아니라, 그의 전인격 또는 그의 마음 전체를 상징합니다. 그의 마음은 어디로 향해 있습니까? '손'입니다. 마치 주인이 무엇인가를 나누어 줄 때 하인은 그 주인의 손에 집중하듯이 순례자는 하나님께서 은혜를 베푸실 그 손에 주목합니다. 성경에서 손, 특히 하나님의 손은 능력 권위 이적 등과 관련이 있습니다.

순례자는 눈을 들어 하나님의 손을 바라봅니다. 여기서 눈은 그 사람이 전적으로 집중하는 모습을 나타냅니다.

순례자는 심하게 멸시당하고 있습니다. 멸시는 어떤 것 또는 어떤 사람이 전혀 가치 없고 쓸모없다고 여기는 태도입니다. 한 번이라도 비웃음을 당해 본 사람은 이것이 자신의 살아갈 이유와 존재 가치를 회의하게 만드는 엄청난 시험거리인 것을 잘 압니다. 그는 또한 조소(비웃음)를 당하고 있습니다. 한 번이라도 비웃음을 당해 본 사람은 이것이 우리 마음을 얼마나 비참하게 만드는지 잘 압니다. 비록 그것이 상대방의 교만과 교양없는 인성에서 나왔더라도 실제로 당하는 입장에서 보면 주체할 수 없는 분노나 견디기 어려운 무기력감에 빠집니다.

멸시와 비웃음을 일삼는 자들은 어떤 사람들입니까? 4절에는 그들을 가리켜 '안일한 자, 교만한 자'라고 했습니다. 이런 자들은 하나님을 모르거나 하나님을 알더라도 순종하지 않는 자들입니다. 우리는 하나님께서 그런 자들을 어떻게 대하시는지를 성경을 통해 잘 알고 있습니다. "교만은 패망의 선봉이요 거만한 마음은 넘어짐의 앞잡이니라"(잠 16:18)

순례자는 자기를 비웃고 멸시하는 자들이 겪을 운명을 잘 알고 있습니다. 그들이 반드시 하나님 심판을 받을 것도 잘 알고 있습니다. 그렇더라도 자기가 직접 그들에게 당하는 그 순간에 그는 역시 연약한 하나의 인간이었습니다. 그들로부터 당하는 억울함 분노 수치심 모욕감을 인간인 자기 혼자 힘으로 감당할 수가 없었습니다. 그래서 그는 하나님 손길을 집중하며 간절히 구합니다.

2 … 우리에게 은혜 베풀어주시기를 기다리나이다 3 여호와여 우리에게 은혜를 베푸시고 또 은혜를 베푸소서…(2-3절)

'눈'이란 낱말을 세 번 되풀이 했듯이, 그는 '(하나님으로부터 오는) 은혜'란 말을 세 차례 반복합니다. 그렇습니다. 우리는 은혜 없이는 설 수 없는 피조물입니다.

오늘은 〈은혜 아니면 나 서지 못하리〉라는 복음성가를 부릅니다.

어둠 속 헤매이던 내 영혼 갈길 몰라 방황할 때에

주의 십자가 영광의 그 빛이 나를 향해 비추어주셨네

주홍빛보다 더 붉은 내 죄 그리스도의 피로 씻기어

완전한 사랑 주님의 은혜로 새 생명 주께 얻었네

은혜 아니면 나 서지 못하네

십자가의 그 사랑 능력 아니면 나 서지 못하네

은혜 아니면 나 서지 못하네

놀라운 사랑 그 은혜 아니면 나 서지 못하네

나의 노력과 의지가 아닌 오직 주님의 그 뜻 안에서

의로운 자라 내게 말씀하셨네 완전하신 그 은혜로

은혜 아니면 나 서지 못하네

십자가의 그 사랑 능력 아니면 나 서지 못하네

은혜 아니면 나 서지 못하네

완전한 사랑 그 은혜 아니면 나 서지 못하네

이제 나 사는 것 아니요 오직 예수 내 안에 살아계시니

나의 능력 아닌 주의 능력으로 이제 주와 함께 살리라

오직 은혜로 나 살아가리라

십자가의 그 사랑 주의 능력으로 나는 서리라

주의 은혜로 나 살아가리라

십자가 사랑 그 능력으로 나 살리라

주 은혜로 나 살리라

17

만일 여호와가 아니었더라면

시124:1-2

찬송가: 71장(예부터 도움 되시고)

> 1 이스라엘은 이제 말하기를 여호와께서 우리 편에 계시지 아니하셨더라면 우리가 어떻게 하였으랴
>
> 2 사람들이 우리를 치러 일어날 때에 여호와께서 우리 편에 계시지 아니하셨더라면

이것은 순례자가 자기 인생에서 가장 아슬아슬했던 경험을 되새기며 부르는 노래입니다. 그 아찔한 순간 하나님께서 그의 편이 되어 주셨습니다. 이에 감격한 나머지 그는 두 차례나 거듭 여호와께서 '우리 편'(직역: 우리를 위해: 칠십인역: 우리 안에)에 계셨다고 노래합니다.(직역: 만일 우리를 위하시는 여호와가 아니었더라면…)

6 여호와는 내 편이시라 내가 두려워하지 아니하리니 사람이 내게 어찌할까
7 여호와께서 내 편이 되사 나를 돕는 자들 중에 계시니 그러므로 나를 미워하는 자들에게 보응하시는 것을 내가 보리로다(시 118:6-7)

어떤 끔찍한 일을 당할 때 우리는 자칫 '하나님이 정말 살아 계시고 나의 도움이시라면 어떻게 나를 이런 상황에 몰아넣을 수가 있어'라고 생각할 수도 있습니다. 세상에는 이런 심정으로 하나님을 원망하는 이도 적지 않습니다. 자기 혼자서 뭘 해보려고 하다 보니까, 하나님이 '우리' 편이고 우리 도움이라는 것을 알 수가 없습니다. 자기중심적으로 생각하다보면 하나님이 우리 편이고 우리 도움이라는 사실이 다가오지 않습니다.

'다윗의 시 곧 성전에 올라가는 노래'-이것이 시편 124의 제목입니다. 다윗은 결코 평탄한 인생을 살았던 사람이 아닙니다. 그는 최악의 상황을 겪어본 사람입니다. 그는 자신이 겪은 그 끔찍한 일들을 '우리를 산 채로 삼키는 물' '우리를 씹어 먹는 원수의 이빨' '우리를 포획하는 사냥꾼의 올무(덫)'에 비유했습니다. 이 비유 하나 하나에는 목숨까지 왔다 갔다 하는 위기상황이 그대로 엿보입니다.

사람들은 흔히 자기가 겪는 힘든 일들을 죽음에 빗대는 경향이 있습니다. '이 일은 죽기보다 더 싫다(나쁘다)'라고 말입니다. 우리는 잘 압니다, 이런 비유가 얼마나 우스꽝스러운지를. 죽음의 그림자가 자신을 덮치는 상황이 아닌데도 그것을 죽음에 빗대는 것은 그가 겪는 일이 그만큼 무겁지 않다는 것을 역설적으로 보여줍니다. 남이 볼 때 엄청난 일이 아닌데도 자기 혼자서만 그것을 죽기보다 싫다고 하는 것은 그가 그만큼 평탄하게 살고 있다는 뜻이기도 합니다.

위의 비유에서 엿보이듯이 다윗은 단순히 배고프거나 정에 굶주리거나 차별 멸시(천대) 배척을 경험한 것에 그치지 않았습니다. 그가 겪는 일들은 말 그대로 목숨이 걸린 것들이었습니다. 그것도 한 두 번이 아닙니다.

그런데도 그는 그런 상황을 하나 하나 다 견뎌내고 이겨냈습니다. 그런 일들이 닥칠 때마다 그는 도움을 받았다고 노래합니다. 엄청난 괴물이나 홍수나 은밀하게 감추어진 덫보다도 훨씬 더 큰 힘을 가지신 분이 자신을 도우셨다고 찬양합니다.

위르겐 홀러((Juergen Holler)는 《성공의 비법》이란 책에서 사람이 숲속에서 늑대를 만났을 때에 비유합니다. 어떤 사람이 혼자 숲 속을 걸어가고 있었습니다. 갑자기 100미터 앞에 굶주린 늑대가 나타났습니다. 무섭게 그에게 달려들었습니다. 가슴이 덜컥 내려앉고 등에서 식은땀이 흘러내렸습니다. 가슴만 철렁한 것이 아닙니다. 그의 온 몸에 소름이 오싹 끼치며 그는 그 자리에 얼어붙었습니다. 두려움의 정도를 1부터 10까지 숫자로 표시한다면 이럴 때 두려움의 강도는 10입니다.

만약 손에 칼이나 창을 들고 있다면 두려움의 정도는 9정도로 낮아집니다. 만약 한 손에 창이 있고 다른 손에는 횃불까지 있다면 두려움의 정도가 7이나 8정도로 됩니다. 옆에 동행자가 있고 그 사람 손에도 창과 횃불이 들려 있다면 두려움의 정도는 5나 6정도로 적어집니다. 총을 가지고 있다면 두려움의 정도는 4가 될 것입니다. 가슴만 덜컥 내려앉고 끝날 일입니다. 위험할 때 타고 도망갈 오토바이나 자동차가 옆에 있다면 두려움은 3정도이고, 만일 SUV 차 안에 있었다면 두려움은 거의 0에 가까울 것입니다.(《표적이 전하는 소리를 듣는가》 491-92)

하나님이 우리를 보호하여주실 것이라는 믿음이 우리에게 확실하다면 어떻겠습니까? 비록 자신이 도저히 이겨낼 수 없는 강적이 눈앞에 있더라도 마음이 흔들리지 않을 것입니다. 이집트 군대가 쫓아와 홍해에 미쳤을 때 모세가 말했습니다.

"너희는 두려워 말고 가만히 서서 여호와께서 오늘날 너희를 위하여 행하시는 구원을 보라. 너희가 오늘 본 애굽 사람을 또 다시는 영원히 보지 못하리라. 여

호와께서 너희를 위하여 싸우시리니 너희는 가만히 있을지니라"(출 14:13-14)

앗시리아 군대가 예루살렘 성을 포위하고 공격할 때 히스기야 왕이 말했습니다.

> 7 너희는 마음을 강하게 하며 담대히 하고 앗수르 왕과 그를 따르는 온 무리로 말미암아 두려워하지 말며 놀라지 말라 우리와 함께 하시는 이가 그와 함께 하는 자보다 크니 8 그와 함께 하는 자는 육신의 팔이요 우리와 함께하시는 이는 우리의 하나님 여호와시라 반드시 우리를 도우시고 우리를 대신하여 싸우시리라(대하 32:7-8)

아람(시리아) 군대가 구름떼같이 몰려올 때 여호사밧이 유다 백성에게 말했습니다.

> 유다와 예루살렘 주민들아 내 말을 들을지어다 너희는 너희 하나님 여호와를 신뢰하라 그리하면 견고히 서리라 그의 선지자들을 신뢰하라 그리하면 형통하리라(대상 20:20)

그렇습니다. 하나님이 우리를 지키고 있다는 믿음이 굳건하면 굳건할수록 주어진 상황에서 생겨나는 우리의 두려움은 담대함으로 바뀔 수 있습니다.

하나님을 '우리 편'이라고 하는 것은 자칫 자기만 아는 신앙고백 같고, 자기 위주로 생각하는 이기적인 신앙처럼 보일 위험이 있습니다. 까딱하면 하나님을 왜소한 존재로 격하시킬 수도 있는 표현입니다. 그런데도 이런 가사를 넣어 노래를 부르는 이유가 무엇일까요? 그것은 하나님에 대한 신뢰와 그 신뢰가 어긋나지 않은 것을 향한 진심어린 감사 때문입니다. 다윗은 하나님을 절대적으로 신뢰하였고 하나님이 자기를 세워주신 것을 진심으로 감사했습니다.

18

그때에

시124:3-5

찬송가: 147장(거기 너 있었는가)

> 3 그때에 그들의 노여움이 우리에게 맹렬하여 우리를 산 채로 삼켰을 것이며
>
> 4 그때에 물이 우리를 휩쓸며 시내가 우리 영혼을 삼켰을 것이며
>
> 5 그때에 넘치는 물이 우리 영혼을 삼켰을 것이라 할 것이로다

이것은 순례자가 자기 인생에서 가장 아찔했던 순간이 지나가고 난 뒤 '그때'를 회상하며 부르는 노래입니다. 그는 '그때에'라는 말을 세 차례나 되풀이 합니다.

그때에 … 우리를 산 채로 삼켰을 것이며(3절)

그때에 … 우리 영혼을 삼켰을 것이며(4절)

그때에 … 우리 영혼을 삼켰을 것이라(5절)

여기서 '삼켜지는' 영혼은 흔히 몸과 마음과 영혼이 합쳐진 전체적인 한 인간을 가리킵니다. 그 순간이 그에게 얼마나 소름이 끼치고 오싹했으면

이렇게까지 할 수 있을까요? 순례자는 '그때' 상황을 '야수에게 잡아먹히는 것'과 '거센 물결에 휩쓸리며 삼켜지는 것'으로 비유했습니다. 이 둘 다 결론은 죽음입니다. 당시 순례자는 죽음의 문턱에 가 있었습니다.

그때에 하나님께서 순례자와 함께 계셨습니다.

i) 산 채로 원수에게 잡아먹힐 위험에서 구해주십니다. 원수의 공격이 너무나 무시무시하여, 마치 전설 속의 용이나 옛날 공룡처럼 엄청난 괴물이 공격을 하며 닥치는 대로 먹어치우고 한 입에 삼켜버리려고 달려드는 상황을 묘사합니다. 그러한 괴물 앞에서 할 수 있는 일이라곤 없습니다. 그냥 먹힐 수밖에 없는 상황입니다. 그럴 때 하나님이 우리 편이시고 우리의 도움이시기 때문에 구원받는다는 것입니다.

ii) 홍수에 휩쓸려 갈 위험에서 건져주십니다. 이스라엘 땅에서는 갑작스런 폭풍이 불면 작은 골짜기에 물이 차서 순식간에 다른 계곡들로 물이 흘러들어 급류로 돌변했습니다. 사막 지역에 사는 사람들에게 우기 때 그런 일이 벌어지면 순식간에 일어나는 일이라 어떻게 해볼 수도 없이 속수무책으로 당할 수밖에 없습니다. 그때 하나님이 우리 편이시고 우리의 도움이시기에, 거기서 건져졌다고 선포합니다.

시 124:4-5와 비슷한 말씀이 이사야서에도 나옵니다.

2 네가 물 가운데로 지날 때에 내가 너와 함께 할 것이라 강을 건널 때에 물이 너를 침몰하지 못할 것이며 네가 불 가운데로 지날 때에 타지도 아니할 것이요 불꽃이 너를 사르지도 못하리니 3 대저 나는 여호와 네 하나님이요 이스라엘의 거룩한 이요 네 구원자임이라 내가 애굽을 너의 속량물로, 구스와 스바를 너를 대신하여 주었노라(사 43:2-3)

역사를 돌아보면 이스라엘 민족은 물을 건너고 불을 뛰어넘어야 할 때가 적지 않았습니다. 그런 일들을 직접 몸으로 겪어내야만 하는 개개인은 얼마나 초조하고 불안하며, 두렵고 떨렸을까요? 그 바다나 강을 건너는 것 같은 위기에도 침몰하지 않았다면 그 일을 어떻게 설명할 수 있을까요?

10 바로가 가까이 올 때에 이스라엘 자손이 눈을 들어 본즉 애굽 사람들이 자기들 뒤에 이른지라 이스라엘 자손이 심히 두려워하여 여호와께 부르짖고 11 그들이 또 모세에게 이르되 애굽에 매장지가 없어서 당신이 우리를 이끌어 내어 이 광야에서 죽게 하느냐 어찌하여 당신이 우리를 애굽에서 이끌어 내어 우리에게 이같이 하느냐 12 우리가 애굽에서 당신에게 이른 말이 이것이 아니냐 이르기를 우리를 내버려 두라 우리가 애굽 사람을 섬길 것이라 하지 아니하더냐 애굽 사람을 섬기는 것이 광야에서 죽는 것보다 낫겠노라(출 15:10-12)

13 모세가 백성에게 이르되 너희는 두려워하지 말고 가만히 서서 여호와께서 오늘 너희를 위하여 행하시는 구원을 보라 너희가 오늘 본 애굽 사람을 영원히 다시 보지 아니하리라… 21 모세가 바다 위로 손을 내밀매 여호와께서 큰 동풍이 밤새도록 바닷물을 물러가게 하시니 물이 갈라져 바다가 마른 땅이 된지라 22 이스라엘 자손이 바다 가운데를 육지로 걸어가고 물은 그들의 좌우에 벽이 되니(출 15:13, 21-22)

맹렬히 타오르는 불 가운데를 지나면서도 전혀 타지 않았다면 그 일을 어떻게 설명할 수 있을까요?

19 느부갓네살이 분이 가득하여 사드락과 메삭과 아벳느고를 향하여 얼굴빛을

바꾸고 명령하여 이르되 그 풀무불을 뜨겁게 하기를 평소보다 칠 배나 뜨겁게 하라 하고 20 군대 중 용사 몇 사람에게 명령하여 사드락과 메삭과 아벳느고를 결박하여 극렬히 타는 풀무불 가운데에 던지라 하니라 21 그러자 그 사람들을 겉옷과 속옷과 모자와 다른 옷을 입은 채 결박하여 맹렬히 타는 풀무불 가운데에 던졌더라 22 왕의 명령이 엄하고 풀무불이 심히 뜨거우므로 불꽃이 사드락과 메삭과 아벳느고를 붙든 사람을 태워 죽였고 23 이 세 사람 사드락과 메삭과 아벳느고는 결박된 채 맹렬히 타는 풀무불 가운데에 떨어졌더라(단 3:19-23)

27 총독과 지사와 행정관과 왕의 모사들이 모여 이 사람들을 본즉 불이 능히 그들의 몸을 해하지 못하였고 머리털도 그을리지 아니하였고 겉옷 빛도 변하지 아니하였고 불 탄 냄새도 없었더라 28 느부갓네살이 말하여 이르되 사드락과 메삭과 아벳느고의 하나님을 찬송할지로다 그가 그의 천사를 보내사 자기를 의뢰하고 그들의 몸을 바쳐 왕의 명령을 거역하고 그 하나님 밖에는 다른 신을 섬기지 아니하며 그에게 절하지 아니한 종들을 구원하셨도다(단 3:27-28)

순례자는 위와 같이 놀라운 역사를 일으키시는 여호와 하나님을 기억합니다. 그러면서 자기가 살아오는 동안에 마치 자기를 산채로 삼켜버릴 듯이 달려들었던 사람들, 세상풍파들을 생각합니다. 그런 사람들, 그런 일들을 수없이 되풀이 겪으면서도 끝까지 살아남아 오늘 노래를 부르며 순례의 길을 가는 자기 자신의 모습을 보며 하나님께 감사찬양을 드립니다.

"여호와 하나님이 우리 편이 아니셨더라면, 나는 벌써 오래 전에 죽었다. 죽어도 열 두 번은 더 죽었다. 원수들이 우리를 치러 일어났을 때에, 원수들이 우리에게 큰 분노를 터뜨려서 우리를 산 채로 집어삼켰을 것이다. 물이 우리를 덮어 홍수가 우리를 휩쓸어 갔을 것이며 넘치는 물결이 우리의 영혼을 삼키고 말았을 것이다.

만일 여호와 하나님이 우리를 위하지 아니셨더라면, 나는 벌써 죽었다. 내 인생도, 내 가정도, 내 비전도, 내 꿈도 다 끝났다. 지금 내가 이 자리에 서 있는 것, 살아 숨 쉬는 것 모두가 다 하나님이 내 편이 되셔서 나를 도와주셨기에 가능해졌다."

순례자는 자기가 그런 아찔했던 상황에 빠졌던 일을 놓고, "사랑의 하나님께서 어떻게 나를 그런 처지에 빠뜨릴 수가 있어…"라며 원망하지 않았습니다. 지금 그는 억울하고 분했던 일, 마치 외줄타기를 하듯이 아슬아슬했던 일, 마치 천길 낭떠러지 앞에서 진퇴양난에 빠졌던 일을 겪어오면서 오히려 하나님을 더 신뢰하고 더 의지하며 더 큰 감사의 노래를 불렀습니다. 그 하나님께 예배드리러 성전으로 올라갔습니다.

19

우리 영혼이 벗어났도다

시124:6-7

찬송가: 400장(험한 시험 물속에서)

> 6 우리를 내주어 그들의 이에 씹히지 아니하게 하신 여호와를 찬송할지로다
>
> 7 우리의 영혼이 사냥꾼의 올무에서 벗어난 새 같이 되었나니 올무가 끊어지므
> 로 우리가 벗어났도다

이것은 죽을 뻔한 위기에서 살아남은 사람의 노래입니다. 자기가 그 위
태로운 순간에 있었는데도 결국 최후 승리를 거둔 사람의 노래입니다. 순
례자들은 자기들을 적들에게 내어 주지 않음으로 결국 그들의 이에 씹히지
않게 하신 여호와를 찬송했습니다. 이 말씀을 읽으니 사자굴에 던져졌던
다니엘이 생각납니다.

> 6 이에 왕이 명령하매 다니엘을 끌어다가 사자 굴에 던져 넣는지라 왕이 다니
> 엘에게 이르되 네가 항상 섬기는 너의 하나님이 너를 구원하시리라 하니라 17
> 이에 돌을 굴려다가 굴 어귀를 막으매 왕이 그의 도장과 귀족들의 도장으로 봉
> 하였으니 이는 다니엘에 대한 조치를 고치지 못하게 하려 함이었더라(단 6:6-7)

Briton Rivière (1892)가 그린 사자굴 속의 다니엘

사자굴에서 사자의 이에 씹히지 않은 다니엘이 말합니다.

나의 하나님이 이미 그의 천사를 보내어 사자들의 입을 봉하셨으므로 사자들이
나를 상해하지 못하였사오니 이는 나의 무죄함이 그 앞에 명백함이오며 또 왕
이여 나는 왕에게도 해를 끼치지 아니하였나이다(단 6:22)

시 124:6-7을 보니, 어린 시절 교회학교에서 불렀던 복음성가가 생각납
니다.

오 우리 영혼이 벗어났도다 사냥꾼의 올무에서 새같이
오 우리 영혼이 벗어났도다 사냥꾼의 올무에서 새같이

오 올무가 끊어졌네 해방되었네 우리 도움은 주의 이름

오 올무가 끊어졌네 해방되었네 우리 도움은 주의 이름

성경에는 사냥에 관계된 용어가 자주 나옵니다. 그 대표적인 예는 올무입니다.

그들이 네 땅에 머무르지 못할 것은 그들이 너를 내게 범죄하게 할까 두려움이라 네가 그 신들을 섬기면 그것이 너의 올무가 되리라(출 23:33)

분명히 사람은 자기의 시기도 알지 못하나니 물고기들이 재난의 그물에 걸리고 새들이 올무에 걸림 같이 인생들도 재앙의 날이 그들에게 홀연히 임하면 거기에 걸리느니라(전 9:12)

바벨론아 내가 너를 잡으려고 올무를 놓았더니 네가 깨닫지 못하여 걸렸고 네가 여호와와 싸웠으므로 발각되어 잡혔도다(렘 50:24)

이에 바리새인들이 가서 어떻게 하면 예수를 말의 올무에 걸리게 할까 상의하고(마 22:15)

… 비방과 마귀의 올무에 빠질까 염려하라(딤전 3:7)

부하려 하는 자들은 시험과 올무와 여러 가지 어리석고 해로운 욕심에 떨어지나니 곧 사람으로 파멸과 멸망에 빠지게 하는 것이라(딤전 6:9)

순례자는 자기 인생에서 아찔했던 그때 그 순간을 아직 다 이야기하지 못했습니다. 여기서 그는 다시 그때 상황을 이야기합니다. 그것은 '맹수의 이빨에 찢기는 것'과 '사냥꾼의 올무'에 비유되었습니다. 그 둘 다 결론은 죽음입니다. 그는 죽음 직전까지 내몰려 있었습니다.

어려움과 위험에 빠져 오싹한 순간, 우리는 마치 올무에 갇힌 새가 느끼는 것과 같은 공포를 느낍니다. 모든 상황을 볼 때 꼼짝없이 죽게 되었습니다. 빠져나갈 구멍이 없습니다. 그런데 어떻게 된 일인지 살아났습니다. 우리가 그 문제를 스스로의 힘이나 지혜로 돌파해낸 것이 아니었습니다. 하늘이 무너져도 솟아날 구멍이 있다더니 하나님께서 함께 하심으로 그런 일이 일어났습니다.

순례의 묘미는 털어내는 것 떨쳐버리는 것에 있습니다. 사람마다 마치 칭칭 동여맨 밧줄처럼 자기 생활이나 마음을 휘잡고 있는 것, 붙들고 있는 것들을 가지고 있습니다. 이런 것들을 평범한 일상생활 속에서 털어버리기가 쉽지 않습니다. 이런 뜻에서 순례의 길은 '다시 시작하고 싶은' 사람에게 매우 유용합니다.

민우수(閔遇洙. 1694~1756)는 《정암집(貞菴集)》 15권 〈잡지(雜識)〉에서 말합니다.

잘못이 있거든 뉘우치지 않아서는 안되며, 뉘우쳤거든 가슴 속에 남겨두어서는 안된다. 항상 자신을 부족하게 여긴다면 계속 위축될 것이니, 어찌 깨끗이 씻어내어 다시 시작하는 것만 하겠는가?

有過不可不悔(유과불가불회) 悔不可留着胸中(회불가류착흉중) 蓋常自不慊
(개상자불겸) 則一向餒矣(즉일향뇌의) 曷若洗濯而更始乎(갈약세탁이갱시호)

허물을 되풀이 하지 않으려면 지난 날 행한 것을 되짚어보아야 합니다. 이것은 더 나은 미래로 나아가고자 하는 사람이 거치는 과정들 가운데 하나입니다. 새 출발을 다짐하는 사람은 과거를 되돌아보는 데서 멈추지 말아야 합니다. 우리(내)가 무엇을 잘못했는지, 그 잘못의 원인은 무엇이었는지 살펴보는 것이 중요하더라도, 그 과정을 거친 다음에는 자신을 자책하는 대신에 지난날을 깨끗이 털어버리고 새로운 계획을 향해 출발해야 합니다.

순례는 지금보다 더 나은 자기 모습을 보고 싶다면 과거의 잘못으로 인해 위축되는 대신에 다 씻어내고 다시 시작하자는 결단입니다.

20

우리 도움은

시124:8

찬송가: 401장(주의 곁에 있을 때)

> 우리의 도움은 천지를 지으신 여호와의 이름에 있도다

이것은 시편 124:1-2에서 순례자가 던졌던 물음의 대답이자 결론입니다. 거기서 그는 '하나님이 우리 편에 계시지 않았더라면…' 이라고 물었습니다. 이것은 마치 '나의 도움은 천지를 지으신 여호와에게서로다'(시 121:2)라는 고백의 메아리처럼 들립니다.

천지 곧 하늘과 땅이란 표현은 제유법(提喩法 상징법)입니다. 이것은 하늘과 땅을 가리키는 동시에, 하늘과 땅에 그리고 그 사이에 있는 모든 것을 가리킵니다. 그리고 거기서 일어나는 일들을 모두 다 지칭합니다. 하나님은 그 모든 것을 지으신 분이요, 다스리는 분입니다. 하나님은 그 모든 것의 주인입니다.

순례자는 활활 타오르는 불길, 거센 물결, 소름끼치는 맹수, 사냥꾼이 놓은 아찔한 덫을 만났었습니다. 사실 시편 124에 나오는 그런 고난과 자연재해와 불행한 일들은 우리가 살아가는 생활현장에서 언제든지 만날 수 있

는 아주 실제적인 사건들입니다. 그런 사건이 생길 때마다 아슬아슬 했습니다. 조마조마 했습니다. 나중에 보니 자기도 모르는 사이에 '이것 또한 지나가리라'는 말 그대로 그는 무사히 살아남았습니다. 지나간 뒤에 생각해보니 그는 이 모든 것이 하나님께서 우리 편이 되셨기에 가능했다는 깨달음을 얻었습니다.

1907년 노벨 문학상을 받은 키플링(Rudyard Kipling 1865-1936)의 시 가운데 〈If(만일에)〉라는 것이 있습니다.

만일 네가 모든 것을 잃었고 모두가 너를 비난할 때
네가 냉정을 유지할 수 있다면
만일 모든 사람이 너를 의심할 때 그들의 의심을 그냥 내버려둘 수 있다면
그러면서도 네 스스로를 신뢰할 수 있다면

만일 네가 기다릴 수 있고 또 그 기다림에 지치지 않을 수 있다면
속임을 당하더라도 속임으로 답하지 않는다면
미움을 받더라도 그 미움에 지지 않을 수 있다면,
그리고 너무 선(善)한 척, 너무 현명한 척하지 않고
너무 지혜로운 말들을 늘어놓지 않을 수 있다면,

만일 네가 꿈을 꾸면서도 꿈의 노예가 되지 않을 수 있다면
또한 어떤 생각을 하면서도 그 생각을 유일한 목표로 삼지 않을 수 있다면
만일 승리와 재앙을 만나더라도
그 두 가지 모두 똑같이 헛된 것으로 대할 수 있다면
네가 말한 진실이 왜곡되어 바보들이 너를 욕하더라도

너 자신은 그것을 참으며 들어줄 수 있다면

혹은 만일 너의 전 생애를 바친 일이 무너지더라도

낡은 연장을 들고 서서 다시 세울 수 있다면

몸을 굽히고서 그걸 다시 일으켜 세울 수 있다면

한 번쯤은 네가 쌓아올린 모든 것을 걸고 내기를 걸 수 있다면

그래서 다 잃더라도 처음부터 다시 시작할 수 있다면

그러면서도 네가 잃은 것에 관해 한마디 말도 하지 않을 수 있다면

다 잃은 뒤에도 변함없이

네 심장과 신경과 힘줄이 너를 위해 일할 수 있다면

설령 네게 아무 것도 남아있지 않는다 해도

강한 의지로 그것들을 지속할 수 있다면

만일 여러 사람들과 이야기하면서도 네 자신의 덕을 지킬 수 있고

왕과 함께 걸으면서도 상식을 잃지 않을 수 있다면

적뿐만 아니라 사랑하는 벗으로부터도 상처받지 않을 수 있다면,

모두가 너에게 도움을 청하되 너무 의존하지 않게 할 수 있다면

만일 네가 도저히 용서할 수 없는 1분간을

60초의 춤추는 시간으로 대신할 수 있다면

그렇다면 이 세상과 그 안에 있는 모든 것은 네 것이며

그리고 더욱이

너도 비로소 한 사람의 어른이 되는 것이다. 내 아들아!

사람은 이렇게 할 수도, 이렇게 할 수 없을 수도 있습니다. '할 수 있음' 과 '할 수 없음'의 원동력은 무엇입니까? 신앙입니다. 하나님의 은혜를 향한 기억입니다.

다윗이 골리앗에게 나갈 수 있었던 힘은 자신이 양치기 시절 곰과 사자와 맞설 때 지켜주셨던 하나님의 은혜를 기억하는 데서 나왔습니다. 천지를 지으신 하나님께는 사냥꾼이 만든 올무를 끊어버리는 정도의 일은 식은 죽 먹기입니다. 우주만물의 주인이신 하나님께서 굶주린 사자를 통제하는 일은 일도 아닐 정도로 쉽습니다.

그렇습니다. 관건은 일의 경중, 어렵고 쉬움이나, 환경의 좋고 나쁨, 사람 중에 내 편의 있고 없음이 아닙니다. '여호와'라는 이름을 지니신 은혜로우신 하나님은 '하실 수 있다'는 신뢰가 가장 중요합니다. 이에 순례자는 '우리의 도움은 여호와의 이름에 있다'고 고백합니다.

하나님은 시내산에서 모세에게 나타나 자신을 계시하셨다.(출애굽기 3장) 그때 주신 말씀입니다.

> 하나님이 또 모세에게 이르시되 너는 이스라엘 자손에게 이같이 이르기를 너희 조상의 하나님 여호와 곧 아브라함의 하나님, 이삭의 하나님, 야곱의 하나님께서 나를 너희에게 보내셨다 하라 이는 나의 영원한 이름이요 대대로 기억할 나의 칭호니라(출 3:15)

이름은 단순히 각기 다른 대상을 구별하는 호칭만이 아닙니다. 그것은 그런 이름으로 불러지는 대상의 본질과 속성을 규정하기도 합니다. 여호와의 이름이란 표현(šēm JHWH)은 단순히 하나님의 명칭이 아닙니다. 그것은 그분의 본질(속성), 능력, 사역과 그 효력을 나타냅니다.(HAL 1434) '예수 이름'도 이와 똑같습니다. 사도 베드로는 그 이름 속에 담긴 능력과 효력을 잘 알고 활용했습니다. 그가 나면서부터 걷지 못하는 사람을 말하며 회복의 역사하는 이야기가 사도행전에 있습니다.

6 베드로가 이르되 은과 금은 내게 없거니와 내게 있는 이것을 네게 주노니 나사렛 예수 그리스도의 이름으로 일어나 걸으라 하고 7 오른손을 잡아 일으키니 발과 발목이 곧 힘을 얻고 8 뛰어 서서 걸으며 그들과 함께 성전으로 들어가면서 걷기도 하고 뛰기도 하며 하나님을 찬송하니 9 모든 백성이 그 걷는 것과 하나님을 찬송함을 보고 10 그가 본래 성전 미문에 앉아 구걸하던 사람인 줄 알고 그에게 일어난 일로 인하여 심히 놀랍게 여기며 놀라니라 (행 3:6-10)

21

흔들리지 않게 흔들리지 않게

시125:1-2

찬송가: 383장(눈을 들어 산을 보니)

> 1 여호와를 의지하는 자는 시온 산이 흔들리지 아니하고 영원히 있음 같도다
>
> 2 산들이 예루살렘을 두름과 같이 여호와께서 그의 백성을 지금부터 영원까지 두르시리로다

이것은 인생이 안전하게(평화롭게) 머물 곳이 어디냐에 관한 노래입니다. 순례자는 세상 이곳저곳 다녀 본 사람입니다. 그는 여러 곳을 오가며 많은 사람을 상대 해 보았습니다. 그 경험을 바탕으로 진정 평화롭게 머물 곳을 찾아냈습니다.

몇 해 전 영국의 일간지 〈텔레그래프〉는 세계에서 가장 위험한 나라 20을 선정했습니다. 이라크, 아프가니스탄, 체첸공화국, 남아프리카공화국, 자메이카, 수단, 태국, 콜롬비아, 아이티, 에리트레아, 콩고민주공화국, 라이베리아, 파키스탄, 부룬디, 나이지리아, 짐바브웨, 인도, 멕시코, 이스라엘, 레바논 등입니다. 그 명단은 시대와 상황에 따라 조금 바뀌기도 합니다. 어떻습니까? 그 이름을 들어보니 모르는 나라가 많습니다. 나(우리)는

그런 데 갈 일이 없어서 안전하다 생각되십니까? 아니면 의외로 잘 알려진 나라들이 있어서 놀라셨습니까?

사실 그토록 위험한 이라크와 아프가니스탄 전쟁에 참가했으면서도 무사히 살아 돌아왔다가 교통사고로 죽은 사람도 있고, 건강하게 귀국한 뒤 술집 같은 데서 총 맞아 죽은 사람도 있습니다. 이라크에서 죽은 군인들 숫자를 합친 것보다 미국 국내에서 총기사고로 죽은 사람의 숫자가 더 많다고 합니다.

이 세상에 안전한 곳은 어디입니까? 사고, 질병, 다툼 … 언제 어디서 무슨 일이 터질지 모릅니다. 이것이 우리가 사는 이 세상의 실체입니다. 그러한 세상에 사는 우리가 흔들릴 적이 얼마나 많습니까? 몸도 마음도 생활도 가정도 직장도 흔들리곤 합니다. 그럴 때 마치 우리 인생이 흔들리는 것만 같습니다.

순례자는 자신의 이런 경험에 비추어 가장 안전한 곳을 가르쳐 줍니다. 그곳이 어디입니까? 하나님 품입니다. 순례자는 그것을 시온산에 비유했습니다. 시온산은 예루살렘을 가리킵니다. 예루살렘은 산지 가운데 마치 화분의 접시처럼 움푹 들어간 곳에 위치합니다. 2절에 언급되었듯이 그 지형구조는 사방으로 산들이 두르고 있는 천혜의 요새입니다. 시온 산 동쪽 감람산은 시온산보다 66미터 높습니다. 다른 쪽의 스코푸스산은 76미터 더 높습니다. 그 지형구조는 이런 식으로 마치 예루살렘(시온산)을 감싸주듯이 되어 있습니다. 예루살렘은 이제까지 바깥에서 공격당해 정복당한 것이 딱 한 번뿐입니다. 포위를 하고 있으면 식량이 모자라서 스스로 항복하며 나온 적은 있어도 바깥에서 공격해서는 예루살렘을 항복시킬 수 없는 난공불락의 성입니다. 로마군이 북쪽에 높은 산을 만든 다음 쳐들어가서 함락시킨 것이 유일한 예입니다.

보호

'예루살렘, 산들이 그 주변을 둘러싸고 있듯이' 있는 산천경개의 모양에 착안하여 순례자는 '여호와를 의지하는 자'를 하나님께서 품고 보호하시는 그림으로 생각해 냈습니다. 그 산들이 언제나 예루살렘을 둘러싸고 있듯이 하나님을 의지하는 자도 언제나 변함이 없습니다. 이런 사실을 보여주려고 히브리성경은 '의지하는 자'라는 낱말을 분사형(Partizip)으로 썼습니다. 히브리어에서 분사형은 어떤 행위나 일이 오래 오래 지속되는 것을 나타냅니다.

'두르다'(sābab 싸바브)는 말에서 우리는 엘리사가 살던 도단성을 하나님의 군대가 둘러싼(싸비브) 모습으로 떠올립니다.(왕하 6장) 아람의 군대는 엘리사를 붙잡으러 그곳에 왔습니다. 한 사람을 잡으려고 수많은 군사가 성읍을 에워쌌습니다. 엘리사와 함께 있던 게하시가 그 모습을 보고 벌벌 떨면서 엘리사에게 허겁지겁 달려왔습니다. 그때 엘리사가 말했습니다. "두려워하지 말라 우리와 함께 한 자가 그들과 함께 한 자보다 많으니라"(왕하 6:16) 엘리사는 하나님이 보내신 불말과 불병거가 산에 가득하게 둘러싼 아람 군대 숫자보다 훨씬 더 많은 것을 보고 마음이 느긋했습니다.

산에는 풀과 나무들이 자랍니다. 바람이 불면 그것들은 쉽게 흔들립니다. 멀리서 보면 산의 나무들이 흔들리는 것이 마치 산이 흔들리는 것처럼 보일 수도 있습니다. 비록 나무와 풀이 아무리 크게 흔들려도 산은 전혀 흔들리지 않습니다.

순례자는 이런 사실에 주목했습니다. 얼핏 보기에 산이 흔들리는 것처럼 느껴질지라도 전혀 요동하지 않는 것처럼, 우리 생활의 어느 한 부분이 흔들리더라도 하나님 안에 사는 우리 인생 자체는 전혀 흔들리지 않습니다. 하나님께서 지켜주시고 품어주시기 때문입니다.

순례자는 특히 하나님이 '지금부터' 지켜주신다고 고백합니다.(2절) 이는 지난 날에는 그렇지 않았다는 뜻이 아닙니다. 지금이란 순간은 언제나 그 어느 때보다 더 절박하고 중요하다는 뜻입니다. 만일 '지금' 지켜주시지 않는다면 이제까지 살아오며 쌓아왔던 정신적 물질적인 것이 모두 다 허물어질 수 있기 때문입니다.

우리가 하나님을 의지하는 일은 항상 '지금부터'입니다. 만일 '지금부터' 주님을 의지하는 믿음이 없다면 영원까지 연결될 수 없습니다. 우리의 하나님은 과거의 주님일뿐만 아니라 지금도 살아계셔서 역사하시는 분입니다. 그리고 미래를 영원토록 다스리는 분입니다. 오늘 코로나19 시대에도 우리는 '지금부터 영원까지' 성도와 그 생활과 환경을 둘러 싸 주시는 하나님을 의지합니다.

22

선대하소서, 이런 자들을!

시125:4

찬송가: 356장(주 예수 이름 소리 높여)

> 3 악인의 규가 의인들의 땅에서는 그 권세를 누리지 못하리니 이는 의인들로 하
> 여금 죄악에 손을 대지 아니하게 함이로다
> 4 여호와여 선한 자들과 마음이 정직한 자들에게 선대하소서

이것은 순례자가 악한 통치자에게 지배당하면서 부르는 노래입니다. '악인의 규가 의인들의 땅'에 있다는 표현으로 그것을 짐작할 수 있습니다.

선한 사람은 자국인일 수도 외국인일 수도 있습니다. 부자일 수도 가난한 자일 수도 있습니다. 지위가 높은 사람일 수도 평범한 보통 사람일 수도 있습니다. 학력이 높은 사람일 수도 낮은 사람일 수도 있습니다. 악한 사람도 그렇습니다. 의인을 모든 부류의 사람들 가운데 찾아볼 수 있듯이, 악인도 그와 같습니다.

이스라엘 민족은 이집트, 앗시리아, 신바벨론, 마케도니아왕국 등 여러 외국에게 지배당하며 수모를 겪었습니다. 뿐만 아니라 자국민 출신의 왕들에게도 그와 비슷한 일을 겪었습니다.(열왕기상하에 여호와 앞에서 악을 행한 왕

들이 여럿 있습니다) 같거나 비슷한 위치에 있더라도, 엇비슷한 환경에 살더라도 사람이 똑같을 수는 없습니다. 어느 곳에나 선한 영향력을 발휘하는 사람과 나쁜 영향을 끼치는 사람이 있습니다.

시인은 뒤의 경우를 가리켜 악인의 규(지팡이)라고 했습니다. '규'(세베트 *šēbet*)는 환유법으로 쓰여 다스리는 권세나 통치를 의미합니다. 지도자들은 이것으로 자신의 위엄이나 권력을 나타내곤 합니다. 그러므로 악인의 규란 말은 사악한 통치자나 악한 권력을 가리킵니다.

소돔과 고모라가 받은 심판은 악한 권세 및 그것과 손을 잡은 백성의 말로를 보여줍니다. 그곳은 동성애를 비롯한 여러 가지 죄악으로 인하여 하나님의 심판을 당했습니다. 의인 열 사람이 그곳에 없어서 하나님의 심판을 피할 수 없었던 것은 참으로 안타까운 일입니다. 소돔과 고모라는 하나님의 길 대신에 세상·세속의 길을 선호하는 사람(세력)이 겪는 모든 시대·모든 곳에서 일어날 일을 미리 보여줍니다.

땅(고랄 *gôral*)은 단순히 사는 곳이나 재산(소유)을 가리키는 것이 아닙니다. 그것은 사람의 삶(생활) 전체를 의미합니다. 의인들은 자기들 생활 전 영역에서 악한 권력자의 횡포를 견뎌내야만 했습니다.

고려가 망한 뒤 그 유적지를 돌아보던 야은 길재(冶隱 吉再 1352-1419)는 이렇게 노래했습니다.

오백년 도읍지를 필마로 들어서니
산천은 의구한데 인걸은 간 곳 없네
어즈버 태평연월이 꿈이런가 하노라

의인은 이런 사실을 아는 사람입니다. 그들이 아무리 악하더라도 선택

받은 자들은 믿음의 길에서 떠나지 않습니다. 그들의 횡포가 아무리 강하더라도 의인이 하나님을 바라보는 믿음보다 더 강할 수는 없습니다.

사람과 세상만사는 변화에 변화를 거듭합니다. 아무리 강해보이는 사람도, 아무리 무소불위의 권력도 세월 앞에 장사가 아닙니다. 고려 왕실은 조선왕조에 아무런 힘을 발휘하지 못했습니다.

더 나아가 한창 왕성할 때조차도 세상 권세가 영향력을 미치는 범주는 정해져 있습니다. 이집트 파라오의 위세는 이집트 안에서 나는 새도 떨어뜨릴지 몰라도 출애굽 하여 광야-가나안에 있는 이스라엘민족에게는 있는지 없는지 존재감이 전혀 없었습니다.

의인은 이런 사실을 잘 아는 사람입니다. 그는 주변 사람과 환경으로부터 이런 저런 압력을 받으면서도 죄악에 손을 대지 않습니다. 중심을 흔들리지 않는 그를 악인도 악한 환경도 넘보지 못합니다. 죄악에 손대는 것은 다른 말로 '온전함에서 떠난다'는 뜻입니다. 진실한 신앙인은 악한 정권이 자신의 온전함을 지키기 어렵게 하거나 변절시키려 유혹할 때에도 죄악 (아빌라 'awəlâ =악함 무도 불법)에 참여하지 않습니다. 그것과 타협하지 않습니다.

여기서 우리는 하나님은 우리가 감당할 정도의 시험 밖에는 당하지 않게 하신다는 말씀을 떠올립니다.(고전 10:13) 이를 믿는 사람은 악인 규가 주는 시험이나 유혹에 이끌려 하나님을 떠나는 것을 부끄럽게 여깁니다. 그것은 자기 믿음이 그만큼 밖에 되지 않는다는 사실을 세상 사람에게 드러내는 것이기 때문입니다.

사실 하나님의 뜻을 멀리하게 만드는 고난이나 유혹은 악한 정권으로부터만 오는 것이 아닙니다. 사회 각 부분에는 물론 심지어 종교계 자체 안에서조차 그런 것들이 널려 있습니다. 예나 지금이나 세상 풍조는 하나님의 뜻에서 벗어나는 행위를 조장합니다. 하나님 말씀대로 살려는 사람을 고리타분하다거나 '문자'에 매여 사는 사람인양 매도합니다. 어느 시대에나 진실하게 믿으며 살려는 사람이 핍박이나 조롱을 당하지 않는 경우는 드뭅니다.

이에 순례자는 기도를 드립니다.

여호와여 선한 자들과 마음이 정직한 자들에게 선대하소서

선대라는 말(야타브 *jāṭab*)은 선하게(은혜롭게, 복 있게) 대우하다, 은혜를 베풀다는 뜻입니다. 여기서 이 낱말은 형용사와 동사로 나란히 쓰이며 이중으로 강조되었습니다. 선대하다는 말도 일종의 환유법으로 쓰였습니다. 이는 여호와께서 세상을 본받는 대신에 믿음으로 신실하게 사는 사람들에게 그 생명 보전에 필요한 것과 압박에서의 자유 그리고 생활의 번영을 주신다는 뜻입니다.

우리에게는 어느 시기 어느 곳에 살든지 우리를 선대하시는 하나님의 은혜가 필요합니다. 노골적인 악이 그 땅을 지배할 때나, 겉으로 보기에 유연하고 부드러운 세력이 그 세상을 통치할 때나 마찬가지입니다.

23

이스라엘에게 평강이 있을지어다

시125:5

찬송가: 543장(어려운 일 당할 때)

> 자기의 굽은 길로 치우치는 자들은 여호와께서 죄를 범하는 자들과 함께 다니
> 게 하시리로다 이스라엘에게는 평강이 있을지어다

이것은 여호와를 신뢰하며 믿음으로 신실하게 사는 사람과 반대되는 사람에 관한 내용입니다. 앞서 믿음으로 신실하게 사는 사람들(의인들)을 언급했기에 이 부분에 나오는 접속사 *바프*(wə)는 역접 접속사로 보입니다.(우리말 성경은 이것을 생략했습니다. 직역: 그러나 자기의 굽은 길로 치우치는 자들은…)

그들을 가리켜 순례자는 '굽은 길로 치우치는 자들'이라고 부릅니다. 치우치다보니 그들은 자연스럽게 '죄'(*아벤* āwen)를 범하는 자들과 어울려 다닙니다. 잠시 잠깐 있을 형통에 목을 매달고 살아갑니다. 이런 태도는 의인들이 죄악에 손을 대지 않는 것과 크게 대조됩니다.

만일 마음이 굽어 불평하는 사람들과 함께하면 우리는 신앙생활을 하면서도 어느 순간부터는 험담이나 불평을 아무렇지 않게 합니다. 만일 마음

이 정직하여 감사하는 성도와 함께하면 우리도 모르는 사이에 감사의 언어를 입에 달고 살게 됩니다.

사람은 누구나 믿는 구석이 있습니다. 어떤 사람은 자신의 체력이나 지위를 믿고 어떤 사람은 자신이 지닌 돈을 믿습니다. 자신이 속한 조직을 믿는 사람도 있고 자신에게 있는 지식이나 능력을 믿는 사람도 있습니다. 때론 가까운 사람 가족의 능력이나 힘을 의지하기도 합니다. 자기 자신이든 다른 사람이든 사람에게 속한 것은 무엇이든지 견고하지 않습니다. 언제든지 흔들릴 수밖에 없고 또 언젠가는 반드시 무너집니다.

세상 것을 의지하는 사람의 특징은 어느 한 방향으로 치우치게 되어 있습니다. 그것을 확보해 놓지 않으면 불안하기에, 자신의 장래가 불확실하다고 느끼기에 그 방향으로 지나치게 몰두하곤 합니다. 바로 그런 이유로 그들은 노골적인 것이든 은밀한 것이든 세상의 압박이나 유혹에 넘어갑니다. 때로는 자발적으로 때로는 마지못해 그렇게 합니다.

그러므로 사람이 누구(무엇)를 의지하며 사느냐는 매우 중요합니다. 시편 124:1 '여호와를 의지하는 자'에서 의지하다는 말(바타흐 bāṭah)이 쓰였습니다. 이것은 신뢰하다, 믿는다는 말맛을 지녔습니다. 구약성경에 동사와 명사로 182번 쓰이는 이것은 시편에 52번 나옵니다.(약 5분의 2)

굽은 길로 치우치는 사람의 또 다른 특징은 주님이 주시는 평강을 모르고 산다는 점입니다. 이에 순례자는 '이스라엘에게는 평강이 있을지어다'라고 합니다(5절) 여기서 이스라엘은 세상사에 치우치는 대신에 하나님을 의지하는 사람과 동의어로 쓰였습니다.

지난 해 초 코로나19가 발생하고 퍼져나갈 때 교회에 모여서 드리는 예배가 크게 위협을 받았습니다. 이때 많은 목회자와 성도는 이로 인해 신앙이 흔들리고 교회가 위태로워지는 것이 아닌가 염려했습니다. 코로나19가

2년 이상 지속되고 또 앞으로도 당분간 계속될 것이 예상되는 지금 보니, 우리의 신앙은 코로나19 때문이 아니라 그것에 대처하는 태도에 의해서 더 크게 흔들릴 수 있습니다. 교회도 모이는 예배가 중단되기에 위태롭기보다는 코로나19로 인해 위협당하는 사람의 처지와 형편을 헤아리지 않고 교회만 생각하며 막무가내로 행동하는 것에 의해 자칫 교회의 기둥뿌리가 빠질 수 있습니다.

여기서 우리는 출애굽 한 뒤 광야에 있던 이스라엘 민족을 생각합니다. 그들의 마음 줄을 잡아주는 것은 오직 하나, 젖과 꿀이 흐르는 가나안을 약속하신 하나님입니다. 광야에서 그들은 그런 가나안과는 정반대의 현실을 마주했습니다.

출애굽이라는 구원과 해방의 선물로 받은 이스라엘 민족은 이집트에서 살던 때와는 전혀 다른 생활현실을 만났습니다. 그들은 광야에서 이집트에 있을 때 겪었던 중노동과 억압이 없었습니다. 다른 한편 그들은 이집트에서와 같은 식량의 안정적 공급과 예측 가능한 일상생활에서 멀어지고 말았습니다.

뒤엣것이 얼마나 심각한 문제였는가 하는 점은 그로 인해 이집트로 되돌아가고 싶어하는 사람들까지 생겨났던 사실로 충분히 짐작할 수 있습니다. 오늘날 코로나19을 겪으면서 어떤 사람들은 '예전'의 생활방식이 그대로 회복되기를 기도드리기도 합니다. 마치 이집트로 되돌아가고 싶어 하던 그때 그 사람들처럼.

그들은 4차 산업혁명, AI, 빅 데이터, 빅 리셋(Big Reset)을 말하는 사람들이 주장하는 장밋빛 미래에 호기심을 느끼면서도, 과연 자기가 거기에 얼마나 적응할 수 있을지를 불안해합니다. 새로운 과학기술이 가져올 부작용에 불안이 엄습합니다. 마치 광야에서 이스라엘 사람들이 불평이나 믿음이냐를 늘 새롭게 선택해야만 했듯이 오늘 우리도 그런 상황에 놓여 있습니다.

진실로 코로나 19로 인해 생겨나는 환경이 문제가 아닙니다. 우리가 어떤 상황에 있든지 어느 곳에서든지 하나님께 영광을 돌리며 이웃을 배려하고 존중하는 길로 가고 있느냐가 관건입니다. 코로나19 상황에서도 우리의 중심은 하나님이 둘러주시는 평강을 믿고 받아들이냐가 관건입니다. 어떤 환경에서도 주님과 함께 하는 길, 영적 순례자가 되는 길은 우리 앞에 놓여 있습니다.

24

마치 꿈꾸는 것 같았도다

시126:1-2

찬송가: 490장(주여 지난 밤 내 꿈에)

> 1 여호와께서 시온의 포로를 돌려보내실 때에 우리는 꿈꾸는 것 같았도다
>
> 2 그 때에 우리 입에는 웃음이 가득하고 우리 혀에는 찬양이 찼었도다 그 때에 뭇 나라 가운데에서 말하기를 여호와께서 그들을 위하여 큰일을 행하셨다 하였도다

이것은 여호와 하나님께서 자기 백성의 운명을 역전시켜주셨을 때 느낀 감격을 노래합니다. '이게 꿈이냐 생시냐'하며 놀라며 감격하는 분위기가 여기 감지됩니다.

그 내용은 두 가지로 해석됩니다. i) 시온의 포로를 돌려보내실 때 ii) 시온의 운명을 회복시키셨을 때. 이런 차이는 히브리말 *슈브 쉬바트*(*šûb šibat*)를 어떻게 해석하느냐에 달려 있습니다.

앞의 슈브는 본디 되돌리다, 돌아가다(돌아오다)는 뜻입니다. 이 낱말은 문자 그대로의 의미와 상징적인 의미 둘 다 가지고 있습니다. 이것은 쉬바트와 합쳐져 재산이나 운명을 회복하는 것이나 불행한 상황을 그 이전에

형통하던(평화롭던) 처지로 되돌리는 것 등을 나타냅니다.

우리 말 성경들과 영어성경들(RSV NIV NEB TEV)은 시편 126편을 바벨론 포로민이 귀환할 때 불렀다고 여겼습니다. 포로민의 예루살렘 귀환은 마치 꿈인가 생시인가, 긴가민가할 정도로 깜짝 놀라 믿어지지 않을 만큼 획기적이었습니다.

문제는 이 부분에 사용된 히브리말이 포로를 가리키는 *쉬부트*(*šibut*)가 아니라 쉬바트라는 데 있습니다. 이 말은 행복 운명 형통 평화라는 뜻을 지닙니다. 그렇다면 여기서 여호와께서 돌아오게 하신 것은 포로가 아니라 '(시온의) 행복'(fortunes)입니다. RSV는 1절을 "When the Lord restored the fortunes of Zion, we were like those who dream"(주께서 시온의 행복을 회복시켜 주실 때 우리는 꿈꾸는 자들 같았다)으로 옮겼습니다. 이것은 '시온의 회복'이라는 일반적 사실을 가리키는 것이지 어떤 역사적 사건을 구체적으로 지정한 것이 아니라는 말씀입니다.

여기서 말하는 '돌아온 웃음(행복)'은 어느 특정한 시대 특별한 사람들이 체험했던 사건을 반영하면서도 동시에 모든 시대 모든 사람에게 적용될 수 있습니다. 이런 것을 갈망하는 사람들이 우리 주변에 얼마나 많은지 이루다 헤아릴 수 없을 정도입니다.

'마치 꿈꾸자는 자들 같았도다'라는 표현에 쓰인 꿈꾸는 자란 말(*할롬* *ḥalôm* 홀밈 *ḥôləmím*)도 두 가지 뜻입니다. i) 건강해지다, 건강을 회복하다 ii) 꿈꾸다.

이 두 가지 경우가 다 능동태가 아니라 수동태입니다. 이것은 이스라엘 백성이 스스로 만들어낸 상황이 아니라, 하나님께서 은혜를 베푸셔서 만들어진 새로운 상황이라는 말입니다.

어느 경우로 보든 백성의 반응은 똑같습니다. 놀라움과 감격이 바로 그

것입니다. 그들의 얼굴에는 웃음이 가득했습니다. 이렇게 해맑게 웃어본 적이 언제던가 할 만큼 그들은 즐거웠습니다. 하나님께서 자기들을 위해 베풀어주신 상상을 초월하는 은혜를 직접 경험하며 그들 입에서는 기뻐하는 찬양이 절로 나왔습니다. 이 모습을 뭇 나라(열방) 백성이 보았습니다. 전에 그들은 이스라엘 백성을 보며 '너희 하나님이 어디 있느냐'며 조롱했습니다. 이제 그들은 똑같은 이스라엘 백성을 보며 '여호와께서 그들을 위하여 큰일을 행하셨다'고 감탄하며 찬양했습니다.

물론 이런 태도의 변화가 어찌 외국인들에게만 일어났을까요? 기구한 운명을 타고났다고 스스로 타박하던 시절 이스라엘 백성의 입에는 불평과 불만이 가득 담긴 말들이 쏟아져 나왔을 것입니다. 그 얼굴은 저주와 한탄으로 펴질 날이 없었을 것입니다. 그런 태도로 살던 이스라엘 백성의 운명을 하나님께서 바꾸어 놓으셨습니다. 찌푸렸던 얼굴이 활짝 펴졌습니다. 저주와 불평을 말하는 도구였던 혀가 이제 찬양의 악기로 되었습니다.

우리 자신을 포함해 이 세상에 얼마나 많은 사람들이 운명의 변화 곧 자기 생활형편의 변화를 꿈꾸는지 모릅니다. 이를 위해 무리수를 두다가 망가지기도 합니다. 자기 힘으로 자기 운명을 개척하겠다고 호기 있게 나섰다가 몸도 마음도 피폐해지곤 합니다.

사람은 한편으로 변화를 바라며 꿈꾸고 계획하면서도 다른 한편 그것이 가져올 익숙하지 않음, 예측 불가함 불확실성 등을 두려워합니다. 마치 출애굽 한 뒤 가나안에 아직 들어가지 못한 이스라엘 민족이 광야에서 불안과 두려움을 느꼈듯이 우리에게도 그런 것이 있습니다.

순례자는 잘 알고 있습니다, 진정한 변화는 오직 하나님 은혜로만 가능하다는 것을. 그는 지혜로운 사람입니다. 그는 하나님만 하실 수 있는 일이 있다는 것과 사람이 해낼 수 있는 일이 있다는 것을 알았을 뿐만 아니라 그

둘을 분별할 믿음과 지혜를 지녔습니다.

하나님,

나에게 내가 변화시킬 수 없는 일에 대해서는

그것을 받아들일 수 있는 평정을 주시고,

내 힘으로 변화시킬 수 있는 일에 관해서는

그것을 고칠 수 있는 용기를 주시며,

그리고 이 두 가지 차이를 깨달아 알 수 있는 지혜를 허락해 주시옵소서. 아멘.

- 라인홀드 니이버

이제 그는 스스로 운명을 개척하려 들기보다는 순례의 길에 들어섰습니다. 하나님을 만나는 길로 나아갔습니다. 자기 힘으로가 아니라 하나님 능력과 은혜로 달라지는 인생을 소망하면서 노동과 노력 대신에 말씀묵상과 찬양의 자리에 앉았습니다.

프리드맨(Th. Friedman)은 2020년 3월 19일 뉴욕타임즈에 기고한 글에서 말했습니다.

세계는 이제 코로나 이전인 BC(before COVID-19)와 코로나 이후인 AC(after COVID-19)로 구분될 것이다.

이를 받아서 사람들은 주전(BC＝before Christ)과 주후(AD＝Anno Domini)라는 말을 위와 같이 살짝 바꾸곤 합니다. 어떤 사람은 AC 대신에 AD를 After Disease의 약자로 쓰기도 합니다. 이것이 코로나19 팬데믹을 거치는 동안 매우 자연스럽게 받아들여집니다.

미래에는 두 가지 종류가 있습니다. 하나는 단순미래입니다. 다른 하나는 의미미래입니다. 앞엣것은 가만있어도 다가오는 미래요, 예측하고 만들어가는 미래입니다. 그런 것이 코로나19 이전에는 많은 영역에서 어느 정도 가능했습니다. 지금은 그렇지 않습니다. 어떤 분야에서 우리는 아직 가보지 않은 길을 가야 합니다. 그런 영역에서는 그 진행과정이나 결과를 예단·예측할 수 없습니다.

뒤엣것은 우리가 마음을 굳게 먹고 만들어가야 하는 미래입니다. 이것을 살아내고 만들어내는 우리의 방식은 결단이요, 변화입니다. 우리는 '이전에 하던 그대로'(buseness as usual)가 통하지 않는 시대를 살아내야 합니다. 그러니 목표와 목적을 정해놓고 순간순간 결단하고 변화해야만 합니다. 이것이 생각하기에 따라 매우 힘든, 마음먹기에 따라 매우 의미 있는 일입니다. 그런 새 시대가 우리 앞에 열려 있습니다.

순례자의 가슴에 계신 하나님은 그의 단순미래와 의미미래의 인도자이자 동반자입니다.

25

따르는 신앙인

시 126:3-4

찬송가: 242장(황무지가 장미꽃 같이)

> 3 여호와께서 우리를 위하여 큰일을 행하셨으니 우리는 기쁘도다
> 4 여호와여 우리의 포로를 남방 시내들 같이 돌려보내소서

이것은 여호와께서 베풀어주신 놀라운 변화를 찬양하며 하나님께 드리는 기도입니다. 시 126:3-4는 하나님께서 하시는 일과 사람이 하는 일 사이를 절묘하게 꿰어 맞춥니다.

시편 126 앞부분은 '여호와 하나님은 어떤 일을 하시는가'라는 물음에 대답입니다. 그것은 하나님은 사람이 상상할 수도 없는 '크고 놀라운' 일을 행하시는 분이라는 내용입니다. 하나님께서 하시는 일은 인간의 능력을 초월하는 것이기에, 우리가 엄두도 못 내고 기대도 상상도 할 수 없을 정도의 그 일을 우리를 위해 기꺼이 행하시는 분입니다.

예를 들면 바벨론 포로의 예루살렘 귀환입니다. 성경은 바벨론 포로 시작(주전 612년) 70여 년 만에 돌아온 귀환자 수를 42,360명이라고 합니다.(스 2:64; 느 7:66) 고대사회에서 이 숫자는 엄청난 것입니다. 이렇게 많은 유

131

대인이 예루살렘으로 돌아오도록 허락해 준 이는 페르시아 왕 고레스입니다.(주전 538년) 그는 주전 539년 바벨론을 정복하자마자 그곳에 포로로 잡혀와 있던 나라와 민족들의 귀환을 허락하고 적극적인 후원자가 되었습니다. 그가 바보가 아니라면 그 엄청난 노동력을 포기하는 일은 '전혀' 예상도 기대도 할 수 없는 일이었습니다. 그런데도 실제로 그런 일이 일어났습니다.

이런 놀라운 일을 일으킨 이는 고레스(kyros)가 아니라 하나님입니다. 스 1:1 '바사 왕 고레스 원년에 여호와께서 예레미야의 입을 통하여 하신 말씀을 이루게 하시려고 바사 왕 고레스의 마음을 감동시키시매…'에서 감동시키다는 말(우르 ûr)은 휘젓다, 뒤흔들다는 뜻입니다. 자신의 계획을 이루려 작정하신 하나님은 고레스의 마음을 마치 '새벽을 흔들어 깨우듯이'(시 57:8. 깨우다=우르) 휘저으셨습니다.(stir up)

키에르케고르는 두 부류의 신앙인이 있다고 말했습니다. '감격하는' 신앙인과 '따르는' 신앙인이 그것입니다. 시 126:1-3에는 하나님께서 행하신 일을 보며 기뻐하고 감격하는 신앙인이 있습니다. 시 126:4-6에는 하나님께서 베풀어주신 은혜를 향유하기만 하거나 소모하는 대신에 생활의 자리에서 30배 60배 100배로 결실하게 하려는 영적인 활동이 나타나 있습니다.

시편 126편을 읽을 때마다 우리는 하나님께서 행하신 일을 보며 마음껏 감격하고 즐거워하는 한편 그 은혜를 결코 헛되이 하지 않으려는 순례자의 영성에 감탄합니다.

물론 하나님과 하나님께서 하신 일을 생각하며 감탄하고 즐거워하는 것, 그 자체도 은혜입니다. 더 나아가 신앙인은 믿음에서 우러나는 그 감격과 즐거움을 자기 생활의 열매로 영글게 하는 사람입니다. 이런 사람을 가리켜 '따르는 신앙인'이라고 합니다.

이미 은혜를 받은 순례자가 주변을 둘러보니 아직 자기만큼 은혜를 받지 못한 사람들이 눈에 뜨였습니다. 이에 그는 '따르는 신앙인'의 첫걸음으로 기도드리는 일부터 시작했습니다. "여호와여 우리의 포로를 남방 시내들 같이 돌려 보내소서"(4절) 여기 나오는 '포로를 … 돌려보내소서'라는 기도도 1절에서처럼 '우리의 운명을 회복시켜 주소서'라고 풀이할 수 있습니다.

남방 곧 네게브 지방은 강수량이 아주 적었습니다. 자연히 그곳의 시내들은 자주 메말라 있었습니다. 아브라함도 그곳으로 갔다가 흉년을 만나 곤욕을 치렀습니다. "(그가) 점점 남방으로 옮겨갔더라"(창 12:9)

이스라엘의 남방에는 거대한 사막이 있습니다. 그곳은 불모지입니다. 척박하고 황량한 사막이 화원으로 바뀔 것이라고 누가 상상할 수 있겠습니까. 시인은 그런 곳에 비가 내리고 사막에 꽃이 피는 모습을 꿈꾸었습니다. 그는 하나님이라면 이런 정도쯤은 얼마든지 하실 수 있으리라 기대하며 꿈꾸었습니다.

살다보면 하나님께서 우리의 열악한 환경을 순식간에 바꾸어놓으시는 체험을 할 때가 있습니다. 믿음으로 살다보면 우리가 꿈에도 상상하지 못한 일이 우리 생활에 일어납니다. 먹구름이 걷히고 태양 빛이 눈부시게 비칩니다. 유진 피터슨은 말합니다.

기다림에 지친 오랜 불모의 시절이 하나님의 은혜의 급습으로 막을 내린다.

그가 '하나님의 은혜의 급습'이라고 표현했듯이 하나님은 진정 어느 순간 우리 상황을 급반전시키십니다. 물론 우리에게는 깜짝놀랄만큼 갑작스러운 일이라도, 하나님은 이미 오래 전부터 계획하고 준비해 놓으셨던 일을 가장 적절한 시간에 실행하신 것뿐입니다. 하나님은 그런 갑작스러운 상황의 전환으로써 우리에게 다가오십니다. 이것이 신앙의 묘미입니다.

우리 인생이 막막할 때마다 하나님의 은혜가 급습하기를 바랍니다. 상황이 반전·역전되기를 소망합니다. 우리는 마치 황무지가 장미꽃밭으로 변하듯이, 이 지구촌에 평화와 생명존중의 역사가 일어나기를 기대하며 살아갑니다.

하나님 은혜를 듬뿍 받은 순례자는 여유롭게 수사법을 구사하며 기도를 드립니다: "'마치 네게브 지방 시내들에 다시 물이 흐르듯이' 내 주변 사람들의 운명도 되돌려 주소서(행복도 되찾아주소서)." 그는 비록 그 시내들이 건천(乾川)이라도 하나님께서 비를 주시면 물이 철철 콸콸 넘쳐흐르는 것을 알고 있었습니다. 비가 내리면 마치 거짓말처럼 그 시내의 모습이 180도 달라지듯이, 순례자는 아직 하나님 은혜를 모르는 자기 주변 사람들의 운명도 완전히 변화되기를 소망하며 기도를 드렸습니다.

물론 순례자는 기도만 드리는 사람이 아닙니다. 그는 기도와 기도 그 다음 단계의 역할이 자기 일인 것을 아는 사람입니다. 그는 손수 씨앗을 뿌렸습니다. 비록 그 일이 힘들어 눈물이 나더라도, 그 눈물까지도 마다하지 않으며 헌신했습니다.(시 126:5-6)

26

울면서 하는 일

시126:5-6

찬송가: 496장(새벽부터 우리)

> 눈물을 흘리며 씨를 뿌리는 자는 기쁨으로 거두리로다

이것은 시편 126 중에서 가장 유명한 구절입니다. 성경을 잘 외우지 않는 사람도 이 말씀만큼은 암송하며 자주 읊조립니다. 이 구절을 기초로 해서 만들어진 찬송가도 있습니다.(260장, 새벽부터 우리)

순례자는 지금 감당하기 벅찬 문제를 안고 고군분투하고 있습니다. 그것을 하자니 너무나 힘든데도 막상 하지 않을 수도 없는 일이 자기 앞에 놓여 있습니다. 그는 자기가 짊어질 수 없을 정도로 큰 문제를 앞에 놓고 소리없이 눈물을 흘립니다.

"눈물을 흘릴 줄 아는 능력이야말로 인간이 가질 수 있는 최대의 부(富)"라고 《어린 왕자》의 작가 생텍쥐페리는 말했습니다.

성경에는 눈물을 흘리는 사람들이 여럿 나옵니다. 히스기야 왕은 죽을 병에 걸렸을 때 눈물을 흘리며 '얼굴을 벽에 향하여 두고' 하나님께 기도드렸습니다. 이에 하나님께서는 그에게 '내가 네 눈물을 보았다' 하시며 그 생

명을 15년 늘려주셨습니다.(사 38:5) 예언자 미가는 "이러므로 내가 애통하며 애곡하고 벌거벗은 몸으로 행하며 들개 같이 애곡하고 타조 같이 애통하리니"(미 1:8) 라고 했습니다. 예언자 예레미야는 눈물의 예언자로 알려져 있습니다. 그는 '어찌하여 내 눈은 눈물 근원이 될꼬'라며 안타까워했습니다.(렘 9:1, 18; 13:17; 14:17; 31:16; 애 1:2, 16; 2:18; 3:48) 욥의 눈물을 우리는 기억합니다. "내 수금은 통곡이 되었고 내 피리는 애곡이 되었구나"(욥 30:31) 제자 베드로는 예수님을 부인한 뒤 닭 울음 소리를 듣고 대성통곡했습니다.(마 26:75)

심지어 예수님조차도 눈물 없는 분이 아니었습니다.

"그는 육체에 계실 때에 자기를 죽음에서 능히 구원하실 이에게 심한 통곡과 눈물로 간구와 소원을 올렸고 그의 경건하심으로 말미암아 들으심을 얻었느니라"(히 5:7)

시 126:5-6에는 눈물을 흘려야만 하는 구체적인 내용이 무엇인지 우리는 알지 못합니다. 그 내용이 나와 있지 않기에 오히려 우리는 그 일을 우리 자신의 여러 가지 처지와 형편에 적용시킬 수 있습니다.

흔쾌히 뛰어들어 할 수도, 그렇다고 해서 그냥 꽁무니 빼고 뒷걸음치고 빠져나올 수도 없는 경우를 우리도 종종 겪습니다. 그럴 때마다 우리는 울면서, 그래도 그 일을 포기하지 않으며 끝까지 그것을 해냅니다. 이보다 더 장한 모습이 세상에 어디 있을까요? 그 결과를 으스대며 뻐길 수 있는 일은 누구나 흔쾌히 즐겁게 해냅니다. 그러나 그 결과도 불분명하고, 끝까지 해봤자 칭찬도 찬사도 듣지 못할 일이면서도 누군가는 반드시 해야만 할 일이기에 우리는 거기서 발을 빼지 못하고 순종하는 마음으로 해낼 때가 있습니다. 이런 모습이 저는 세상에서 제일 아름답다고 생각합니다.

눈물도 세 종류가 있습니다. 세상 일이나 사람에게서 감정적인 자극을 받았을 때 나오는 물리적 눈물, 기쁘거나 괴롭거나 슬플 때 흘리는 감정적 눈물, 그리고 예술이나 신앙으로 감동받았을 때 흘리는 영적인 눈물이 그것입니다. 파브르는 이 세 가지 눈물을 분석한 결과 그 성분이 서로 달랐고, 세 가지 눈물을 그래프로 나타내자 영적인 눈물이 가장 또렷한 흔적을 남겼다고 했습니다.

탈무드는 천국의 한쪽에 울고 싶은 사람을 위한 방이 마련되어 있다고 합니다. 그곳에도 영혼의 때를 씻어낼 눈물이 필요한 모양입니다. 사실 자기 눈에서 눈물을 흘려보지 않은 사람은 타인의 눈물에 밴 애환과 쓰라림을 잘 알지 못합니다.

연암 박지원은 울음에 관한 생각을 《열하일기》〈도강록(渡江錄)〉에서 호곡장론(好哭場論)을 펼쳤습니다. 탁 트인 요동벌판을 바라보며 그는 '참으로 좋은 울음 터로다. 한바탕 울어볼만 하구나!' 말했습니다. 요동의 산해관 일천이백리까지의 어간은 사방에 한 점 산을 볼 수 없을 정도로 광활한 들판입니다. 조선 좁은 땅, 사방 어디를 둘러보아도 산이 보이는 곳에 살았던 연암은 요동땅 그 너른 들판을 보는 순간 울음보를 터뜨렸습니다. 그는 울음에 관해 이렇게 말했습니다.

사람들은 다만 칠정 가운데서 슬퍼야만 울음이 나오는 줄 알 뿐 칠정이 모두 울게 할 수 있는 줄은 모르는 모양이오. 기쁨이 지극해도 울 수가 있고, 분노가 사무쳐도 울 수가 있네. 즐거움이 넘쳐도 울 수가 있고, 사랑함이 지극해도 울 수가 있지. 미워함이 극에 달해도 울 수가 있고, 욕심이 가득해도 울 수가 있나니. 가슴 속에 답답한 것을 풀어버림은 소리보다 더 빠른 것이 없거니와, 울음은 천지에 있어서 우레와 천둥에 견줄 만하다 하겠소. 지극한 정이 펴는 바인지라 펴면 능히 이치에 맞게 되니, 웃음과 더불어 무엇이 다르리오?

그는 조선 땅에서 한바탕 울음을 울만한 곳으로 두 곳을 손꼽았습니다. 하나는 금강산 비로봉 정상에서 동해바다를 바라보는 곳이고 다른 하나는 황해도 장연 바닷가 금사산(金沙山)입니다. 그는 아름다운 경치를 보고 감동하며 울었습니다. 그는 말합니다.

아이가 어미 뱃속에서 자리 잡고 있을 때는 어둡고 갑갑하다. 그렇게 비좁은 곳에서 지내다가 하루아침에 탁 트인 세상으로 빠져나오자 팔을 펴고 다리를 뻗어 정신이 시원하게 될 터이니 어찌 한 번 감정이 다하도록 참된 소리를 질러보지 않을 수가 있으랴. 그러니 갓난아이의 울음소리는 거짓이 없다는 것을 본받아야 하리라.

또한 그는 '가슴 속에 가득 차 있는 답답한 응어리를 한꺼번에 풀어 내리는 데는 울음만큼 특효약이 없다'고 말했습니다.

우리가 끌고가는 인생의 수레는 잠시도 요동을 멈추지 않습니다. 그 과정에서 우리는 눈물이 흐를 때가 가끔 있습니다. 어떤 사람은 눈물을 비하하다 못해 성차별적인 언사까지 집어넣어 '계집애 같이 울기는…'라고 합니다. 그렇더라도 우리는 눈물의 가치를 소중히 끌어안아야 하겠습니다. "언제 한번 가슴을 열고 소리내어 울어볼 날이…"라는 구절이 든 〈남자라는 이유로〉라는 노래가 남자들에게 인기가 있는 것이 그나마 다행입니다.

아픔 슬픔 괴로움 등에 젖은 애환의 날들을 눈물로 채색할 때 그것은 한 편의 시가 되고 향내나는 기도가 됩니다. 이럴 때 눈물은 포기도 절망도 아닙니다. 마치 강물이 흐르면서 스스로를 정화하듯 우리는 우리 눈 가슴 영혼에 흐르는 눈물로 우리 스스로를 정화시켜가며 인생을 살아냅니다.

　순례자는 눈물어린 기도, 눈물어린 생활환경에서 하나님이 도와주실 것을 끝까지 신뢰합니다. 하나님 은혜로 그는 눈물과 함께 살면서 인생길을 헤쳐 나갑니다.

27

눈물의 미학

시126:6

찬송가: 214장(나 주의 도움 받고자)

> 울며 씨를 뿌리러 나가는 자는 반드시 기쁨으로 그 곡식 단을 가지고 돌아오리로다

김성조가 부른 〈눈물의 미학〉 가사입니다.

어머니의 눈물이 나를 살렸듯이
하나님의 눈물이 만물을 살린다
회개의 눈물이 내 영을 살렸듯이
용서의 눈물이 형제를 살린다
오~ 눈물의 아름다움이 내 눈을 적셔다오
내 맘이 눈물로 채워질 수 있다면
내 영이 살고 내 이웃이 살리라…

김현승의 시 〈눈물〉입니다.

더러는

沃土(옥토)에 떨어지는 작은 생명이고저

흠도 티도

금가지 않은

나의 전체는 오직 이뿐! …

아름다운 나무의 꽃이 시듦을 보시고

열매를 맺게 하신 당신은

나의 웃음을 만드신 후에

새로이 나의 눈물을 지어 주시다

시 126:5-6에서 씨앗이란 말은 논밭에 뿌리는 종자일 수도 있고, 상징적인 표현일 수도 있습니다.

남아프리카공화국 최초의 흑인 대통령 넬슨 만델라는 27년 동안 감옥에서 살았습니다. 형이 확정되었을 때 그는 형무소의 마당을 정원으로 가꾸게 해달라고 청원했습니다. 당국은 별다른 이유 없이 그 청을 거부하다가 하도 여러 해 동안 끈질기게 청원하니 결국 담장 부근의 작은 땅에 정원을 가꾸라고 허락했습니다. 마당의 흙은 메마르고 돌투성이여서 한동안 마당의 돌을 빼는데 대부분의 시간을 보냈습니다.

그는 나중에 "그렇게 정원을 가꾸면서 저는 중요한 것을 배웠습니다. 지도자는 자기 정원을 돌봐야 한다는 것. 씨를 뿌린 다음 지켜보고 경작하고 결과를 추수한다는 것을 알았지요. 정원사처럼 지도자는 자기가 경작하는 것에 책임을 지고 또 자기 일에 마음을 쏟고 보존할 것은 보존하고 성공하지 못하는 것은 과감히 버려야 한다는 것도 배웠습니다… 정원은 감옥에서 내 마음대로 할 수 있는 몇 안 되는 것 중 하나였습니다. 씨를 심고 자라는 것을 보고 가꾸고 추수하는 것은 소박하지만 큰 만족감을 줍니다. 작은 땅에 내 마음대로 무언가를 심고 가꾸는 감각이 자유를 맛보게 해주었습니다."라고 회고했습니다.

성경은 사람이 눈물을 흘리는 경우에 관해 여러 가지 경우를 언급했습니다.

i) 세속적인 슬픔의 눈물이 있습니다. 에서는 세상적인 것들을 좋아했습니다. 그는 팥죽 한그릇을 먹으려고 자신의 장자권을 팔기도 했습니다.(창 25:27-34) 나중에 그것이 자신이 받을 축복기도를 잃는 결과를 낳을 줄은 꿈에도 몰랐습니다. 뒤늦게서야 그는 눈물을 폭포수같이 흘리며 아버지께 매달렸습니다. 회개 대신 눈물만 쏟았습니다. 그는 비록 눈물을 흘리며 구하였을지라도(히 12:17) 자기 아버지의 마음을 바꾸지 못했습니다.

ii) 회개와 경건한 슬픔의 눈물이 있습니다. 마리아는 울며 눈물로 예수님 발을 적시고, 자기 머리털로 닦았습니다.(눅 7:38) 그는 자신의 죄에 대해 스스로 애통했습니다. 마리아의 눈물은 죄인을 구원하시는 예수님을 신뢰할 뿐만 아니라 그분을 향한 존경의 표현이었습니다.

iii) 교활하고 사악한 위선의 눈물이 있습니다.(렘 41:6) 이스마엘은 바벨론이 세운 총독 그달랴를 죽인 사람들을 만나러 나가며 눈물을 흘렸습니다. 그는 피를 흘리기 위해 눈물을 흘렸고, 비록 원하지는 않았더라도 죄악을 행할 기회를 위해 울었습니다. 우리는 이런 눈물을 가리켜 '악어의 눈물'이라고 부릅니다.

iv) 가식 없고 순수한 인정에서 나오는 눈물이 있습니다. '이와 같이 다윗과 요나단은 서로 입 맞추고 같이 울되 다윗이 더욱 심하더니'(삼상 20:41) 한 것처럼 그들의 눈물은 순수하고 맑았습니다. 예수님이 나사로의 무덤 앞에서 우시자 유대인들은 '보라 그를 얼마나 사랑하셨는가'(요 11:35,36)라고 했습니다. 그들은 예수님의 눈에서 그분의 마음을 보았습니다.

v) 거룩한 기도와 뜨거운 바람의 눈물이 있습니다. 야곱은 간곡한 심정을 담아 울며 간구했습니다.(호 12:4) 그의 눈물은 그가 간구하는 소리보다 더 큰 울림이 있었습니다. 그의 기도는 눈물 속에 스며들어 있었습니다. 그 눈물은 그의 영의 열렬함과 기도 가운데 그의 믿음을 잘 보여주었습니다.

vi) 다른 사람이나 상황의 비참함을 보며 흐르는 동정의 눈물이 있습니다. '우는 자들과 함께 울라'(롬 12:15) 이것이 사도의 가르침이었습니다.
느헤미야는 예루살렘의 몰락과 그곳에 그의 형제들의 슬픈 상황에 대한 보고를 듣자마자 주저앉아 울었습니다.(느 1:4). 그의 눈물은 그의 동포를 위한 동정과 하나님을 위한 열정을 반영합니다.

vii) 우리 자신의 고난에서 생겨나는 격정(수난)의 눈물이 있습니다. '나는 재를 양식 같이 먹으며 나는 눈물 섞인 물을 마셨나이다'(시 102:9) 그런 눈물은 인간의 약함, 혹은 육신의 고통이나 마음 아픔을 나타냅니다.

viii) 원망과 저주의 눈물이 있습니다. 위선자들과 함께 지옥에 있는 그들의 동료들은 영원히 슬피 울며 이를 가는 것으로 묘사되었습니다.(마 24:51 참고) 그들의 눈물은 절망이며 치유될 희망이 없어 낙망하는 것을 가리킵니다.

울든지 웃든지 우아하고 품위를 지키는 일이 우리에게 필요합니다. 강진에 귀양가 있던 다산 정약용은 둘째 아들이 닭을 기르기 시작했다는 소식을 듣고 〈기유아(寄遊兒)〉라는 글에서 이렇게 말했습니다.

네가 양계를 한다는 소식을 들었는데, 양계야말로 진실로 좋은 농사다. 양계에도 품위 있고 저속하며, 깨끗하고 불결함의 차이가 있다. 참으로 농서(農書)를 완벽하게 읽어 가장 좋은 양계법을 골라 시험해 보라. 더러는 색깔과 종류로 구별해보기도 하고 횃를 다르게 만들어 닭을 기르며… 어떤 경우는 닭의 정경(情景)을 시로 읊어서 사실적으로 묘사하여 사물(事物)에서 물태를 파악하는 일도 해야 한다. 이래야만 독서를 한 사람의 양계인 것이다

이러면서 그는 '만약 이익만 보느라 의(義)를 보지 못하고, 기를 줄만 알고 기르는 취미를 모른다면 졸렬한 사람의 양계일 뿐이다'라고 덧붙였습니다.

예수님은 하나님 나라를 밭에 씨를 뿌리는 것에 비유하셨습니다. 복음의 일꾼들은 부지런히 복음의 씨앗을 세상에 뿌립니다. 그 일을 하느라 수모도, 멸시도, 냉대도 당했습니다. 그렇게 뿌린 것 가운데 어떤 씨는 길가나 돌밭에 떨어지고, 어떤 씨는 가시밭에 떨어집니다. 그것들은 모두 다 결실을 하지 못합니다. 어떤 씨는 좋은 땅에 떨어져서 30배, 60배, 또는 100배의 결실을 합니다. 복음의 씨를 뿌리는 일은 당장에 열매를 거두지 못할 때가 많습니다. 그 일에 이런 저런 방해도 많으며, 뿌려진 씨앗이 싹트고

열매를 맺을 때까지 오래 기다려야 합니다.

"너는 말씀을 전파하라 때를 얻든지 못 얻든지 항상 힘쓰라 범사에 오래 참음
과 가르침으로 경책하며 경계하며 권하라"(딤후 4:2)

바벨론 포로에서 돌아온 유다의 귀향민들은 예루살렘 성벽을 재건했습니
다. 비록 옛날같이 견고하고 튼튼한 성벽은 아닐지라도 그들은 한편 눈
물을 흘리며 다른 한편 '마음 들여' 수고하고 땀 흘렸습니다. 이렇게 완성
된 예루살렘 성벽을 보고 후대 역사가 요세푸스는 느헤미야 시대에 그 공
사는 최소한 2년 4개월 걸리는 규모의 일이라고 했습니다. 그러나 느헤미
야 시대 사람들은 마음 들여 헌신하며 52일 만에 그것을 완공하고 감격의
눈물을 흘렸습니다.(느 6:15).

이렇게 "울며 씨를 뿌리러 나가는 자는 반드시 기쁨으로 그 곡식 단을
가지고 돌아오리로다"는 말씀은 우리 생활 많은 영역에 적용됩니다.

울음에도 여러 가지 종류가 있습니다. 그 가운데 답답하던 속이 시원해
져서 터져나오는 울음, 꽉 막혔던 속이 시원해져서 흐르는 눈물도 있습니
다. 깨달음의 눈물도 있습니다.

옛날에 남자는 평생 세 번만 운다(태어났을 때, 부모님이 돌아가셨을 때, 나라
가 망했을 때)는 식으로 이상한 말들이 떠돌았습니다. 바로 그런 이유로 남
성의 눈물은 오히려 더 강력한 무기로 받아들여지곤 했습니다. 삼국지연의
에 따르면 촉나라 왕 유비는 눈물을 무기로 사용한 대표적인 인물입니다.
물론 남성이나 여성이나 가릴 것 없이 눈물이 강력한 호소력을 지닌 무기
인 것은 틀림이 없습니다.

태조 이성계, 태종 이방원, 정조 등 강한 남성일수록 여러 사람 앞에서

눈물을 흘리는 것을 부끄러워하지 않았습니다. 그들이 신하들 앞에서 눈물 짓고 통곡했다는 기록이 조선왕조실록에 있습니다. 일본이나 중국에는 슬퍼서 우는 것 외에도 아름다운 경치나 노래 등에 감격해 눈물을 흘리는 장수를 높게 쳐주곤 했습니다.

28

일하시는 하나님

시127:1

찬송가: 86장(내가 늘 의지하는 예수)

여호와께서 집을 세우지 아니하시면 세우는 자의 수고가 헛되며 여호와께서 성을 지키지 아니하시면 파수꾼의 깨어 있음이 헛되도다

이것은 집(성)의 안전은 어떻게 지켜지는가에 관한 말씀입니다. 히브리말 집(바이트 *bait*)은 매우 다양하게 쓰였습니다. 그것은 가정(home, household), 가문, 왕조(dynasty) 국가(나라 State) 성전(하나님의 집) 등을 가리킵니다.

순례자는 하나님의 간섭이 없는 활동이 의미 없다는 사실을 보여주려고 두 가지 예를 듭니다. 하나는 가정이요 다른 하나는 성(교회, 마을 공동체, 국가)입니다. 이 둘은 짝을 이루는 낱말로 긴밀히 연결되어 있습니다.

집 ≒ 성
세우는 자 ≒ 파수꾼
수고 ≒ 깨어 있음

'하나님께서 가정을 세우신다는 말씀을 우리는 어떻게 적용할까요? i) 만일 우리가 하나님께서 공급해주시는 것을 기초로 믿음 위에 가정을 세운다면, ii) 하나님의 뜻을 살피며 그에 합당한 가정을 유지하고자 한다면, iii) 하나님이 기뻐하시는 일이 무엇인가를 살피며 정직하고 공평하게 가정이 운영된다면, iv) 그 가정의 식구들이 하나님의 목적과 쓰임에 걸맞게 살아가고자 한다면, v) 그들이 얻은 것 이룬 것을 하나님의 선물로 받아들이며 하나님께 영광을 돌린다면, 우리는 그 가정은 틀림없이 하나님께서 세우신 가정이라고 말할 것입니다.

하나님께서 집(가정, 국가, 성전)을 세우지 않으면 집을 세우는 사람이 아무리 튼튼하고, 아무리 멋있고, 아무리 화려하게 집을 세운다할지라도 그 집은 오래가지 못합니다. 또한 하나님께서 지켜주시지 않으시면, 파수꾼이 아무리 깨어서 지켜도 지킬 수 없습니다.

사람이 사는 집은 얼마나 크고 넓어야할까요? 조선시대 양명학자인 이종휘(李種徽, 1731-1791)는 서울 남산 아래 아주 작은 집을 짓고 그 이름을 함해당(涵海堂 = 바닷물로 적시는 집)이라 지었습니다. 그는 그곳과 자기 처지를 이렇게 말했습니다.

나는 이 집 안에서 책을 읽는다. 책과 붓과 벼루 외에는 손님을 맞을 자리 하나 깔 데가 없다. 동과 서에 문 하나씩 있어 아침저녁 햇살이나 맞고 보낼 뿐이다. 게다가 나에게는 깊이 시름하는 질병이 있어 감당하기 어려운 형편이다.

그의 말은 이렇게 이어집니다.

나는 마음속으로 생각을 하곤 한다. 눈은 내 방안에 있지만 오래 사방의 벽을 보고 있노라면 벽에서 파도 문양이 생겨나 마치 바다를 그려놓은 휘장을 붙여 놓은 듯하다. 절로 마음이 탁 트이고 정신이 상쾌해져서 내 자신이 좁은 방안에 있다는 사실을 잊게 된다.

그는 상상력만으로 부산 앞바다도 게딱지만한 집안으로 끌어들일 수 있었습니다. 그리고 남산 아래서 부산 앞바다를 끌어들였듯이, 함해당에서 책을 읽으면서 동서고금과 우주만상의 이치를 유추하여 그 진리를 깨달을 수 있다고 했습니다.

솔로몬 시대 지어진 예루살렘 성전은 그 규모나 치장에서 다른 나라의 그것들보다 더 웅장하지도 빼어나지도 않았습니다. 바벨론 포로 귀환민들이 지은 제2성전은 유대인 스스로 보기에도 초라했습니다. 비록 헤롯왕이 증개축한 예루살렘 성전은 이스라엘 역사상 가장 크고 화려했더라도 이 역시 다른 나라의 그것들에 비할 바가 되지 못했습니다.

이런 사실을 잘 알면서도 하나님은 예루살렘 성전에 세상 만민이 모여들 것이고, 그곳은 세상 만민이 기도드리는 집이라 하셨습니다. 이 말씀은 무슨 뜻입니까? 성전의 위용은 그 크기나 장식으로 결정되는 것이 아니라는 뜻입니다. 만군의 하나님 여호와께서 거기 계시고 그분의 뜻이 가장 우선시되는 곳이라면 그것은 외형에 관계없이 최고의 위엄과 영광을 지닌 집입니다.

1-2절에는 '헛되다'는 말(샤붜 šāwə)이 세 차례 나옵니다. 이것은 전도서에 나온 헛되다는 것(헤벨 hebel)과 다른 낱말입니다. 전도서의 그것은 마치 아침 안개처럼, 물거품처럼 순식간에 사라지는 것, 실체가 없는 것을 나타냅니다. 시 127:1에서 헛되다는 말은 '가치 없는, 의미 없는, 텅 빈' 등을 가리킵니다. 농사에 비유할 때 이 말은 열매를 하나도 거두지 못하는 헛수

고를 의미합니다.(욥 31:8; 호 4:10; 암 5:11; 미 6:14) 어떤 사람은 집을 짓더라도 거기에 살지 못합니다.(신 28:30; 습 1:13) 지은 수고가 억울하게 다른 사람이 본인 대신 그 집에 들어앉습니다.(사 65:22-23; 암 5:11)

'여호와께서 집을 세우지 아니하시면 세우는 자의 수고가 헛되며'라는 말씀의 예를 구약성경에서 찾자면 바벨탑을 쌓는 사람들 이야기입니다. 그들은 하늘 꼭대기까지 이르는 집을 지으려 했습니다. 하나님께서 그들의 언어를 혼잡하게 하시자 그들의 이 수고는 헛수고로 끝났습니다.(창 11:1-9)

그 예를 신약성경에서 보자면 예수님이 들려주신 비유에 나오는 어떤 부자입니다.(눅 12장) 그는 밭에서 소출을 많이 거두어 들였습니다. 그가 가진 창고로는 그것을 다 쟁여놓을 수가 없을 정도로 풍년이 들었습니다. 그는 '내가 지금 곳간을 헐고서 더 크게 짓고, 내 곡식과 물건들을 다 거기에다가 쌓아 두어야겠다. 그리고 내 영혼에게 말하기를 여러 해 동안 쓸 많은 물건을 쌓아 두었으니, 너는 마음을 놓고 먹고 마시고 즐겨라'라고 말하자고 마음먹었습니다. 하나님은 그 사람에게 말씀하셨습니다. '어리석은 사람아, 오늘 밤에 네 영혼을 도로 찾으리니 그러면 네 준비한 것이 누구의 것이 되겠느냐?' 그 부자는 자신이, 아니 자신의 재산이 자기 집을 세울 수 있을 것이라고 생각했습니다. 하나님은 그 사람을 '어리석은 사람아!'라고 부르셨습니다.

인생이 고달프다고 말하는 사람도 있습니다. 어떤 종교는 '인생은 고해 (苦海)'라고 가르칩니다. 이렇게 말하는 이유가 무엇입니까? 사람이 하는 일 자체가 힘들어서가 아닙니다. 그보다는 헛된 일, 무익한 일, 하나님을 제쳐놓고 벌이는 일을 몰두하기에 그 결과가 그를 허무하게 만들기 때문입니다. "여호와께서… 아니하시면…"이라는 말씀을 무시하고 자기 좋을 대로만 하다가 결국 자기 자신을 자기가 해치는 일을 하기 때문입니다. 이런 뜻으로 보자면 이 세상에서 가장 무섭고 큰 적은 바로 자기 자신입니다.

순례자들은 예루살렘 성전에 도달하려고 노력도 고생도 많이 했습니다. 그 중에는 천리 길을 온 사람, 도중에 죽을 고비를 몇 번이나 넘긴 사람도 있었을 것입니다. 예루살렘 성전에 도착한 사람들은 저마다 체험담을 나눕니다. 누가 가장 멀리서 왔는가? 누가 가장 빨리 왔는가? 가장 많은 사람들을 데리고 온 것은 누구인가? 가장 오랜 시간이 걸려서 온 사람은 누구인가? 누가 하나님께 바칠 제물을 가장 많이 가져왔는가? … 이런 식으로 서로 비교하며 견주었을 것입니다. 바로 그때 자기 체험담을 소란스럽게 말하는 무리 가운데서 누군가가 노래를 부르기 시작합니다.

여호와께서 집을 세우지 아니하시면 세우는 자의 수고가 헛되며 여호와께서 성을 지키지 아니하시면 파수꾼의 깨어 있음이 헛되도다.

순례 길을 떠난 이래 그토록 고생하며 어렵게 예루살렘 성전에 왔다는 것 그 자체가 핵심이 아닙니다. 최선을 다해 영웅적 여정을 거쳤다는 것도 중요하지 않습니다. 이 순례의 주인공은 하나님이라는 사실이 핵심입니다. 그곳에 오기까지 아무리 고생이 심했고 아무리 대단한 일을 했다고 해도, 아무리 강도를 물리치고 사자를 때려잡고 늑대를 물리치고 도둑들을 피했더라도 그것이 자랑거리가 될 수 없습니다. 우리가 그렇게 한 것들은 다 변죽일 뿐입니다. 그 순례자의 중심에서 그것을 시작하게 하시고 도중 하차하지 않게 하시며 마침내 순례의 여정을 완성할 수 있게 일하신 분은 따로 있습니다. 그분은 바로 '여호와 하나님'입니다.

순례자의 마음은 눈에 보이고 귀에 들리는 이런 저런 것들보다는 '하나님 한 분'에 집중합니다.

29

부지런하게도 그리고 게으르게도

시127:2

찬송가: 191장(내가 매일 기쁘게)

> 너희가 일찍이 일어나고 늦게 누우며 수고의 떡을 먹음이 헛되도다 그러므로 여호와께서 그의 사랑하시는 자에게는 잠을 주시는도다.

이것은 여호와께서 그의 사랑하시는 자에게 잠을 주시는 이야기입니다. 여기에는 사람들이 성공하기 위한 조건으로 꼽는 사항이 세 가지 나와 있습니다. i) 일찍 일어나기 ii) 늦게 잠자리에 들기 iii) 수고의 떡을 먹기입니다. 이것에서 우리는 불철주야(不撤晝夜)와 동분서주(東奔西走)라는 말을 떠올립니다. 워커홀릭(workaholic)이란 말도 생각납니다. 그 사람은 낮이고 밤이고 일하기에 몰두했습니다.

신앙인 중에 '여호와께서 그의 사랑하시는 자에게는 잠을 주시는도다'는 말씀을 자기에게 유리하게 적용하는 사람도 가끔 있습니다. 몇 가지 번역을 비교해 보겠습니다.

표준새번역	공동번역개정
일찍 일어나고 늦게 눕는 것, 먹고 살려고 애써 수고하는 모든 일이 헛된 일이다. 주께서는, 사랑하시는 사람에게는 그가 자는 동안에도 복을 내리신다.	이른 새벽에 일찍 일어나는 것도 밤늦게야 잠자리에 드는 것도, 먹으려고 애쓰는 것도 다 헛되고 헛되니 야훼께서는 사랑하시는 자에게 잘 때에도 배불리신다.

영어성경 KJV ESV NIV 등은 개역개정과 비슷하고, NASB(1977, 1995) ASV GNT 독일어성경 루터번역이나 ELB 등은 표준새번역이나 공동번역개정과 비슷합니다.

이것은 두 가지로 해석될 수 있습니다. 하나는 하나님은 복잡하고 풍파많은 세상살이에 시달리는 우리에게 재충전의 잠을 허락하신다는 것입니다. 다른 하나는 이 부분을 부사구로 보아 '잠자는 동안에도'로 풀이하는 것입니다. 순례자는 하나님은 집을 세워주시고, 밤낮으로 우리의 인생길을 파수꾼처럼 지켜주시는 것으로도 모자라 잠자는 동안에도 복을 주신다고 찬양합니다.

하나님은 모든 생물에게 잠을 주셨습니다. 이는 단순히 건강이나 생명 유지에 필요하기에 주신 것이 아닙니다. 하나님은 사람이 자는 동안에도 필요한 복을 여러 가지 내려주십니다. 또한 시 127:2는 하나님께서 사람에게 잠을 자는 경우와 같이 전혀 의식하지 못하는 동안에도, 아예 의식하지 못하는 방법으로 필요한 것들을 복으로 내려주시는 것을 말하는 것일 수도 있습니다. 예수님도 이와 비슷한 말씀을 하셨습니다.

26 또 이르시되 하나님의 나라는 사람이 씨를 땅에 뿌림과 같으니 27 그가 밤낮 자고 깨고 하는 중에 씨가 나서 자라되 어떻게 그리 되는지를 알지 못하느니

라(마 4:26-27)

혹시 여기 나오는 '일찍이 일어나고 늦게 누우며 수고의 떡을 먹음'이란 표현을 부지런함으로, '잠'을 게으름으로 해석해도 될까요?

부지런함과 게으름은 항상 상대적입니다. 이런 이야기가 있습니다. 나이가 지긋한 두 여인이 만나 이야기를 했습니다. 한 사람이 물었습니다.

'시집 간 네 딸은 잘 지내나?'

'내 딸은 시집 하나는 아주 잘 갔어. 걘 하루 종일 놀고먹어. 점심 무렵까지 늦잠을 자고 일어나면 가정부가 청소 다 끝내놓고 밥상을 차려주지. 오후에 백화점에 슬슬 나가 쇼핑하면서 지내. 그 생각하면 딸 키운 보람이 있다니까.'

'장가 간 네 아들은 어떻게 지내?'

'걔를 생각하면 울화통이 터져. 처복이 하나도 없어. 남자에게 빌붙어 먹고 사는 여잘 만났다구. 며느린 하루 종일 일을 안 해. 가정부가 집안 살림 다 하고, 늘어지게 늦잠 자고 일어나 차려주는 밥 먹고 백화점에 가 명품만 산다니까. 그 생각만 하면 속상해 죽을 지경이야.'

여러 시대 여러 나라 문학 작품에서 부지런함과 게으름은 미덕과 해악 사이를 오고갑니다. 그 두 가지에 관해 대립적이고 이분법적인 사고방식이 있습니다.

세상에는 부지런함을 찬양하는 글(책)들이 아주 많습니다. 성경에는 물론 세상에도 고대로부터 현대에 이르기까지 그런 것들이 지천으로 널려 있습니다. 윌리엄 셰익스피어가 쓴 《햄릿》(1599-1601년)에 보면 자기는 천성이 게으르다고 말하는 절친 호레이쇼에게 햄릿이 말합니다. "그런 험담은 자네 원수라도 못하게 하겠네. 자네 입으로 자네를 욕한다고 내가 믿을 것 같아? 자넨 게으름뱅이가 아냐." 그 시대에도 게으르다는 말은 욕이나 험담이었습니다. 조선시대 유몽인(1559 - 1623)이 엮은 《어우야담(於于野談)》에 있는 〈소가 된 게으름뱅이〉는 초등학교 교과서에 실렸습니다.

물론 이에 대한 반작용도 만만치 않습니다. 게으름을 찬양하는 글(책)들도 엄청 많습니다. 20세기 전반 버틀란드 러셀이 《게으름을 향한 찬양》을 낸 이래 삐에르 쌍소(Pierre Sansot)가 《오래 살려면 게으름을 즐겨라》를 출판하는 등 게으름을 떳떳하게 즐기라는 책자들이 쏟아져 나왔습니다.

사실 부지런 하냐 게으르냐에 관한 평가 기준은 시간과 공간, 역사와 문화, 그리고 인종에 따라 매우 다릅니다. 이를테면 그리스-로마인들은 안식일을 반드시 지키는 유대인을 게으름뱅이 민족이라고 불렀습니다. 열대 지방에 사는 사람들에게 '일하는 것을 좋아하지 않고 적게 활동하는 것'은 제명대로 살아남는 지혜였습니다.

너도나도 '바쁘다, 시간 없다'는 말을 입에 달고 사는 요즈음 때때로 일부러 게으른 시간을 보내는 것도 삶의 지혜입니다.

부지런하다는 말은 무슨 뜻입니까? '무엇인가를 하느라 쉴 새 없이 움직이는 것'입니까? 아닙니다. 이 세상에는 부지런하기만 한 사람도 게으르기만 한 사람도 거의 없습니다. 대다수의 사람은 어느 영역에서 부지런하고 어느 부분에서 게으른 모습을 보입니다. 그것이 그 사람의 개성과 적성은 물론 처지와 형편을 반영합니다.

이는 단순히 바쁘게 움직이느냐 아니냐의 문제가 아닙니다. 오히려 무엇을 어떻게 하느냐의 문제입니다. 사람은 일부러 하지 않은 것이 있어야 자신이 진정 하고 싶은 것을 해 낼 수 있고, 일부러 하는 것이 있어야 정말로 하지 말아야 할 것을 하지 않을 수 있는 법입니다.

만일에 학생이 공부를 열심히 하는 대신에 집 안팎을 청소하고 정리하는데 열심이라면 그의 관심사와 적성은 공부가 아닌 것이 분명합니다. 만일 야구 선수가 운동 연습과 훈련을 하는 대신에 부지런히 친구만 만나고 다닌다면 그의 적성과 개성은 야구가 아닌 것입니다. 이렇게 우리 자신은 물론 대부분의 사람은 게으르기도 하고 부지런하기도 합니다.

순례자는 자신의 부지런함과 자신의 게으름도 다 주님 손안에서 선하게 사용되기를 소망합니다. 부지런히 일하는 것에 즐거움과 보람이 있다면 늘어지게 노는 것과 쉬는 것에도 마땅히 그런 것이 있어야 합니다.

30
선물

시 127:3-5

찬송가: 558장(미더워라 주의 가정)

3 보라 자식들은 여호와의 기업이요 태의 열매는 그의 상급이로다

4 젊은 자의 자식은 장사의 수중의 화살 같으니

5 이것이 그의 화살통에 가득한 자는 복되도다 그들이 성문에서 그들의 원수와
  담판할 때에 수치를 당하지 아니하리로다

이것은 자녀의 태어남도 하나님 손 안에 달려있다는 가르침입니다. 하나님이 아담과 하와를 만드시고 짝이 되게 하셨습니다. "남자가 부모를 떠나 그 아내와 연합하여 둘이 한 몸을 이룰지로다"(창 2:24) 우리는 이 말씀을 결혼과 가정을 세우는 원리로 받아들입니다. 놀랍게도 여기에는 자식에 관한 언급이 전혀 없습니다.

하나님께서 여인의 태(胎)를 여시고 자식을 주시는 분이라는 사실은 성경이 보여주는 진리입니다. 하나님께서 한 생명의 탄생과 인생여정과 죽음 및 그 이후의 주인입니다.

하나님께서 세우시는 가정은 자녀를 허락받았든지 그렇지 않든지 어떤

경우에나 훌륭한 가정일 수 있습니다.

순례자는 하나님은 자신이 세우시는 가정에게 자녀를 선물로 주신다고 합니다. 이것은 자기 자녀가 하나님의 은혜로 주어진 선물이라는 신앙고백입니다. 자기가 그런 선물을 받을 자격이나 능력이 있어서가 아니라, 전적인 하나님의 은혜라는 고백입니다.

이런 고백을 안고 살아가기에 그는 4절에서 그 선물을 받은 부모의 사명이 무엇인가를 묵상합니다.

젊은 자의 자식은 장사의 수중의 화살 같으니

이것은 부모가 자녀를 키울 때 삶의 모범이 되어야 한다는 의미입니다. 레바논 시인 칼릴 지브란은 말했습니다. "부모는 활이고, 자녀는 화살이다. 자녀라는 화살은 부모가 쏜 대로 나간다." 이 시에 표현된 대로 우리는 화살을 엉뚱한 곳으로가 아니라 과녁을 향해 쏘아야 합니다.

유대인은 자녀라는 화살을 세상이 아닌 하나님을 향해 쏩니다. 그러자 신기하게도 그들은 세상에서 탁월한 존재가 됩니다. 각자 자기 분야에서 인류와 인간사회가 성숙해지는데 이바지합니다. 인류 사회 각 분야에서 유대인이 이룬 업적이 그것을 말해줍니다.

오늘날 어떤 부모는 자녀라는 화살을 하나님이 아닌 세상을 향해 쏩니다. 그들은 자녀를 교회나 정규학교보다는 학원에 더 열심히 보냅니다. 교회에 내는 헌금이나 학교에 내는 수업료를 아끼면서 학원비·과외비를 거의 아끼지 않습니다. 전통시장에 가 콩나물값 2천원이 비싸다고 하면서도 자녀 옷값을 아끼지 않습니다. 이웃을 돕기에는 만원도 내지 않으면서 자녀 장난감에는 값을 보지도 않고 삽니다. 그렇게 자란 아이들은 어떻습까? 신기하게도 세상을 정복하는 대신에 세상이나 세상에 속한 것의 지배를 받으며 살아갑니다. 심지어 부모에게서 자기보다 더 많은 혜택을 받는 친구들과 비교하며 부모의 가슴에 못을 박기도 합니다.

부모는 자식을 위해 석과불식(碩果不食)이라고 큰 과일은 다 먹지 않고 후손을 위하여 남겨두는 심정으로 자식을 킵니다. 부모는 자기가 누릴 복을 포기하면서까지 후손을 받들어줍니다. 신기하게도 부모님의 그런 마음은 위와 같이 귀하게만 큰 그 자식들 가슴에 좁쌀크기만큼도 자리 잡지 못합니다. 그들에게 품위나 인품과는 동떨어진 세상을 배우게 한 결과가 이렇습니다. 그들은 부모님이나 스승님을 대할 때마저 남 대하듯 세상의 방식대로 합니다.

성호 이익(星湖 李翼, 1681-1763)은 《성호집(星湖集)》〈애꾸눈 닭의 이야기 瞎雞(傳 할계전)에 이렇게 썼습니다.

그 닭은 특별히 달리 하는 일이 없었으며, 항상 섬돌과 뜰 사이에서 떠나지 않고 있었다. 그런데도 병아리는 어느새 쑥쑥 자라나 있었다. 다른 닭들을 보니 대부분 병아리가 죽거나 잃어버려서 혹 반도 채 남아있지 않기도 하였다. 그런데도 이 애꾸눈 닭만은 온전하게 둥지를 건사하였다. 이것은 어째서인가? 무릇 세상에서 병아리를 잘 기른다고 하는 것에는 두 가지가 있다. 바로 먹이를 잘 구해 주고 환란을 잘 막아주는 것이다. 먹이를 잘 구해 주려면 건강해야 하고, 환란을 잘 막아주려면 사나워야 한다. 병아리가 부화한 뒤에는 어미 닭은 흙을 파헤쳐 벌레를 잡느라 부리와 발톱이 닳아서 뭉툭해지며, 정신없이 사방으로 나다니느라 편안하게 쉴 새가 없다. 그리고 위로는 까마귀와 솔개를 살피고 옆으로는 고양이와 개를 감시하면서, 부리로 쪼아대고 날개를 퍼덕이면서 죽을힘을 다해 싸운다. 그 모습을 보면 참으로 병아리를 잘 키우는 방도를 분명하게 터득하고 있는 것 같다.

그러나 숲 덤불을 분주하게 다니면서 때가 되면 불러들이는데, 병아리들은 삐악삐악하며 졸졸 따라다니느라 힘은 다 빠지고 몸은 병들어 간다. 그러다가 혹 잘못하여 병아리를 물이나 불 속에 빠뜨리기도 한다. 이런 재앙이 갑자기 닥치면, 먹이를 잘 구하는 재주도 아무 소용이 없다. 그리고 조심스레 보호하면서 방어하여 싸우기를 타오르는 불길과 같이 사납게 한다. 그러나 환란이 한번 휩쓸고 지나간 뒤에 보면 병아리들이 열에 예닐곱은 죽어있다. 또 멀리 나가 돌아다닐 경우에는 사람이 보호해 줄 수가 없어서, 사나운 맹수들의 밥이 되고 만다. 그럴 경우 환란을 잘 막는 재주 역시 아무 소용이 없다.

저 애꾸눈 닭은 일체를 모두 이와는 반대로 하였다. 나다닐 때에는 멀리 갈 수가 없으므로 항상 사람 가까이에 있으면서 사람에게 의지한다. 또 눈이 애꾸라서 제대로 살필 수가 없으므로, 항상 두려움을 품고 있다. 이에 그저 느릿느릿 움직이면서 병아리들을 자주 감싸주기만 할 뿐, 특별히 애를 쓰지 않는다. 그런데도 병아리들은 제 스스로 먹이를 쪼아 먹으면서 제 스스로 잘 자랐다.

무릇 어린 새끼를 기를 때에는 작은 생선 삶듯이 조심스럽게 해야 하며, 절대로 들쑤셔서는 안 된다. 저 애꾸눈 닭은 이러한 지혜가 없는데도 기르는 방법을 제대로 잘 써서 결국 병아리들을 온전하게 길러냈다. 병아리들을 잘 기른 까닭은 여기에 있는 것이지, 다른 데 있는 것이 아니다.

나는 여기에서 비로소 사물을 잘 기르는 방도가 비단 먹이를 먹여주는 데에 있는 것이 아니라, 바로 적당히 보살피면서 각각의 사물들로 하여금 살아가는 방법을 터득할 수 있게 해 주는 데에 있다는 것을 알았다.

잠 16:9입니다.

사람이 마음으로 자기의 길을 계획할지라도 그의 걸음을 인도하시는 이는 여호
와시니라(잠 16 : 9)

시 127 :1-2는 인간이 하는 주요 활동 세 가지 ① 집(가정)을 세우는 일
(구체적으로 집을 건축하거나 가정을 이룬다는 의미) ② 그 집의 안전을 위해 성
(교회, 사회, 국가)을 지키는 일 ③ 그 집(가정)을 유지하기 위한 일상생활(직
업)이 하나님 없이 이루어진다면 헛되다는 사실을 세 차례에 걸쳐 강조했
습니다.

13 들으라 너희 중에 말하기를 오늘이나 내일이나 우리가 어떤 도시에 가서 거
기서 일 년을 머물며 장사하여 이익을 보리라 하는 자들아 14 내일 일을 너희
가 알지 못하는도다 너희 생명이 무엇이냐 너희는 잠깐 보이다가 없어지는 안
개니라

순례자는 여기서 그 헛됨의 가능성을 '자녀'양육에 적용합니다. 이 네 가
지 예로 순례자는 우리가 삶을 유지하려고 혼신의 힘을 다하는 바로 그것
이 자칫 헛될 수 있다는 사실을 일깨워줍니다.
이 모든 사실을 아는 순례자는 하나님을 바라봅니다. 순례의 길을 걸으
며 순례자는 백번이고 만 번이고 다짐합니다. '이제부터라도 내 길을 내가
계획하고 내 인생을 내가 세우려는 대신에 하나님께서 세워주시는 것을 받
아들이며 살겠습니다.'

31

참으로 복되도다

시 128:1

찬송가: 430장(주와 같이 길가는 것)

여호와를 경외하며 그의 길을 걷는 자마다 복이 있도다

이것은 시편 128편의 주제이자, 순례자의 노래의 주제인 동시에 시편 전체의 주제입니다. 그 대표적인 곳은 시 1:1-2입니다.

1 복 있는 사람은 악인들의 꾀를 따르지 아니하며 죄인들의 길에 서지 아니하며 오만한 자들의 자리에 앉지 아니하고 2 오직 여호와의 율법을 즐거워하여 그의 율법을 주야로 묵상하는도다

시 128:1의 첫 구절은 아쉬레이 콜-여레(*ašrēj kŏl-jərē*)입니다. 이것은 다음과 같이 옮길 수 있습니다.

① "참으로 복 있도다 … 한 그 사람은!" → 감탄문으로
② "(여호와를) 경외하는 모든 사람의 복이란 …" → 평서문의 연계형으로

③ "경외하는 …자마다 복이 있도다. " → 평서문의 수식 문구로

이런 형식은 욥기와 잠언에 다섯 차례, 시편에 24번 쓰였습니다. 만일 아쉬레이를 최상급의 가리키는 복수형으로 본다면, '참으로(매우) 복되도다' 라고 옮길 수 있습니다. 여기서 순례자는 진정한 행복을 발견한 기쁨에 환호했습니다. 그는 벅찬 감격으로 '(참으로) 복있도다!' 라며, 자기도 모르게 감탄했습니다.

그가 발견한 행복은 두 가지입니다. 행복은 i) 여호와를 경외하며 ii) 그분의 길을 걷는 데 있습니다. 앞엣것은 개인적인 영성이고 뒤엣것은 사회적인 영성입니다. 앞엣것은 골방에서 하는 기도와 말씀묵상 또는 성전에서 드리는 예배로 표현됩니다. 이것은 자기 자신을 수양하는 것 다시말해 자신의 영적인 속살을 키우는 것입니다. 뒤엣것은 일상생활 사회생활에서 하나님을 믿는 사람답게 그리스도의 향기를 풍기는 것으로 나타납니다. 이것은 자기가 속한 생활 현장에서 생명존중, 생태계 보전, 평화정착 등을 지향하며 사는 것입니다.

'경외한다'는 말에는 i) '두려워한다'는 뜻이 들어 있습니다. 여호와 하나님께서 존귀하시고 위엄 있는 전능자이기에, 그분 앞에 서면 모두 두려워하는 것이지요. 여호와 하나님께서는 인간과 본질적으로 다른 창조주이기에 그분 앞에서 떨릴 수밖에 없습니다. 여호와 하나님께서 나와 너 온 인류의 생사화복을 주관하시기에 우리는 그분을 두려워합니다.

'경외한다'는 말에는 ii) '하나님을 공경하고 그분 말씀을 존중하며 가까이 하고 싶다'는 의미도 포함되어 있습니다. 이는 하나님이 권능을 가진 분이며, 나(우리)를 사랑하시는 분이기에 늘 그분 곁에 가까이 가고 싶어지는 마음입니다. 그분이 우리(내) 생명과 인생의 주인이시기에 그분께 가까이

나가서 그분을 가까이 모시고 싶어지는 심정이 곧 경외입니다.

'경외한다'는 말에는 iii) 세상과 짝지어 살지 않으며, 세속적인 악과 거짓을 멀리하는 생활태도가 들어 있습니다. 육체의 열매를 가까이하면서도 하나님을 경외한다고 말하는 것은 어불성설입니다.

19 육체의 일은 분명하니 곧 음행과 더러운 것과 호색과 20 우상 숭배와 주술과 원수 맺는 것과 분쟁과 시기와 분냄과 당 짓는 것과 분열함과 이단과 21 투기와 술 취함과 방탕함과 또 그와 같은 것들이라 전에 너희에게 경계한 것 같이 경계하노니 이런 일을 하는 자들은 하나님의 나라를 유업으로 받지 못할 것이요(갈 5:19-21)

하나님을 믿는다 하면서도 위와 같은 일을 하는 이는 여호와 하나님의 길이 아니라 세상의 길, 자기 자신의 길을 걷는 사람입니다. 하나님은 말씀하십니다.

경건의 모양은 있으나 경건의 능력은 부인하니 이같은 자들에게서 네가 돌아서라(딤후 3:5)

주의 말씀은 내 발에 등이요, 내 길에 빛이니이다(시 119:105)

하나님의 길의 속성에 관해 성경은 여러 곳에서 알려줍니다.

6 너희는 여호와를 만날 만한 때에 찾으라 가까이 계실 때에 그를 부르라 7 악인은 그의 길을, 불의한 자는 그의 생각을 버리고 여호와께로 돌아오라 그리하

면 그가 긍휼히 여기시리라 우리 하나님께로 돌아오라 그가 너그럽게 용서하시리라 8 이는 내 생각이 너희의 생각과 다르며 내 길은 너희의 길과 다름이니라 여호와의 말씀이니라 9 이는 하늘이 땅보다 높음 같이 내 길은 너희의 길보다 높으며 내 생각은 너희의 생각보다 높음이니라 10 이는 비와 눈이 하늘로부터 내려서 그리로 되돌아가지 아니하고 땅을 적셔서 소출이 나게 하며 싹이 나게 하여 파종하는 자에게는 종자를 주며 먹는 자에게는 양식을 줌과 같이 11 내 입에서 나가는 말도 이와 같이 헛되이 내게로 되돌아오지 아니하고 나의 기뻐하는 뜻을 이루며 내가 보낸 일에 형통함이니라 (사 55:6-11)

히브리말에서 광야(廣野 미드바르)의 뿌리는 말씀(다바르)입니다. 길이 없어 보이는 광야, 자칫 길을 잃기 쉬운 광야 – 거기에도 길은 있습니다. 그들이 가야 할 길은 하나님의 말씀과 만날 때 찾아졌습니다. 어떤 길은 사람이 보기에 바르게 보여도 정녕 사망의 길일 수도 있습니다. (잠 14:12) 하나님께서 보여주시는 길은, 비록 장애물이 많고 자기 취향에 맞지 않는 것처럼 보일지라도, 언제나 생명의 길 웃음의 길 결실의 길입니다.

32

네 손이 수고한 대로

시128:2-4

찬송: 28장(복의 근원 강림하사)

> 네가 네 손이 수고한 대로 먹을 것이라 네가 복되고 형통하리로다

이것은 하나님을 경외하며 그 길을 걷는 자에게 주어지는 은혜에 관한 말씀입니다. 여기서 복을 받는 수단은 노동(생업)입니다. '네 손이 수고한 대로'라는 말씀은 노동의 과정을, '먹을 것이라'는 말씀은 노동의 결과가 만족스럽게 얻어진 것을 가리킵니다. 그 만족스러운 결과는 '복되고 형통하리로다'는 말씀으로 더욱 분명히 드러납니다. 하나님께서 주시는 복되고 형통한 인생은 정성껏 수고하며 땀 흘리는 노동을 통해서 찾아옵니다. 노동은 하나님께서 인간을 창조하실 때부터 주신 복입니다.

하나님이 그들에게 복을 주시며 하나님이 그들에게 이르시되 생육하고 번성하여 땅에 충만하라, 땅을 정복하라, 바다의 물고기와 하늘의 새와 땅에 움직이는 모든 생물을 다스리라 하시니라 (창 1:28)

하나님께서 말씀하신 위와 같은 5가지 복은 노동 없이 성립되지 않습니다.

여호와 하나님이 그 사람을 이끌어 에덴동산에 두어 그것을 경작하며 지키게 하시고(창 2:15)

이 말씀들은 창 3:17 "너는 평생 수고하여야 그 소산을 먹으리라"는 말씀보다 앞에 있습니다. 다시 말해 노동은 인간이 타락하자 그 벌로 주어진 것이 아니라는 말씀입니다. 흔히 말하기를 하나님 나라에는 세 가지 법칙이 있다고 합니다. i) 믿음 대로 됩니다.(마 8:13) ii) 행한 대로 갚아주십니다.(롬 2:6) iii) 심은 대로 거둡니다.(갈 6:7). 심지 않고 거두려 하는 것은 바람직하지 않은 심보입니다. 우리 각 사람이 땀 흘려 일하다가 기쁨으로 거두는 것이 복입니다.

"콩 심은 데 콩 나고, 팥 심은 데 팥이 난다"는 속담이 있습니다. 사람들은 수고한 대로, 노력한 대로 결과를 얻는 것을 복이라 여기지 않는 경향이 있습니다. 한 10% 정도 노력을 했는데 200%의 결과를 보았다면 복이라 하겠지만, 100% 노력해서 100% 수확을 거두었다는 것에 대하여 복을 받았다고는 하지 않지요. 그러나 세상 일이 그렇지 않습니다. 이 세상에 헛수고하는 일이 얼마나 많습니까? 예수님과 베드로가 처음 만나던 날, 베드로 일행은 밤새도록 수고를 하였으나, 물고기 한 마리도 잡지 못하였습니다.(눅 5:5) 아침에 일찍 일어나 저녁 늦게 누우며 하루 종일 수고를 하여도 아무 소득이 없다면, 이 얼마나 허망합니까? 또 아무리 많이 벌어도 밑 빠진 독에 물 부은 것처럼 모이지 않는다면, 이 얼마나 기가 막힐 일입니까? 하는 것마다 꼬이거나 막혀서 일이 이루어지지 않는다면, 이 얼마나 괴로운 노릇입니까? 시편 127편 1-2절도 바로 그런 내용입니다.

하나님은 "너희의 하나님 여호와께서 너희의 손으로 수고한 일에 복 주심으로 말미암아 너희와 너희의 가족이 즐거워할지니라"(신 12:7)고 말씀하셨습니다. 땀 흘리며 정성을 들인 대가를 얻으며 사는 인생은 진정 복있는 인생입니다.

마광수가 쓴 〈개미〉라는 콩트가 있습니다. 유명해지고 싶어하던 어느 남자가 개미를 기르면서 길들이기 시작했습니다. 개미에게 춤추는 훈련을 시켰습니다. 그는 그 일에 너무 집착한 7년여 동안 정신병에 걸렸다고 병원까지 끌려가기도 했습니다. 그러던 어느 날 '지성이면 감천'이라더니 드디어 개미로 하여금 춤을 추게 하는데 성공했습니다.

그는 이 사실을 신문에 내려고 신문사로 가다가 배가 고파서 식당에 들어갔습니다. 음식을 가져온 종업원에게 자랑하고 싶어서 성냥갑에 넣어온 개미를 내어놓았습니다. "이 개미 좀 보시오" 했더니, "아저씨 미안해요" 하면서 순식간에 손톱으로 싹 문질러 버렸습니다. 식탁에 개미가 올라 와 얼른 치워버린 것입니다. 이리하여 7년 공들인 것이 순식간에 날아가 버렸습니다.

참으로 어이없고도 허무한 이야기입니다. 의미 없는 세상사에 수고하고 애쓰는 것은 결국 바람을 잡는 것같이 헛됩니다. "그 후에 본즉 내 손으로 한 모든 일과 수고한 모든 수고가 다 헛되어 바람을 잡으려는 것이며 해 아래서 무익한 것이로다."(전 2:11)

시 127:1-2는 하나님 없이 수고하는 것이 헛되다고 했습니다. 실제로 우리는 수고를 엄청 하면서도 손에 들어오는 것 없이 빈손일 때도 적지 않습니다. 농부가 땀 흘리고 수고해도, 가뭄 홍수 해충 등 예상하지 못한 사태로 인해 헛수고하는 때가 있습니다. 열심히 사업 현장에서 뛰어도 뜻하지 않은 사고로 인해 수고가 물거품이 되는 때도 있습니다.

이스라엘 역사를 보면, 이스라엘 사람들은 수고한 만큼도 제대로 먹지 못하는 때가 많았습니다. 이집트에서 노예로 살 때 그들은 자기들이 수고한 대가를 이집트 사람들이 가지고 가는 것을 보았습니다. 남왕국 유다 사람들은 북왕국이 멸망당한 뒤 앗시리아에 조공을 바쳤습니다. 바벨론에 포로로 끌려가 강제노역에 시달릴 때에도 그들은 자기네 손이 수고한 대로 거두거나 먹지 못했습니다. 외적의 지배를 받지 않을 때에도 가뭄이 들면 온 나라가 기근에 시달렸습니다. 그러므로 네가 수고한 대로 먹을 수 있다는 것은 그들이 하나님의 보호 아래 있다는 뜻입니다.

이런 저런 경험을 다 해 본 순례자는 '네 손이 수고한 대로' 거두고 먹는 것이 얼마나 큰 복인지를 깨달았습니다.

예수님께서 씨뿌리는 비유에서 30배 60배 100배의 수확을 말씀하신 것을 든 경우에 적용한 나머지 우리는 '네 손이 수고한 대로' 거두고 먹는 것을 복으로 여기지 않을 수가 있습니다. 그러나 우리는 잘 알고 있습니다, 만일 우리가 수고한 만큼만 제대로 거둔다면 우리의 수고는 결코 헛되지 않았다는 증거인 것을. 이에 코헬렛(전도자)은 이렇게 고백합니다.

사람마다 먹고 마시는 것과 수고함으로 낙을 누리는 그것이 하나님의 선물인 줄도 또한 알았도다(전 3:13)

성지 순례하러 예루살렘으로 가는 순례자는 순례가 놀이가 아니요 유람도 아닌 것을 잘 알았습니다. 노동하기 싫어 그 대신에 신앙생활로 핑계 대는 것도 아닙니다. 성지순례의 길에서 그는 노동의 가치와 중요성을 영혼으로 받아들였습니다.

33

결실한 포도나무

시128:3-4

찬송: 559장 (사철에 봄바람 불어 있고)

> 3 네 집 안방에 있는 네 아내는 결실한 포도나무 같으며 네 식탁에 둘러 앉은 자
>   식들은 어린 감람나무 같으리로다
>
> 4 여호와를 경외하는 자는 이같이 복을 얻으리로다

이것은 가정에 주어진 하나님의 복입니다. 이스라엘과 중근동 지방에서 포
도나무는 감람나무(올리브 나무)와 함께 아주 중요한 나무입니다. 포도나무,
올리브나무, 무화가 나무는 이 지역의 자연과 경제활동을 상징하는 나무입니
다. 그러므로 아내를 포도나무에, 자식을 감람나무에 비유한 것은 아내와 자
식으로 인한 복이 이 세상 그 어떤 복과 비교할 수 없이 중요하다는 사실을
말해줍니다. 사실 포도나무는 고대 히브리인들에게 번영과 평화의 상징이었
습니다. 열왕기상 4장 25절은 하나님이 주신 복을 이렇게 설명합니다:

"솔로몬이 사는 동안에 유다와 이스라엘이 단에서부터 브엘세바에 이르기까지
각기 포도나무 아래와 무화과나무 아래에서 평안히 살았더라."

우리나라도 사람을 나무에 비유하는 예가 있습니다. 인재(人材), 재목(材木)이 그런 경우입니다. 속담에 '될 성부른 나무는 떡잎부터 알아본다'는 말도 있습니다.

결실한 포도나무를 바라보는 심정이 어떻겠습니까? 마음이 뿌듯하고, 넉넉해지지 않겠습니까? 그 향기에 저절로 흥겨워지지 않겠습니까? 가정에서 아내의 자리, 어머니의 자리는 이런 것입니다. 마치 결실한 포도나무같이 넉넉하고 향기로운 모습을 보여주는 자리입니다. 그래서 남편과 아이들의 삶을 지지해주고 도와주는 아주 중요한 자리입니다.

아내 - 어머니는 ① 남편이나 자녀들을 비난하지 말라; ② 칭찬과 격려의 사람이 되라; ③ 기도하라 -직장에, 학교에, 들에 보내 놓고 하나님의 도우심과 인도를 구하라고 합니다. 이런 어머니가 있는 가정은 결실한 포도 열매가 있는 풍요와 안식이 있어 새 힘과 능력으로 세상을 이기며 살게 하는 원동력이 될 것입니다.

가족(식구) 관계에도 이중적인 성격이 있습니다.

한솥밥을 먹는 둥글고 둥근 입이
한울이다.
한 식구가 모여 한 세상을 이룬다.(박제영 〈식구〉)

밖에선 그토록 빛나고 아름다운 것
집에만 가져가면
꽃들이
화분이
다 죽었다.(진은영 〈가족〉)

171

근친(近親)이 근원(根怨)을 낳기도 합니다. 가족 안에서는 동이불화(同而不和)도 화이부동(和而不同)도 나타납니다. 우리는 가족의 병리현상이나 회복력 어느 한쪽에 치우치지 않는 것이 좋겠습니다. 한 가지 약재는 독(毒)기운과 약(藥)기운을 같이 품고 있으면서 죽어가는 생명을 살리는데 쓰입니다.

세상의 어떤 재력가나 권세가도 가정과 자손의 행복을 돈으로 살수는 없습니다. 부부와 가정의 행복은 오직 믿음에 기초하여 서로 용납하고 인정해 주는 데서만 얻어집니다. 우리 민요에 부부에 관한 이런 노래가 있습니다.

앗시리아 왕 산헤립이 통치하던 시절(주전 705~681년) 니느웨 왕궁 벽화. 이것은 가나안의 라기쉬를 정복한 그림 시리즈에 들어 있다. 여기에는 이스라엘 대표하는 것으로 포도나무 무화과 나무 및 감람(올리브)나무가 그려져 있다.

신랑 신부 열살 줄은 뭣 모르고 살고,

신랑 신부 스무 살 줄은 서로 좋아서 살고,

신랑 신부 서른 살 줄은 눈 코 뜰 새 없이 살고,

신랑 신부 마흔 살 줄에는 서로 버리지 못해서 살고,

신랑 신부 쉰 살 줄에는 서로 가엾어 살고,

신랑 신부 예순 살 줄에는 그동안 같이 살아준 것이 고마워 살고,

신랑 신부 일흔 살 줄에는 등 긁어줄 사람 없어 산다.

요즘은 어떻습니까? 안타깝게도 이런 가치나 인내가 조금씩 사라지고 있습니다. 옛말에 조물주가 사람을 만들 때 마음을 일곱 칸으로 만들어 놓았는데, 부부가 되면 여섯 칸은 배필에게 주고 나머지 한 칸만 자신이 가지고 살라고 하였습니다. 그렇게 하면 아무리 바쁜 30대도, 버리고 싶은 40대도, 가엾은 50대도, 고마운 60대도 아름다운 가정을 유지할 수 있습니다.

"식탁에 둘러앉은 자식들이 어린 감람나무 같은 복"입니다. 감람나무 (올리브 나무)는 중근동 지역에서 아주 쓸모가 많은 나무입니다. 잎과 가지, 열매 어느 것 하나 버릴 것이 없는 나무입니다. 감람나무 열매와 기름, 곧 올리브 열매와 기름은 용도가 아주 다양합니다. 옛날에는 등잔불을 켜는 기름으로 썼습니다. 그리고 향유, 음식의 조미료, 의약품, 화장품, 하나님께 드리는 예물, 국가의 공식 행사 등, 중근동 사람들이 살아가는 곳에서 쓰이지 않는 곳이 없을 정도입니다.

바로 이 감람나무처럼 하나님을 경외하는 도를 배우며 자란 자녀, 하나님 말씀을 따라 사는 사람의 자녀들은 어디를 가든 쓸모 있고, 어느 곳에서나 필요한 사람이 된다는 것입니다. 특별히 어린 감람나무 같은 아이란 고목나무나 구부러지고 휘어진 나무처럼 쓸모없는 아이가 아니라, 밝은 장래가 있고, 잠재력이 있고, 무한한 가능성을 지닌 아이를 뜻합니다.

순례자는 성지순례를 이유로 가정을 소홀히 하지 않습니다. 그보다는 성지순례를 하면서 그는 오히려 가정과 가족의 가치를 더 소중히 끌어안았습니다.

34
넓어지는 복의 지평

시128:5-6

찬송가: 335장(크고 놀라운 평화가)

> 5 여호와께서 시온에서 네게 복을 주실지어다 너는 평생에 예루살렘의 번영
>   을 보며
>
> 6 네 자식의 자식을 볼지어다 이스라엘에게 평강이 있을지로다

이것은 순례자의 시야가 확대되는 이야기입니다. 그의 시선이 시온과
예루살렘으로 확장됩니다.

자기 자신의 활동과 자기 가정 중심으로 살던 순례자는 "평생에 예루살
렘의 번영을 보며" 사는 복을 이야기합니다. 이는 자기가 사는 지역이 번
영하는 것, 자기 생활이 번성하는 복을 가리킵니다. 그 지역 경제가 다 피
폐한데 자기 사업만 잘 될 수는 없습니다. 그 나라 경제 사정이 어려운 데
자기 사업만 형통할 수 없습니다. 물론 잠깐 동안은 이럴 수도 있을 것입
니다.

모든 경제활동은 거미줄처럼 서로 얽혀 있고, 서로 연관되기 마련입니
다. 그러므로 네 번째 복은 개인의 차원을 뛰어넘어, 한 지역, 한 나라 경제

활동 전체가 번영하는 것을 말씀하고 있습니다. 그리고 이스라엘의 평강을 위해 복을 빕니다.

"네 자식의 자식을 보는 복"입니다. 사람이 아무리 복을 누리며 산다하더라도, 그 복이 일이 대에 끝나버리면 허무합니다. 그 복이 자손 대대로 이어져 나가는 것이 또한 복중에 복입니다.

순례자의 시야는 마지막으로 이스라엘 민족 공동체 전체로 확장됩니다. 마치 시 125:5에서 '이스라엘에게는 평강이 있을지어다'라고 축원했던 것처럼 여기서도 그는 '이스라엘에게 평강이 있을지로다' 하며 따뜻한 기도를 드립니다.

복에 관한 용어로 시편 128편은 *아세르*(ā šēr) *바라카*(bārak) *토바*(ṭôbâ) 등 세 가지 낱말을 각각 명사, 동사, 형용사로 씁니다. 복과 관련된 낱말이 시편 128편에 4번, 번영(형통)이 2번, 평화(샬롬)가 한 번 등 모두 7번이나 쓰였습니다. 그 내용은 6가지입니다. ① 네 손이 수고한 대로 먹는 복, 형통하는 복② 집에 있는 아내가 결실한 포도나무 같은 복 ③ 식탁에 둘러앉은 자식들이 어린 감람나무 같은 복 ④ 평생에 예루살렘의 번영을 보며 사는 복⑤ 네 자식의 자식을 보는 복⑥ 이스라엘의 평강.

이런 여섯 가지 복은 아무에게나 주어지지 않습니다. 순례자는 이런 복을 받을 만한 사람을 가리켜 '여호와를 경외하며, 그 길을 걷는 자'(1. 4절)라고 두 번이나 되풀이 말씀합니다. 특히 4절 맨 앞에는 이를 강조하기 위하여 '보라!'(우리말 번역에는 빠져 있음) 라는 말이 들어 있습니다: "보라, 야훼를 경외하는 자는 이같이 복을 얻으리로다." 그리고 하나님께서 시온에서 네게 복을 주신다고 하심으로 하나님 성전을 사랑하는 사람, 곧 경건하게 신앙생활을 하는 사람(5절)에게 이런 복이 주어진다고 말씀합니다. 다시 말해 우리가 받을 복도 중요하지만, 그 복을 받아 누리기 위해서 우리가 먼저 어떤 자세로 하나님 앞에 나아가야 하는가 하는 점이 중요합니다. 시편 128편은 복을 말하기 전에, 그 복을 받을 사람의 모습을 분명히 말씀합니다.(1절) 히브리 성경에는 우리말 번역과 다른 순서로 되어 있습니다: "복되어라, 여호와를 경외하는 사람, 여호와의 길을 따라 걷는 사람!"

길이란 말(데레크 derek)에는 통행로를 가리킬 뿐만 아니라, 생활태도 생활양식 삶의 방향과 목적 등 다양한 뜻이 들어 있습니다. 여기서는 하나님 중심으로 사는 생활방식과 태도를 의미합니다.

우리는 누구나 길을 갑니다. 깨달으려고, 벗어나려고, 잊으려고, 무엇인가를 내려놓고 비우려고, 혹은 뭔가를 얻기 위해, 지친 몸과 마음과 영혼을 재충전하려고, 결정이나 전환이나 새로운 시작을 위해, 만남 또는 이별을 위해, 그리고 사랑을 위해 길을 오갑니다. 그래서일까요? 사람을 가리켜 '호모 비아토르(homo viator)'라고 합니다. 우리는 길을 오가는 존재요, 떠도는 사람이며, 이 세상에 여행 온 인간이며, 시간의 지평선으로 난 길로 가는 존재입니다.

요즘 산에 가는 사람이 많습니다. 산꼭대기에서 보면 산 아래서 볼 때 아주 큰 건물도 아이포드(I-pod) 갑만큼 작게 보입니다. 우리가 크게 보던 모든 것이 작게 보입니다. 이와 같이 크다고 여기는 것이 작게 받아들여지고, 작다고 보던 것이 커 보이는 것이 하나님의 길이 지닌 특징들 가운데 하나입니다.

공자는 인자요산(仁者樂山)이라 했습니다. 그만큼 이 세상에 인자한 사람이 많은 것일까요? 산에는 봉우리가 우뚝 솟아 있습니다. 그 솟은 높이만큼 계곡의 품은 깊어집니다. 산은 그 품에 초목과 금수를 보듬어줍니다. 그것들을 자기 소유로 여기지 않으면서도 그것들이 마음껏 자라게 해줍니다.

공자가 말하는 인자(仁者)는 그런 산의 모습을 닮고자 자기를 성찰하며 길(도)을 찾는 사람일 것입니다. 건강만을 위해서가 아니라 마음과 영혼의 건강을 키우고자 하는 심정으로 산을 찾는 사람이 많으면 좋겠습니다. 높은 봉우리까지 이르기 전에 걸었던 울퉁불퉁한 길, 돌가닥 길, 오름길과 내림길, 둘레길을 거칩니다. 산을 오르내리며 우리가 사는 세상(사회)에도 그와 똑같은 길이 있음을 느낍니다. 그런 길 하나 하나가 다 모여야 하나의 산이 산다운 산이 되는 것을 느낍니다. 신 길에서 다가오는 그 모든 것이 산을 찾는 우리를 인자로 만들었으면 좋겠습니다.

시 128:1-3이 따뜻한 가정 공간이라면, 시 128:4-6은 엄숙한 성전의 공간입니다. 좀 더 세분하자면 1-2절은 여호와를 경외하며 그분의 길을 걷는 가장(개인) 3-4절은 여호와를 경외하며 그 길을 걷는 가정(그 식구들) 5-6절은 여호와를 경외하며 그 길을 걷는 민족 공동체와 나라를 보여줍니다. 이로써 복의 지평이 개인(가정과 그 식구들)에서 공동체(시온, 이스라엘)로 넓혀졌습니다.

길을 걸으며 '⋯ 자마다 복이 있도다'(시 128:1)로 노래를 부르기 시작한 순례자는 '⋯ 이같이 복을 얻으리로다'(시 128:6)는 가사로 노래 한 편을 마칩니다. 시편 128편을 읽어보니 순례자의 신앙도 노래도 마음가짐도 발걸음도 모두가 다 복을 불러오는 통로로 보입니다.

35

그들은 나를 이기지 못하였다

시 129:1-2

찬송가: 585장(내 주는 강한 성이요)

> 1 이스라엘은 이제 말하기를 그들이 내가 어릴 때부터 여러 번 나를 괴롭혔도다
>
> 2 그들이 내가 어릴 때부터 여러 번 나를 괴롭혔으나 나를 이기지 못하였도다

이것은 이스라엘 민족이 겪은 수난 이야기입니다. 순례자는 여기서 이스라엘 민족이 존재하는 것은 하나님의 은혜라고 고백합니다. '나를 이기지 못하였도다'라는 말 속에 강자에게 침략을 당했어도 파멸하지 않았다는 사실이 강조되어 있습니다.

어린 시절 함께 나누던 난센스(nonsense) 퀴즈 가운데 이런 것이 있습니다. '캄캄한 밤길 또는 깊은 산속에서 무엇을 만날 때 젤로 무서울까요?' 승냥이, 늑대, 멧돼지… 아닙니다. 사람이 그 답입니다. 나 아닌 다른 사람은 존재 그 자체부터가 이미 두려움의 대상일 수 있다는 말입니다.

사람은 혼자 살 수 없습니다. 누군가와 함께 살아야만 합니다. 이에 인간은 사회적 동물이다는 말이 아주 옛날부터 아무도 토를 달지 못하는 말로 받아들여졌습니다. 그러면서도 사람이 누군가와 함께 어울려 살기가 얼마

나 어려운지 모릅니다. '혼자있는' 두려움 못지않게 '함께 있는' 두려움도 큽니다. 오늘날에 더더욱 그렇습니다. 인류역사에서 지금의 사람들처럼 욕망(욕구)을 절제하기보다는 그 실현에 무한한 가치를 둔 적이 없었다고 합니다.

개인만이 아니라 공동체(집단) 국가도 홀로 존재할 수 없습니다. 서로 다른 집단, 서로 다른 나라가 존재해야 자신이 속한 집단이나 나라도 보다 더 안정감 있고 성숙하게 유지될 수 있습니다. 그러면서도 추구하는 바가 서로 다른 집단이 공존하기가, 이해관계가 서로 다른 나라들이 공존하기가 결코 쉽지 않습니다.

이해득실이 얽히고설키는 와중에 한 개인도 한 나라도 흥망성쇠의 과정을 밟습니다. 그것에서 가장 중요한 변수는 자기 자신이고, 그 다음 변수는 주변 환경입니다.

1절과 2절에는 '여러 번'이란 말이 두 차례 쓰였습니다. 이것은 시련당한 횟수만이 아니라 그 규모까지 포함하는 말입니다. 어떤 성경은 이를 '크게' 또는 '많이'라고 옮깁니다. 이 말에는 오랜 세월 동안 계속해서 괴롭힘 당한 경험이 바탕에 깔려 있습니다. 이것은 오랜 투쟁과 인고의 세월을 노래한 것입니다. 그렇더라도 이스라엘은 진득하게 견뎌냈습니다. 이스라엘의 대적들은 이스라엘을 괴롭힐 수는 있었어도 결코 이길 수는 없었습니다.

두 번이나 되풀이 쓰인 '내가 어릴(어렸을) 때'라는 말은 무슨 뜻입니까? 이는 이스라엘이 하나의 민족 국가로 출범하기 이전을 가리킵니다. 그것은 아마 이집트에서 노예살이 하던 시절부터 출애굽 이후 광야 생활을 거쳐 가나안에 정착한 초기 곧 사사시대까지일 것입니다.

이집트에서 이스라엘민족(히브리인)은 사람 취급을 받지 못했습니다. 이집트인들은 그들을 노동력(노동수단)으로만 볼뿐 인격체로 받아들이지 않았습니다. 그 나라 사람들은 히브리 사람을 다 쓴 부품처럼 버리고, 그렇게 버려진 뒤에 어떻게 되는지 관심조차 두지 않았습니다. 그럴 때 여호와 하나님은 히브리인의 하나님이 되기를 부끄러워하지 않으셨습니다. 그들을 자신의 자녀로 받아주시고 출애굽 시켜주셨습니다.

임마누엘 칸트(1724-1804)는 《윤리 형이상학의 정초》에서 "너는 너 자신의 인격에서나 다른 모든 사람의 인격에서 인간성을 한낱 수단으로 대하지 않고 언제나 동시에 목적으로 대하도록 그렇게 행동하라."고 말했습니다. 그는 사람을 자기 자신이든 타인이든 항상 다른 어떤 것으로도 대체할 수 없는 존엄한 존재로 대하라고 했습니다. 흔히 '정언명령'(定言命令, Der kategorische Imperativ)이라 부르는 이 말은 오늘날 문명 세계를 떠받치는 원리이자 세계인권선언의 정신이기도 합니다.

'사람을 사람으로 보라'는 아주 당연한 이 말은 현실생활에서 때때로 잊혀지곤 합니다. 지하철 스크린 도어 수리작업 중이던 비정규직 노동자가 2013년 1월 19일(성수역), 2015년 8월 29일(강남역), 2016년 5월 28일(구의역) 잇달아 사망한 사건이 그런 예입니다. 태안화력발전소에서 홀로 운송 설비점검을 하다가 목숨을 잃은 비정규직 노동자 24세 청년 김용균씨 사건(2018년 12월 11일)도 그런 예입니다. 그들을 고용한 업체는 안전수칙을 지키지 않았습니다. 그렇게 한 이유는 단 하나, 그 청년들을 한낱 노동력으로, 절감해야 할 비용으로 취급했기 때문입니다. 그 청년만이 아닙니다. 위험한 일은 하청에 재하청을 거쳐 맨 밑바닥 사람들에게 떠맡겨집니다. 그러다가 사람이 죽어 나가면 또 다른 사람이 마치 부서진 연장을 대신하듯 그 자리에 들어섭니다. 그 사람은 인격 없는 도구로 취급받습니다.

위와 같은 끔찍한 사고가 나면 사람들은 법을 고치자, 무엇을 하자고 목소리를 높이다가 시간이 지나면 그 일을 슬그머니 잊어갑니다. 그러는 사이 산재사고는 계속 꼬리를 물고 일어납니다.

'사람을 사람으로 보라'는 아주 당연한 이 말은 우리 각 사람의 일상생활에도 제대로 적용되고 있습니까? 가정, 교회, 사회에서 사람과 관계를 맺을 때 그 사람의 말이나 옷이나 지위를 보는 대신에 그 사람 자체가 하나님의 형상대로 지음 받은 귀하고도 거룩한 존재로 인정합니까?

우리 자신이 혹시 목적이 아닌 한낱 수단처럼 대우받는다고 느껴질 때 우리는 어떻게 반응합니까? 그런 일이 아무리 되풀이 되더라도 '나는 하나님의 형상대로 지음받은 하나님의 사람이다'라는 의식을 유지합니까? 히브리인의 하나님이기를 부끄러워하지 않으셨던 여호와가 '나의 하나님'이신 것을 믿고 고백합니까?

36

세상을 이기는 승리는 이것이니

시129:3-4

찬송: 357장(주 믿는 사람 일어나)

> 3 밭가는 자들이 내 등을 갈아 그 고랑을 길게 지었도다
> 4 여호와께서는 의로우사 악인들의 줄을 끊으셨도다

이것은 등골 패이게 고생한 사람의 간증입니다. 순례자는 여기서 강력한 세상이 어린 이스라엘을 괴롭혔어도, 그들이 끝내 연약한 이스라엘을 이기지 못한(시129:1-2) 이유를 밝힙니다.

이스라엘 민족에게는 외세가 침략과 압제로 남겨준 흔적이 등골에 깊이 패여 있었습니다.(3절) 이를 아는 순례자는 이스라엘이 겪어 온 고통과 인내의 시절을 "밭 가는 자들이 내 등을 갈아 그 고랑을 길게 지었도다"(3절)는 비유로 표현했습니다.

고통을 대하는 사람의 태도는 크게 세 방향으로 나누어집니다. i) 수동적 수용 ii) 저항 iii) 영적 의미 발견.

고통을 수동적으로 받아들이는 사람은 흔히 염세주의에 빠집니다. 쇼펜하우어(Schopenhauer 1788-1860)가 인생을 "아무런 의미도 목적도 없이 다

만 생존의지가 시키는 대로 고통에 대하여 벌이는 휴전 없는 싸움의 연속이다. 그러다가 인간은 허무하게 손에 무기를 든 채 죽어 가는 존재"라고 한 것이 그 예입니다.

어떤 사람은 온몸으로 고통에 저항합니다. 그 과정에서 세상 사람의 모순을 보고 세상의 부조리에 몸서리치다가 자기도 모르는 사이에 악바리가 되어 갑니다. 싸움닭이 되어 갑니다.

그런가 하면 인생의 고통을 통해 자기 영혼을 맑고 거룩하게 정화시키는 사람도 있습니다. 1920년대 월가 최대의 투자자로 유명했던 바루크(Bernard M. Baruch 1870-1965)는 "인생이란 예술은 고통을 제거하는데 있는 것이 아니라 고통과 함께 성장해 가는 것에 있다."고 말했습니다. 실제로 인생의 가장 중요한 것들은 대개 고통과 함께 찾아옵니다.

성 아우구스티누스(St. Augustine)는 "고통이란 수놓은 천을 보는 것 같다. 천의 뒷면을 보면 많은 색깔의 실이 무질서하게 얽혀 있어 보기 흉하다. 고통이 괴로움이나 부조리로만 느껴지는 것은 우리가 고통의 뒷면만 보기 때문이다. 천의 앞면을 보면 무수한 실이 아름다운 형태와 색채로 수 놓여 있다. 하나님께서 역사를 움직이심을 믿는 사람들은 고통스러운 혼잡함을 뚫고 아름다운 미래를 볼 수 있다."고 말했습니다.

우리(나)는 고통의 시간에, 괴롭고 힘든 시간에 우리를 위해 십자가를 지신 예수님을 생각합니다. 예수님은 죄와 허물로 죽을 수밖에 없었던 우리(나)에게 하나님 나라 백성의 신분을 회복시키려고 십자가의 모진 수치와 모욕과 고통을 당하셨습니다. 자기 자신을 우리(나)에게 기꺼이 내어주셨습니다.

이 은혜를 기억하는 어떤 여성이 어느 날 갑자기 괴한에게 성폭행을 당하고 머리에 총상을 입은 채 버려졌습니다. 목숨은 겨우 붙어있었어도 그녀는 그 충격으로 시력을 잃었습니다. 그녀는 "남은 생애 동안 그 상처를 치유하자면 상당히 고통스럽겠습니다."라고 말하는 기자에게 고개를 가로저으며 "아니, 그렇지 않아요! 그 괴한은 내 인생의 하룻밤만 빼앗아 갔을 뿐이에요. 나는 그에게 일 초도 더 내주지 않을 거예요!"라고 단호하게 말했습니다.

여기서 '고랑'은 심한 채찍질을 당한 사람의 등에 선명하게 남은 깊은 상처를 가리킵니다. 과거 노예들은 등에 채찍을 맞으며 일을 했습니다. 주인들은 자기 소유를 늘리려고 노예의 등에 고랑이 생길 정도로 때렸습니다. 예언자 이사야는 기록하기만 했던 원수들의 행위를 놓고 "발바닥에서 머리까지 성한 곳이 없이 상한 것과 터진 것과 새로 맞은 흔적뿐이거늘 그것을 짜며 싸매며 기름으로 부드럽게 함을 받지 못하였도다"(사 1:6) "그들은 일찍이 네게 이르기를 엎드리라 우리가 넘어가리라 하던 자들이라 너를 넘어가려는 그들에게 네가 네 허리를 땅과 같게, 길거리와 같게 하였느니라"(사 51:23b)고 증언했습니다.

'길게 지었도다'는 말(아라크 ārak)은 '길게 하다, 연기하다, 잡아 늘이다, 선을 곧바르게 하다'는 뜻입니다. 이는 주로 공간적 혹은 시간적인 늘림(연장)을 가리킵니다. 그렇습니다. 이스라엘에게는 출생과 유년기부터 고난이 잦았습니다. 많았습니다. 오랫동안 계속되었습니다. 참고 견디기 어려울 만큼 쓰라렸습니다. 이스라엘이 열방의 압제자들로부터 받았던 고통은 깊은 상처를 남길 만큼 혹독했을 뿐 아니라, 오랜 세월 동안 계속 반복되던 것입니다. 그렇더라도 그것은 어디까지나 하나님께서 허락하실 동안뿐이었습니다. 그들은 언제나 하나님께서 지키시고 보호하시는 이스라엘 백성들을 완벽하게 압도할 수는 없었습니다. 이스라엘은 오히려 사방으로 우겨 싸여도 끝내 싸이지 않았습니다. 답답한 일을 당하여도 낙심하지 않았습니다. 핍박을 받아도 버려지지 않았습니다. 거꾸러뜨림을 당한 상황에서도 망하지 않았습니다. 어떤 대적도 이스라엘을 완전히 패배시키지는 못했습니다.

그 이유는 단 하나 은혜로우신 하나님은 의로운 분이시기 때문이었습니다. 의로우신 하나님은 악인의 줄을 끊어내셨습니다. 예수님은 성도로 하여금 마침내 여러 모양의 고난을 이기게 하시고자 친히 세상을 이기셨습니다.(요 16:33)

… 세상에서는 너희가 환난을 당하나 담대하라 내가 세상을 이기었노라

의로우신 하나님은 우리에게 믿음을 주셔서 세상을 넉넉히 이기게 하셨습니다.(요일 5:4-5)

4 무릇 하나님께로부터 난 자마다 세상을 이기느니라 세상을 이기는 승리는 이것이니 우리의 믿음이니라 5 예수께서 하나님의 아들이심을 믿는 자가 아니면 세상을 이기는 자가 누구냐

순례자는 예배를 드리러 성전을 향해 가면서 겉으로 보기에 강력한 세상에 휘둘리는 자기 모습을 돌아봅니다. 그는 자기 마음 중심에 세상 대신 그것과 비교할 수 없이 은혜롭고 강하신 하나님을 받아들입니다. 그는 하나님과 그 섭리를 진지하게 받아들이면서 세상 풍파에 휘둘리지 않는 진득한 사람으로 되어갑니다.

37

품에 차지 않다

시 129:5-8

찬송: 336장(환난과 핍박 중에도)

> 5 무릇 시온을 미워하는 자들은 수치를 당하여 물러갈지어다
>
> 6 그들은 지붕의 풀과 같을지어다 그것은 자라기 전에 마르는 것이라
>
> 7 이런 것은 베는 자의 손과 묶는 자의 품에 차지 아니하나니
>
> 8 지나가는 자들도 여호와의 복이 너희에게 있을지어다 하거나 우리가 여호와의 이름으로 너희에게 축복한다 하지 아니하느니라

이것은 성도와 성도를 괴롭히던 자들 사이에 생겨난 일을 보여줍니다. 시편 129편은 이사야서 53장을 생각나게 합니다.

3 그는 멸시를 받아 사람들에게 버림 받았으며 간고를 많이 겪었으며 질고를 아는 자라 마치 사람들이 그에게서 얼굴을 가리는 것 같이 멸시를 당하였고 우리도 그를 귀히 여기지 아니하였도다 … 10 여호와께서 그에게 상함을 받게 하시기를 원하사 질고를 당하게 하셨은즉 그의 영혼을 속건제물로 드리기에 이르면 그가 씨를 보게 되며 그의 날은 길 것이요 또 그의 손으로 여호와께서 기뻐

하시는 뜻을 성취하리로다 11 그가 자기 영혼의 수고한 것을 보고 만족하게 여길 것이라…(사 53:2, 10-11)

사도 바울도 생각납니다. 다음은 그가 당한 일들을 모아서 기록한 고난목록(Lasterkatalog)입니다.

23 … 내가 수고를 넘치도록 하고 옥에 갇히기도 더 많이 하고 매도 수없이 맞고 여러 번 죽을 뻔하였으니 24 유대인들에게 사십에서 하나 감한 매를 다섯 번 맞았으며 25 세 번 태장으로 맞고 한 번 돌로 맞고 세 번 파선하고 일 주야를 깊은 바다에서 지냈으며 26 여러 번 여행하면서 강의 위험과 강도의 위험과 동족의 위험과 이방인의 위험과 시내의 위험과 광야의 위험과 바다의 위험과 거짓 형제 중의 위험을 당하고 27 또 수고하며 애쓰고 여러 번 자지 못하고 주리며 목마르고 여러 번 굶고 춥고 헐벗었노라 28 이 외의 일은 고사하고 아직도 날마다 내 속에 눌리는 일이 있으니 곧 모든 교회를 위하여 염려하는 것이라 29 누가 약하면 내가 약하지 아니하며 누가 실족하게 되면 내가 애타지 아니하더냐(고전 11:23-29)

보통 사람은 어떤 일을 하다가 서너 번 어려움을 겪으면 '아 이것이 아니구나. 길을 잘못 들어섰나보다'라고 생각하며 포기합니다. 사도 바울은 달랐습니다. 그 어떤 고난과 괴로움도 부활하신 예수님을 만난 경험과 자기 몸에 있는 예수의 흔적(갈 6:17)을 기억하는 그를 가로막을 수 없었습니다.

초대교회 당시 로마 제국이 교회를 얼마나 핍박하며 많은 사람을 죽였습니까? 그들은 매우 강해 보였고, 성도는 연약하기 짝이 없어 보였습니다. 나중에 보니 그런 일을 서슴지 않았던 그들의 이름은 그들 자신과 함께 무덤에 묻힌 채 사람들의 기억 속에서는 흔적도 없이 사라졌습니다. 정작 그들이 죽자 사자 없애려 했던 기독교인과 그 신앙은 지금까지 이어지고 있습니다. 지난 2천 년 동안 이런 일이 되풀이 되어 왔습니다. 이런 사실을 잘 아는 순례자는 '그들이 내가 어릴 때부터 여러 번 나를 괴롭혔으나 나를 이기지 못하였도다'(시 129:2)라고 노래합니다.

하나님의 길을 걸어가는 성도를 괴롭히는 대적은 항상 여럿입니다. 시편 129에 성도는 '나' 곧 홀로(단수) 서 있습니다. 대적은 '그들'(복수)로 등장합니다. 사랑과 진리와 의를 따르는 성도는 어디서나 외로운 '혼자'입니다. 그런 사람을 세상과 세상 사람은 떼(다수=강한 힘)로 달려듭니다.

순례자는 매우 사납고 매우 강해 보이는 그들을 '지붕 위에 난 풀'에 비유합니다. 이는 보기에도 참 흉합니다. 이는 분명 '시냇가에 심겨진 나무'(시 1:3)와 대조되는 의미입니다. 폐가라면 모를까 사람이 살고 있는 집 지붕에는 풀이 자라지 못합니다. 제대로 관리되지 않은 집이라야 그 지붕에 풀이 납니다.

이런 것은 베는 사람의 줌과 묶는 사람의 품에 차지 않습니다.(7절) 품에 차지 않는다는 것은 다른 말로 '성에 차지 않는다'합니다. 이는 흡족하지 않다, 만족스럽지 않다는 뜻입니다. 품 대신에 '눈'이나 '마음'을 써도 뜻이 통합니다. 품에 차지 않을 때 사람들은 어떻게 반응합니까? 아마 안도현이 쓴 시 〈너에게 묻는다〉가 그런 사람에게 주는 대답이 아닐까 싶습니다.

연탄재 함부로 발로 차지 마라

너는

누구에게 한 번이라도 뜨거운 사람이었느냐.

지붕의 풀은 마치 돌짝 밭에 뿌려진 씨앗과 같습니다. 아래에 흙이 충분하지 않으니 싹이 트더라도 제대로 자라날 수 없습니다. 와송(瓦松)같이 예외적인 것은 있더라도, 지붕에서는 보통 풀이 자라지 못합니다. 성도는 시험과 환난을 겪는 동안에 믿음이 말씀의 토양에 깊이 뿌리를 내리며 영혼과 마음과 정신이 자라나며 강해집니다. 시험을 안겨주는 악인은 마치 지붕 위의 풀처럼 뿌리가 얕기에 오래 가지 못합니다.

지붕 위의 풀은 비유입니다. 성경에도 그런 비유에 해당되는 사람들이 있습니다. 고라 다단 아비람 등이 그런 사람입니다.(민 16:1-35) 그들은 이스라엘 백성을 가나안으로 인도하는 모세에게 반역했습니다. 그들은 출애굽 이후 홍해바다 기적, 아말렉과의 전투, 광야의 만나와 메추라기, 마라의 생수 등 하나님의 은혜를 여러 차례 체험하고 그 혜택을 직접 받았으면서도 믿음의 뿌리를 내리지 못했습니다.

사람들은 "우리(나)를 힘들게 하는 사람이, 우리(나)를 성공시키는 사람이다"라고 합니다. 그들과 그것들은 우리(나)를 충분하게 훈련시키고 난 다음에 제 발로 다 사라져 갑니다. 우리가 그 사람들에게 당한다고만 생각하면 그 일이 한 없이 힘들고 그 사람들이 한없이 밉습니다.

바벨론 포로에 끌려간 이스라엘 백성은 그렇지 않았습니다. 죽을 고생을 하면서도 "우리가 포로로 된 근본 원인은 우리 자신에게 있다"고 하나님 앞에 고백하며 스스로를 되돌아보았습니다. '우리가 지난 날 한 짓으로 보면 죽어도 마땅한데 지금껏 숨이 붙어 잇는 것만으로도 은혜다' 라며 고난의 현실을 믿음으로 받아들였습니다. 그러자 하나님의 놀라운 역사가 신비하게 작용했습니다.

이스라엘 민족은 여러 차례 고난을 겪었습니다. 북왕국을 멸망시키고 남왕국을 식민지로 지배하던 신앗시리아 제국은 주전 609년 마지막 왕 앗수르-우발리트 2세가 하란에서 전사함과 동시에 역사 무대에서 완전히 사라졌습니다. 남왕국을 무너뜨리고 그 백성을 포로로 잡아간 신바벨로니아 제국도 주전 539년 페르샤왕 고레스에게 무너진 뒤 역사무대에서 사라졌습니다. 그렇게 두 개의 대제국이 흔적없이 잊혀진 뒤에도 이스라엘 민족은 건재했습니다. 이런 나라들은 이스라엘을 하나님의 사람되게 훈련시킨 다음에 다 쓸쓸히 역사의 뒤안길로 사라져버렸습니다.

이런 사실을 잘 아는 순례자는 최근에는 물론 아주 오래 전(어릴 적)부터 자신을 괴롭혀 온 사람들과 사회 환경을 '지붕 위에 난 풀'에 비유했습니다. 순례자의 이 여유와 영성이 부럽습니다.

38
내가 깊은 곳에서

시130:1-2

찬송가: 363장 (내가 깊은 곳에서)

> 여호와여 내가 깊은 곳에서 주께 부르짖었나이다

이것은 순례자가 자신의 처지 곧 '깊은 곳'에서 드리는 기도입니다. 시편 130의 첫 낱말은 '깊은 곳에서'입니다. 이 말 속에 순례자의 심정과 상황이 다 들어 있습니다. 우리 가운데 인생을 살아오는 동안에 이 '깊은 곳'을 겪어보지 않은 사람은 아무도 없습니다. 아니, 한 두 번이 아니라 몇 차례나 그런 일을 당하며 살아왔습니다.

깊은 곳이란 말(마아마킴 ma ămaqqîm)은 성경에 5차례 쓰였습니다. 우리 말 성경은 이를 문자 그대로 '바다 깊은 곳'이라고 하거나 때로는 '깊은 수렁, 깊은 물, 깊은 곳'이라고 옮겼습니다. 이것은 깊다, 살펴볼 수 없다, 헤아릴 수 없다는 뜻을 지닌 동사(아마크)에서 유래했습니다. 이것은 더 이상 내려갈 수 없을 만큼 맨 밑바닥까지 내려온 것을 가리킵니다. '혼돈의 깊은 물이 넘실거리는 깊은 곳'을 가리키는 이 말은 종종 절망적인 상황을 묘사할 때 쓰이곤 합니다.(시 69:3; 사 51:10; 겔 27:4; 욘 2:3-7) 이를 다른 말로 표

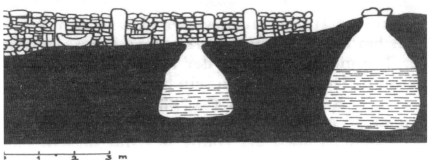

깊은 웅덩이(O. Keel Bildsymbolik 71)

현하자면 사망의 음침한 골짜기(시 23:4) 깊은 수렁같이 계속 빠져들기만
하고 헤치고나올 수 없는 어두운 현실(시 69:2) 침을 질질 흘리며 미친 척해
야만 살아남을 수 있는 비참한 상황(삼상 21:13)입니다. 이는 불행과 고통을
상징하는 것으로 자주 사용됩니다.

　이것은 실제 현실이기도 하고 비유이기도 합니다. 눈앞이 캄캄한 현실
을 나타내기도 하고, 그런 상황에서 소망을 잃고 낙심하는 마음상태를 표
시하기도 합니다.

바다는 넓고 탁 트였습니다. 그것은 한없는 소망과 관용을 표현하기도 합니다. 도심에서 갇힌 듯 살던 사람이 그 바다를 보면 답답하던 속이 탁 트이며 상쾌한 기분을 느낍니다. 어부에게 바다는 생계를 이어가게 해 주는 고마운 일터입니다.

사람은 깊은 물을 두려워합니다. 바다는 깊은 물의 대표선수입니다. 크게 일렁이는 파도를 보노라면 마치 물속에 어떤 존재가 잡아당기는 듯한 기분에 두려움을 느낍니다. 제가 아는 사람 중에 강원도 동해시 공무원이 있습니다. 그는 바다를 아름다운 곳이라기보다는 무서운 곳이라고 여깁니다. 그는 망상해변 근처에 근무하면서 해마다 그 바다에서 익사하는 사람을 보고 있습니다.

지금까지 사람이 찾아낸 바다에서 최대의 수심, 그 깊이는 태평양 마리아나 해구의 챌린저 해연입니다. 그 깊이는 11,034m입니다. 이 챌린저 해연은 좁고 긴 모양으로 된 바다 속 골짜기입니다. 사람은 아직 그런 깊은 곳에 접근할 수 없습니다.

순례자가 말하는 '깊은 곳'이 감옥인지 고통인지 핍박인지 개인적 · 사회적 차별인지 멸시인지 어떤 질병인지 좌절(실패)인지 죄악의 구렁텅이인지 텅 비어 쓸쓸하고 허탈한 내면인지 인생의 캄캄절벽을 만났는지 우리는 정확하게는 모릅니다. 아니 그것이 분명하게 지정되지 않았기에 우리는 그것을 각자 자신의 개별적인 상황에 폭넓게 적용할 수 있습니다.

어떤 것을 적용하든 이것은 바다나 풍랑 같은 자연현상보다는 인간 사회에서 일어나는 일들 곧 인생의 심연(深淵)을 가리킵니다. 더 나아가 자기 자신이든 다른 사람이든 인간적인 힘과 지혜로는 거기서 도저히 벗어날 수 없는 위험한 상태를 가리킵니다. '여호와여 내가 깊은 곳에서 주께 부르짖었나이다'에는 세상에서 구원받을 희망이 완전히 사라진 인간이 그 위기

속에서 하나님을 바라보는 간절한 심정이 들어 있습니다.

바다나 웅덩이가 아무리 깊어도 그 바닥이 있기 마련입니다. 그래서인가요? '바닥을 친다'는 말이 있습니다. "9 여호와의 팔이여 깨소서 깨소서 능력을 베푸소서 옛날 옛시대에 깨신 것 같이 하소서 라합을 저미시고 용을 찌르신 이가 어찌 주가 아니시며 10 바다를, 넓고 깊은 물을 말리시고 바다 깊은 곳에 길을 내어 구속 받은 자들을 건너게 하신 이가 어찌 주가 아니시니이까"(사 51:9-10)

시편 130편의 라틴어 번역 첫 낱말은 *die profundis*(=깊은 곳에서)입니다. 오스카 와일드(1854-1900)는 감옥에 갇혔을 때 이런 제목으로 편지를 써 세계인의 심금을 울렸습니다.(1897년) 요한 세바스챤 바흐(1685-1750)는 시 130:1을 소재로 칸타타를 작곡했고(1708년) 앤더슨(B. W. Anderson)은 자신의 시편 해설서 제목을 《Out of Depth》(1974)라고 붙였습니다. 마틴 루터는 이 제목으로 찬송가를 지었습니다.(1524년) 이것이 개신교 찬송가집 299장입니다.

1 깊은 곤경에서 나는 주님께 부르짖나이다.

주여, 내 외침에 응답하소서.

주님의 은혜로운 귀를 내게로 향하소서.

그리고 내 간구에 귀를 열어주소서.

주께서 죄와 불의를 살펴보실진대

어느 누가 주님 앞에 머물 수 있사오리까?

2 주님 은혜와 호의 말고는

그 어떤 것으로도 우리 죄를 없앨 수 없나이다.

비록 가장 선하게 산다고 자부할지라도

속죄에는 아무 쓸모가 없나이다.

아무도 주님 앞에서 자기를 드높일 수 없나이다.

사람은 누구나 주님 은혜로 살아갑니다.

3 그러므로 나는 내 업적 대신에

주님께 소망을 둡니다.

내 영혼은 값진 말씀으로 승낙하시는

주님과 주님의 선하심에 의지합니다.

이것이 내게 위로이며, 내 거처입니다.

나는 언제나 주님만 바라봅니다.

4 그리고 밤이 깊을 때까지, 다시 아침이 밝아오기까지

내 영혼은 하나님 권능 안에 머무릅니다.

주님 안에는 낙심도 염려도 설 자리가 없나이다.

주님이 창조해주시는 영으로

이스라엘이 이리 바르게 처신하니

나도 언제나 주님만 바라봅니다.

5 우리 죄가 엄청 많더라도

주님은 그보다 훨씬 더 은혜로우십니다.

주님의 도우시는 손길은 한량 없으시고

내가 당하는 곤경보다 훨씬 더 큽니다.

오직 주님만이 선한 목자시오

이스라엘을 그 모든 죄에서 구속하시는 분입니다.

우리 인생은 마치 깊은 바다에 빠진 듯 자기 힘으로는 도저히 헤치고 나갈 수 없는 문제 앞에 서곤합니다. 그에 대한 사람의 반응은 여러 가지로 나타납니다. 어떤 사람은 시련이 올 때 진지한 기도로 하나님께 나아갑니다. 그 중에는 다른 믿음의 형제자매에게 중보기도를 부탁하며 함께 기도드리는 사람이 있습니다. 또 자기 혼자만 기도드리는 사람도 있습니다.

어떤 사람은 자신에게 닥친 어려움에 대해 쉬쉬 하며 남몰래 혼자 괴로워합니다. 누구나 그런 일을 당할 수도 있는데 무엇이 창피한지, 이상할 정도로 나누지를 않고 혼자 끙끙 앓는 동안 문제가 점점 더 커져 쓰러지고 맙니다. 어떤 때에는 다행스럽게도 우연히 일이 풀려나가기도 합니다.

성경은 인생길에서 겪어내야만 하는 시련에 대처하는 다른 길을 보여줍니다. 우리는 고난 가운데 '깊은 데'로 들어간다는 것입니다. 우리는 고난이 아니었으면 내려가지 않았을 깊은 곳으로 들어갑니다. 그곳에서 우리는 이 시련이 아니었다면 전혀 체험할 수 없었던 하나님의 손길을 느낍니다. 세상을 향하던 눈이 닫히고 하나님을 향한 눈이 열리는 경험을 합니다. 그런 사람은 시련을 겪을 때마다 그 품이 넓어지고 따뜻해집니다.

39

들으소서

시130:2

찬송가: 367장(인내하게 하소서)

주여 내 소리를 들으시며 나의 부르짖는 소리에 귀를 기울이소서

이것은 기도응답을 간절히 원하는 기도입니다. '여호와여, 내 소리를 들으시며 나의 부르짖는 소리에 주님의 귀를 기울이소서'라는 기도는 신앙인이라면 누구나 드리는 기도입니다.

저 깊은 곳으로부터,
나는 주님께 부르짖습니다, 오 주님!
나는 한 밤 중에 감방에서 부르짖습니다.
그리고 집단 수용소로부터.
캄캄한 밤 시간에
고문당하는 방으로부터
들어주소서, 내 소리를….

– Ernesto Cardenal(1925-2020)

197

이것은 '마음 속 깊숙한 곳에서 우러나는'(압 이모 펙토레 ab imo pectore) 기도, 전심을 다하는 기도임에 틀림없습니다. 순례자가 처한 상황은 시편 129에 나타난 것과 크게 다르지 않습니다. 그가 겪는 '깊은 곳'은 자신이 낙심의 깊은 골짜기에 빠져있거나 죄의 깊은 수렁에 빠져 허덕이고 있다는 주관적인 깨달음이 아닙니다. 그것은 매우 객관적인 현실입니다.

순례자는 '깊은 곳'에 빠져 있을 때 아닌 척 하지 않습니다. 아파도 아프지 않은 척 하지 않습니다. 괴로우면서도 즐거운 척 하지 않습니다. 그는 '척하는 병'의 폐해를 잘 알고 있었습니다.

성경은 '척하는 병'에 걸리지 않은 인물들의 이야기로 가득 차 있습니다.

여호와여 귀를 기울여 들으소서 여호와여 눈을 떠서 보시옵소서 산헤립이 살아 계신 하나님을 비방하러 보낸 말을 들으시옵소서(왕하 19:16)

여호와여 주는 겸손한 자의 소원을 들으셨사오니 그들의 마음을 준비하시며 귀를 기울여 들으시고(시 10:17)

하나님이여 내게 응답하시겠으므로 내가 불렀사오니 내게 귀를 기울여 내 말을 들으소서(시 17:6)

내게 귀를 기울여 속히 건지시고 내게 견고한 바위와 구원하는 산성이 되소서 (시 31:2)

여호와여 나는 가난하고 궁핍하오니 주의 귀를 기울여 내게 응답하소서(시 86:1)

나의 기도가 주 앞에 이르게 하시며 나의 부르짖음에 주의 귀를 기울여 주소서
(시 88:2)

여호와여 귀를 기울여 들으시옵소서 여호와여 눈을 뜨고 보시옵소서 산헤립이
사람을 보내어 살아 계시는 하나님을 훼방한 모든 말을 들으시옵소서(사 37:17)

나의 하나님이여 귀를 기울여 들으시며 눈을 떠서 우리의 황폐한 상황과 주의
이름으로 일컫는 성을 보옵소서 우리가 주 앞에 간구하옵는 것은 우리의 공의
를 의지하여 하는 것이 아니요 주의 큰 긍휼을 의지하여 함이니이다(단 9:18)

　　우리는 우리에게 다가오는 세상풍파를 우리의 경험이나 지식 신앙을 다
동원해도 온전히 이해할 수 없을 때가 많습니다. 그 사건에 담긴 하나님의

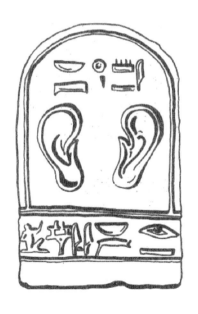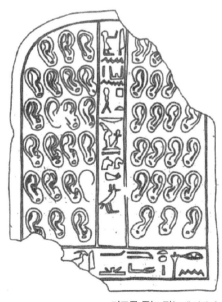

기도를 듣는 귀(고대 이집트)

의도와 계획을 쉽게 설명하거나 깨달을 수 없습니다. 누구의 죄악 때문이라거나, 이것도 복이 찾아오는 과정이라는 말도 자칫 오해를 불러오곤 합니다.

순례자는 그런 판단이나 결론을 내리는 대신에 하나님을 바라보며 기도를 드립니다.

나의 왕, 나의 하나님이여 내가 부르짖는 소리를 들으소서 내가 주께 기도하나이다(시 5:2)

내가 주의 지성소를 향하여 나의 손을 들고 주께 부르짖을 때에 나의 간구하는 소리를 들으소서(시 28:2)

여호와여 나의 기도에 귀를 기울이시고 내가 간구하는 소리를 들으소서(시 86:6)

주의 인자하심을 따라 내 소리를 들으소서 여호와여 주의 규례들을 따라 나를 살리소서(시 119:149)

많은 경우에 우리는 하나님께서 어떤 계획을 가지고 계신지 잘 모릅니다. 우리는 단지 신앙의 선배들이 그와 비슷한 비극이나 고난에 직면할 때마다 마음을 터놓고 울부짖었던 것처럼, 하나님 앞에서(Coram Deo) 애통해하며 기도드릴 뿐입니다.

"사람들이 종일 내게 하는 말이 네 하나님이 어디 있느뇨 하오니 내 눈물이 주

야로 내 음식이 되었도다"(시 42:3)

"주여 내 소리를 들으시며 나의 부르짖는 소리에 귀를 기울이소서" (시 130:2)

이렇게 기도드렸던 신앙의 선배들의 증언에서 우리가 결국 얻는 것이 있습니다. 그것은 하나님께서 침묵하시는 것 같아도, 사실은 언제나 우리와 함께 계신다는 것입니다. 그리고 우리 기도를 듣고 계신다는 사실입니다.

7 여호와께서 이르시되 내가 애굽에 있는 내 백성의 고통을 분명히 보고 그들이 그들의 감독자로 말미암아 부르짖음을 듣고 그 근심을 알고 8 내가 내려가서 그들을 애굽인의 손에서 건져내고 그들을 그 땅에서 인도하여 아름답고 광대한 땅, 젖과 꿀이 흐르는 땅 곧 가나안 족속, 헷 족속, 아모리 족속, 브리스 족속, 히위 족속, 여부스 족속의 지방에 데려가려 하노라 (출 3:7-8)

종교개혁자 마틴 루터는 시편 130편에 가사를 붙여 찬송가를 만들었습니다. 깔뱅의 제자이자 동역자인 베자(Theodor Beza 1519-1650)는 임종하는 순간 시편 130편을 낭송했습니다. 감리교 창시자 요한 웨슬리는 성 바울 채플에서 시편 130편이 연주되는 것을 듣다가 갑자기 엠마오로 내려가는 두 제자처럼 가슴이 뜨거워지는 것을 느꼈다고 합니다.

순례자는 고통스러운 현실에서 도피하지 않습니다. 누구 탓을 하며 누군가를 원망하지도 않습니다. 그는 하나님께 탄원 기도를 드리며, 하나님의 개입을 기다리고 또 기대합니다.

40

내 탓이로다

시 130:3-4

찬송가: 423장(먹보다도 더 검은)

> 3 여호와여 주께서 죄악을 지켜보실진대 주여 누가 서리이까
>
> 4 그러나 사유하심이 주께 있음은 주를 경외하게 하심이니이다

이것은 자기 허물을 하나님께서 용서해주시기를 기도드리는 것입니다. 그는 자신뿐만 아니라 세상사람 누구나 하나님께서 죄악을 감찰하신다면 아무도 설 수 없다는 사실을 받아들였습니다. 지켜본다는 말(샤마르 šāmar)은 본디 '지키다 보호하다 보전하다'는 뜻입니다. 여기서는 세심하게 살펴보는 것을 가리킵니다.

16 지금은 나의 걸음을 낱낱이 세십니다마는 나의 허물을 모르는 체하여 주실 수는 없으십니까? 17 나의 죄를 자루에 넣어 봉하시고 나의 죄악을 모두 지워 주실 수는 없으십니까?(욥 14:16-17 공동번역 개정)

시 130:3은 시 124:1-2를 생각나게 합니다. "여호와께서 우리 편에 계

시지 아니하셨더라면…" 시 130:3의 내용은 의문문입니다: '누가 서리이
까?' 그 대답은 물론 '아무도 없다'입니다. 여호와 앞에 선다는 말은 i) 예
배드린다 ii) 심판받는다 iii) 주의 일을 한다 등 세 가지로 쓰입니다.

옥타비우스 윈슬로우(O. Winslow)는 1절의 깊은 곳을 '성도의 삶에 들어
있는(남아 있는) 죄의 존재와 죄의 강력함에서 올라오는 영혼의 고통과 괴
로움의 장소'라고 했습니다. 대체로 죄는 처음에는 짜릿한 즐거움(만족감)
을 안겨줍니다. 그리고 시간이 흐를수록 고통과 불안과 두려움으로 다가옵
니다.

3 내가 입을 다물고 죄를 고백하지 않았을 때에는, 온종일 끊임없는 신음으로
내 몸은 탈진하고 말았습니다. 4 주님께서 밤낮 손으로 나를 짓누르셨기에, 나
의 혀가 여름에 풀 마르듯 말라 버렸습니다.(시 32:3-4 표준새번역)

아마 순례자에게도 그런 때가 있었던 것 같습니다. 감추려들면 들수록
마치 바늘로 콕콕 찔리듯이 양심은 허덕였습니다. 그는 '내 생활에 찾아온
깊은 곳'은 그 누구 때문이 아니라 "바로 내 탓입니다"라고 자복했습니다.

39 살아 있는 사람은 자기 죄들 때문에 벌을 받나니 어찌 원망하랴 40 우리가
스스로 우리의 행위들을 조사하고 여호와께로 돌아가자 41 우리의 마음과 손
을 아울러 하늘에 계신 하나님께 들자(애 3:39-41)

내가 이르기를 내 허물을 여호와께 자복하리라 하고 주께 내 죄를 아뢰고 내 죄
악을 숨기지 아니하였더니 곧 주께서 내 죄악을 사하셨나이다(시 32:5)

12 동이 서에서 먼 것 같이 우리의 죄과를 우리에게서 멀리 옮기셨으며 13 아버지가 자식을 긍휼히 여김 같이 여호와께서는 자기를 경외하는 자를 긍휼히 여기시나니 14 이는 그가 우리의 체질을 아시며 우리가 단지 먼지뿐임을 기억하심이로다(시 103:12-14)

우리는 그리스도 안에서 그의 은혜의 풍성함을 따라 그의 피로 말미암아 속량 곧 죄 사함을 받았느니라(엡 1:7)

순례자는 위와 같이 구속하시는 하나님 은혜를 체험한 사람입니다. 그는 사유하심이 주께 있음을 몸소 겪었습니다.

사유하심이란 말(슬리카 *slîhá*)은 구약성경에 3번만 쓰였습니다.(느 9:17; 단 9:9) 이것은 언제나 하나님께서 사람과 그 행위를 용서하시는 것에만 쓰일 뿐, 사람이 사람을 용서하는 행위에 쓰인 적이 없습니다. 여기서는 정관사와 함께(핫쓸리카) 쓰였습니다.(직역: "진실로 주님에게 있습니다, 바로 그 사유하심. 그 결과로 사람들이 주님을 경외하나이다.")

이는 용서(사유 赦宥)가 하나님의 속성(본질)이라는 뜻입니다.(*the very essence od forgiveness*) 이 말은 7절의 '그 인자하심'(하케세드 *haḥesed*)과 짝을 이루며 하나님의 긍휼과 은혜를 완벽하게 표현합니다.(C. H. Bullock 440) 사유함이 하나님의 기본 속성이기에 그에 따라서(르마안 *ləma an*) 우리는 여호와 하나님을 경외합니다.(4b)

순례자가 여호와 하나님을 경외하는 것은 용서받은 것에 영적으로 반응한 결과입니다. 그는 "도대체 하나님은 어떤 분이기에 이렇게 엄청난 죄악까지도 사유하실 수 있단 말인가!" 하며 더욱 더 하나님을 경외합니다.

많은 사람이 시편 130편을 좋아합니다. 성 아우구스티누스는 임종 무렵

시 130:4를 침실 벽에 써 놓고 읽으며 이 말씀을 자기 것으로 삼고자 했습니다.

시편 130편은 순례자의 노래 가운데 11번째 것입니다. 동시에 이것은 초대교회 시절 참회시로 손꼽은 7개 시편들(6, 32, 38, 51, 102, 130, 143) 가운데 하나입니다. 이것들에는 사람이 원하지 않는 인생의 질고에 직면하여 고통당하는 모습이 그려져 있습니다.

그 질고는 자신의 허물과 실수와 연약함에서 비롯된 것입니다. 그럴 때 순례자는 '여호와여 주께서 죄악을 지켜보실진대 주여 누가 서리이까'라고 탄식하는 한편 은혜로우신 하나님께서 눈감아 주시기를 간구합니다. 그 간구 중에 은혜로우신 하나님을 만나고, 자기 힘으로는 해결할 수 없는 그 문제에서 벗어나리라 확신하는 요나는 이렇게 노래했습니다.

2 주께서 나를 깊음 속 바다 가운데에 던지셨으므로 큰물이 나를 둘렀고 주의 파도와 큰 물결이 다 내 위에 넘쳤나이다 4 내가 말하기를 내가 주의 목전에서 쫓겨났을지라도 다시 주의 성전을 바라보겠다 하였나이다 5 물이 나를 영혼까지 둘렀사오며 깊음이 나를 에워싸고 바다 풀이 내 머리를 감쌌나이다 6 내가 산의 뿌리까지 내려갔사오며 땅이 그 빗장으로 나를 오래도록 막았사오나 나의 하나님 여호와여 주께서 내 생명을 구덩이에서 건지셨나이다(욘 2:3-5)

41

기다림

시 130:5-6

찬송가: 546장 (주님 약속하신 말씀 위에서)

> 5 나 곧 내 영혼은 여호와를 기다리며 나는 주의 말씀을 바라는도다
>
> 6 파수꾼이 아침을 기다림보다 내 영혼이 주를 더 기다리나니 참으로 파수꾼이 아침을 기다림보다 더하도다

이것은 여호와 하나님을 기다리는 애타는 심정을 노래합니다. 기다림은 결코 쉬운 일이 아닙니다. 그것은 힘들고 고통스러운 일입니다. 그것은 조급함과, 불안감과 싸우는 과정입니다. 그 과정을 넘어서야 비로소 원하는 것을 이룰 수 있습니다.

요셉은 보디발의 감옥에서 풀려나기를 학수고대했습니다. 한때 그는 술 맡은 관원의 도움을 기대했습니다. 그 기대는 안타깝게도 2년이 지나서야 비로소 이루어졌습니다. 다윗은 사무엘 선지자로부터 이스라엘 왕으로 기름부음 받은 뒤 무려 13-15년을 기다려야 했습니다. 그것도 목숨이 왔다갔다하는 위기를 겪으며 인고(忍苦)의 시간을 보내야만 했습니다.

시인들이 기다림을 소재로 쓴 시가 많습니다. 그 가운데 김영랑(1903-

1950)의 〈모란이 피기까지〉가 생각납니다.

　… 모란이 지고 말면 그뿐 내 한 해는 다 가고 말아
　삼백예순날 하냥 섭섭해 우옵네다
　모란이 피기까지는
　나는 아직 기둘리고 있을 테요 찬란한 슬픔의 봄을

이것은 봄을 기대하는 마음과 봄을 보내는 서러움을 모란이란 소재로 한 폭의 그림처럼 표현했습니다. 시인은 '기다리는 정서'와 '잃어버린 설움'을 대응시키면서 모란으로 상징되는 소망의 실현을 향한 집념을 버리지 않았습니다.

서정주(1915-2000)의 〈국화 옆에서〉도 기억납니다.

　한 송이 국화 꽃을 피우기 위해
　봄부터 소쩍새는
　그렇게 울었나 보다 …

모든 완성(성취)에는 반드시 기다리는 시간(세월)이 함께 들어있다는 평범한 사실을 시인은 이렇게 절묘하게 그려냈습니다.

황지우(1952-)의 〈너를 기다리는 동안〉도 있습니다.

　… 내 가슴에 쿵쿵 거리는
　모든 발자국 따라
　너를 기다리는 동안

나는 너에게 가고 있다.

시인은 너를 기다림이 일방적·수동적인 것을 넘어 너를 향해 가는 쌍
방적·능동적인 행위로 고양시켰습니다. '너를 기다리는 동안 나도 가고
있다'는 말이 그 모습을 절묘하게 보여줍니다.

순례자는 학수고대하는 자기 심정을 '기다리다(바라보다)'는 뜻을 지닌
동사 두 개(카봐 qāwâ 야칼 jāḥal)로 세 차례나 표현했습니다.(시 119:40, 43,
49, 74, 81-82, 114, 147 참조)

나는 기다립니다, 여호와를.
내 영혼이 기다립니다.
그분 말씀에 나는 소망을 둡니다.(5절 직역)

그는 하나님을 바라보며 그 말씀을 기다리는 자기 심정을 아주 실감나
게 묘사했습니다. 곧 새벽을 기다리는 파수꾼의 그것에 비유한 것입니다.
그것도 두 번씩이나 되풀이 했습니다. 여기서 우리는 한 폭의 그림을 떠올
립니다.

성곽 위에 망루가 있습니다. 그 망루에는 성 밖을 살피며 성 안의 안전을
지키는 파수꾼이 있습니다. 비록 그 일이 매우 중요하더라도, 한 인간인 파
수꾼에게 그 역할을 수행하는 일은 결코 쉽지 않습니다. 거의 대부분의 날
은 아무 일 없이 지나갑니다. 일이 생기는 날은 가뭄에 콩 나듯 할 뿐입니
다. 그런데도 파수꾼은 잠시만 한 눈 팔면 금방이라도 뭔 일이 생길듯이 정
신을 바짝 차리고 먼 곳과 가까운 곳을 두루 주시합니다. 그는 어두운 밤
(음산함) 간간히 파고드는 냉기와 두려움을 견뎌냅니다. 연신 무겁게 누르

는 눈꺼풀을 애써 걷어 올립니다.

파수꾼이란 말은 i) 경계하여 지키는 일을 하는 사람 ii) 어떤 일을 한눈 팔지 아니하고 성실하게 하는 사람을 가리킵니다.

6 예루살렘이여 내가 너의 성벽 위에 파수꾼을 세우고 그들로 하여금 주야로 계속 잠잠하지 않게 하였느니라 너희 여호와로 기억하시게 하는 자들아 너희는 쉬지 말며 7 또 여호와께서 예루살렘을 세워 세상에서 찬송을 받게 하시기까지 그로 쉬지 못하시게 하라(사 62:6-7)

내가 내 파수하는 곳에 서며 성루에 서리라 그가 내게 무엇이라 말씀하실는지 기다리고 바라보며 나의 질문에 대하여 어떻게 대답하실는지 보리라 하였더니 (합 2:1)

그는 그렇게 수고하는 밤이 빨리 지나 아침이 되기를 갈망합니다. 어서 근무 교대 시간이 오기를 기다립니다. 당시에는 아마 시계가 없었을 테니 달이나 별(샛별)의 자리를 살폈겠지요? '어서 저 달이 지고 동이 텄으면…' 하는 바람을 안고 말입니다. 이럴 때 아침은 단순한 시간을 가리키는 동시에 '마음의 소원'이 이루어지는 순간을 의미합니다.(6절)

바란다는 말은 아무것도 안 하고 가만히 있다는 뜻이 아닙니다. 자기 앞 날을 운명에 떠맡기고 자포자기하거나 체념하는 것이 아닙니다. 이것은 하 나님이 우리 인생의 의미와 결론을 준비해놓고 계시다는 확신을 가지고 자 기가 할 수 있는 최선을 다하는 것을 가리킵니다. '밤이 어두울수록 새벽이 가깝다. 아침은 반드시 온다'는 사실을 알기에 인생의 캄캄한 밤에도 파수 를 서며 여명이 동트고 아침 해가 떠오르기를 기다리는 것입니다.

나를 사랑하는 자들이 나의 사랑을 입으며 나를 간절히 찾는 자가 나를 만날 것
이니라(잠 8:17)

속이 불편해지고 울렁거릴 때, 불현듯 우울해지고 머리가 아플 정도로
화가 날 때, 그렇게 느껴지는 이유는 언제나 분명합니다. 우리 자신이 은연
중에 알고 있는 바로 '나 자신과의 불화'가 주범입니다. 우리는 흔히 다른
사람 때문에 현재의 고통이 시작되었다고 생각하곤 합니다. 어떤 사람은
주변 환경이 자기를 이렇게 만들었다고 불평합니다. 그러나 가슴에 손을
얹고 진솔하게 생각해보면 정작 내 마음을 상하게 하는 것은 타인이 아니
라, 자신마저 속일 수는 없던 자신의 이기심, 치졸함, 그런 것들이 주는 죄
책감(양심의 가책)입니다.

이런 때 가장 좋은 길은 자기 자신에게 자기 죄를 솔직히 알려주고 인정
하는 것입니다. 물론 그런다고 문제가 금방 풀리는 것은 아니더라도 적어
도 답답하게 타인을 원망하면서도 정작 스스로 조바심 내는 것보다는 마음
이 훨씬 더 편해집니다. 성경은 죄는 그 죄를 인정하는 바로 그 자리에서부
터 속죄와 희망의 길이 열린다고 가르칩니다.

신앙인이라고 해서 깊은 곳(괴로움 두려움 외로움 혼란 의심 낙심 불안 고난 고
통 좌절 실패)을 좋아하거나 일부러 찾아가지 않습니다. 그런 일을 당하면
자동적으로 거룩해진다거나 남들보다 의로워지는 것도 아닙니다. 우리가
당하는 어려움 중에는 때로 무익하고 불필요해 보이는 것도 있습니다. 그
렇더라도 그 깊은 것은 살아있는 사람 누구에게나 있습니다. 그것이 우리
인생에 필수적인 요소라서가 아니라 - 없거나 적거나 가벼울수록 더 좋습
니다 - 우리 인생에 반드시 포함되어 있다는 사실을 우리는 받아들여야 합
니다. 그래야만 우리는 시련에 대해 바르게 대처할 수 있습니다.

깊은 곳에 있을 때 그것에 지나치게 당황하다가 넘어지는 대신에 견뎌 낼 뿐만 아니라 이겨내야 하겠습니다. 어떻게 그럴 수 있을까요? 순례자는 그 깊은 곳 안에 하나님을 모십니다. 자기 영혼에 하나님을 모셔 들입니다. 말씀과 기도를 붙들며 하나님을 자기 인생 안으로 모십니다.

42

'깊은 곳'에서 '깊은 사람'이 나온다

시 130:7-8

찬송: 569장(선한 목자 되신 우리 주)

> 7 이스라엘아 여호와를 바랄지어다 여호와께서는 인자하심과 풍성한 속량이
>   있음이라
> 8 그가 이스라엘을 그의 모든 죄악에서 속량하시리로다

이것은 '깊은 곳'에서 여호와 하나님을 바라보는 이유를 말해줍니다. 하나님의 창조는 '흑암이 깊음 위에 있는 곳'에서 시작되었습니다.(창 1:2) 하나님께서 말씀하시자 혼돈과 공허가 '보시기에 좋았더라'로 바뀌었습니다.

사람마다 자기 나름대로 기다리는 것이 있습니다. 물고기를 잡으려고 배를 타고 바다에 나간 남편을 기다리다가 바다만 바라보는 돌이 되었다는 '망부석' 이야기도 있습니다. 이것은 시간이 지나가고 세월이 변해도 포기할 수 없는 기다림을 상징합니다.

진정한 기다림은 소망에서 나옵니다. 미래를 향한 기대와 희망이 없는 사람은 기다릴 수 없습니다. 시므온은 '의롭고 경건하여 이스라엘의 위로를 기다리는 자'(눅 2:25)였습니다. 안나도 메시야를 만날 소망이 있기에

'성전을 떠나지 아니하고 주야에 금식하며 기도함으로 섬기는 자'(눅 2:37)가 되었습니다. 그들의 꾸준한 기다림은

메시야를 바라고 원하는 소망이 있었기에 가능했습니다.

그러나 여호와께서 기다리시나니 이는 너희에게 은혜를 베풀려 하심이요 일어나시리니 이는 너희를 긍휼히 여기려 하심이라 대저 여호와는 정의의 하나님이심이라 그를 기다리는 자마다 복이 있도다(사 30:18)

순례자는 "여호와여 내가 깊은 곳에서 주께 부르짖었나이다"로 시편 130을 시작했습니다. 4절에서 '사유하심이 주께 있다'고 고백한 그는 7절에서 이를 더욱 발전시켜 '여호와께서는 인자하심과 풍성한 속량이 있음이라' 외쳤습니다. 부르짖음이 이와같은 환호성으로 바뀌었습니다.

이런 변화는 순례자가 만들어 낸 것이 아닙니다. 하나님은 한 사람의 죄인으로 여호와 앞에 나온 그에게 자비와 긍휼을 풍성하게 부어주셨습니다. 이로써 그는 은혜받은 사람이 되었습니다. 그는 '깊게 탄식하던 사람'에서 '깊은 영성'을 지닌 사람으로 변화되었습니다.

하나님의 인자하심과 풍성한 속량을 온 몸으로 체험한 그는 자기 이웃들에게 큰 소리로 권고합니다. "이스라엘아, 주님만을 의지하여라."(표준새번역) 여기에 쓰인 '의지하다'는 말(야칼 jahal)은 5절에 '주의 말씀을 바라는도다'에 있는 것과 똑같습니다.

인생에 닥쳐오는 세상풍파와 인간관계에서 겪는 쓰라림을 아는 순례자는 하나님을 바라볼 때마다 높여주시기를, 고쳐주시기를, 살려주시기를 간구했었습니다. 이제 더 이상 내려갈 수 없는 곳(가장 밑바닥)까지 내려 가 본 뒤 그는 깨달았습니다.

4 용사의 활은 꺾이고 넘어진 자는 힘으로 띠를 띠도다 5 풍족하던 자들은 양식을 위하여 품을 팔고 주리던 자들은 다시 주리지 아니하도다 전에 임신하지 못하던 자는 일곱을 낳았고 많은 자녀를 둔 자는 쇠약하도다 6 여호와는 죽이기도 하시고 살리기도 하시며 스올에 내리게도 하시고 거기에서 올리기도 하시는도다 7 여호와는 가난하게도 하시고 부하게도 하시며 낮추기도 하시고 높이기도 하시는도다 8 가난한 자를 진토에서 일으키시며 빈궁한 자를 거름더미에서 올리사 귀족들과 함께 앉게 하시며 영광의 자리를 차지하게 하시는도다 땅의 기둥들은 여호와의 것이라 여호와께서 세계를 그것들 위에 세우셨도다(삼상 2:4-8)

하나님은 높이기도 낮추기도, 상하게도 회복되게도, 부하게도 가난하게도 하실 수 있는 분입니다. 그런 일 하나 하나에 하나님의 섭리와 목적이 들어 있습니다. 그것을 제대로 깨달을 때 사람은 깊어집니다. 깊은 사람이 됩니다.

인생길에서 이런 저런 경험을 다 해 본 순례자는 이제 또 다시 순례의 길을 걸으며 자신의 깊은 영성을 고백했습니다. 아마 그 심정은 욥의 다음과 같은 고백과 다르지 않았을 것입니다.

그러나 내가 가는 길을 그가 아시나니 그가 나를 단련하신 후에는 내가 순금 같이 되어 나오리라(욥 23:10)

순례자는 깊은 곳에 빠져본 뒤에야 비로소 자신을 향한 하나님의 사랑의 깊이도, 하나님을 향한 자신의 깊이도 알았습니다.

시련을 원하거나 좋아할 사람은 아무도 없습니다. 그런데도 고난이 없는 인생은 하나도 없습니다. 우리에게 고난이 있는 것은 우리가 아직 살아 있다는 증거입니다.

바로 여기에 역설이 있습니다. 깊은 고난을 당할수록 사람의 품은 오히려 더 넓고 깊어집니다. 시련과 역경이 크고 강할수록 그것을 경험하는 사람도 크고 강해집니다. 니체(Friedrich Nietzsche 1844-1900)가 《Götzen-Dämmerung(우상의 황혼)》에서 말한 대로 '나를 죽이지 못하는 것은 날 보다 더 강하게 만듭니다.'(Was mich nicht umbringt, macht mich stärker)

니체의 이 말을 따 여러 가수들이 노랫말을 짓고 노래를 불렀습니다. 그 가운데 클락손(Kelly Clarkson)이 부른 〈더 강하게(Stronger)〉란 노래가 있습니다.(2011)

널 죽이지 않는 것은 너를 보다 더 강하게 한다

조금 더 높이 서라.

내가 혼자라고 외롭다는 뜻은 아니야

널 죽이지 않는 것이 투사를 만든다

발걸음조차 더욱 가볍게 한다.

43

고요한 영혼

시131:1

찬송: 413장(내 평생에 가는 길)

> 여호와여 내 마음이 교만하지 아니하고 내 눈이 오만하지 아니하오며 내가 큰 일과 감당하지 못할 놀라운 일을 하려고 힘쓰지 아니하나이다

이것은 고요한 영혼의 평화를 노래합니다. 봐이저(A. Weiser)는 이 시의 음조를 '서산으로 넘어가는 햇살로 고요하게 물든 황혼녘 어느 조용한 마을에 저녁종이 평화스럽게 울려 퍼지는 소리"와 같다고도 했습니다. 공동 번역개정판으로 읽은 시 131:1입니다.

야훼여, 내 마음은 교만하지 않으며 내 눈 높은 데를 보지 않사옵니다. 나 거창한 길을 좇지 아니하고 주제넘게 놀라운 일을 꿈꾸지도 않사옵니다.

순례자는 한 때 무언가 큰일을 해보겠다고 명예심과 야망을 좇아 이리 저리 분주했습니다. 젊음과 체력만 믿고 밤낮 쉬지 않고 그렇게 뛰어다녔습니다. 그런데도 자기 생활은 물론 세상은 전혀 변하지 않았습니다. 내면

세계를 돌보지 않은 채 밖으로 돌다보니 오히려 자신의 영혼과 육신만 지칠 뿐이었습니다.

중세기 어느 높은 산에 있는 수도원, 이른 아침부터 누가 문을 두드렸습니다. 나가보니 아마 밤새 산에 오른 듯 무척 피곤에 지쳐 보이는 중년 사내가 서 있었습니다. 수도사는 문을 열어 주며 '누구를 찾으시나요'라고 물었습니다. 그는 '저는 평화를 찾습니다'라고 대답했습니다. 이 사람이 단테 알리기에리(Dante Alighieri 1265-1321)였습니다. 나중에 그는 《신곡》(Divine Comedy, La Divina Commedia)을 썼습니다. 그 책은 이렇게 시작됩니다. '내 인생의 한 중간 눈을 떠서 보니 나는 바른 길을 벗어나 어두운 숲 속에 있었다.'

우리는 그 책을 단지 인간 사후 세계를 묘사한 것으로만 읽을 필요가 없습니다. 《신곡》에서 그가 묘사하는 지옥과 연옥 그리고 낙원의 체험은 오늘 여기 우리가 사는 인생길에서도 얼마든지 만나는 현실이기도 합니다. 우리가 사는 일상생활에 지옥과 낙원이 우리를 기다리고 있습니다. 우리(나)의 오늘은 지옥인가요, 낙원인가요? 물론 우리가 연옥이라는 사후 세계를 믿지 않더라도 오늘 우리의 영적 상태가 천국도 지옥도 아닌 경우(연옥)는 얼마든지 있을 수 있습니다.

인생 전반기 단테는 그가 경험한 상처를 끌어안고 평화를 찾아 헤맨 영혼의 순례자였습니다. 두 가지 상처가 평생 동안 그를 괴롭혔습니다. 하나는 아홉 살 난 소년의 영혼의 창문을 사랑으로 물들이고 지나간 소녀 베아트리체입니다. 그녀는 그의 가슴에 사랑의 열병을 앓게 하다가 24살에 세상을 떠났습니다. 또 하나는 그가 살던 아름다운 고향 '꽃의 도시 피렌체'가 정쟁의 소용돌이 속에 휘말린 일입니다. 그는 고향에서 쫓겨났습니다. 고향이 그를 버렸습니다. 그는 평생 고향을 그리워하며 귀향의 꿈꾸면서도 끝내 돌아가지 못하는 아픔을 안고 살았습니다.

　외로운 방랑자 단테는 마침내 영혼의 진정한 평화를 찾기 위해 나이 43세가 되던 해 붓을 들었습니다. 무려 13년에 걸쳐 《신곡》을 썼습니다. 이것은 그냥 작품이 아니라 그의 영적인 순례여행이었습니다. 그 책을 완성한 다음해(1321년) 그는 베아트리체의 영혼이 인도한 주님의 품안에서 비로소 평화를 발견하고 눈을 감았습니다.

　순례자는 "여호와여 내 마음이 교만하지 아니하고 내 눈이 오만하지 아니하오며 내가 큰 일과 감당하지 못할 놀라운 일을 하려고 힘쓰지 아니하나이다"라고 고백합니다. 좋은 일이라 해서, 누군가는 마땅히 해야 할 일이라고 해서 반드시 '내'가 할 수 있거나 해야만 하는 것은 아닙니다. 여기서 우리는 다윗이 생각납니다.

　다윗이 여호와 하나님의 성전을 건축하고자 했습니다. 그것이 분명히 거룩한 일이고 좋은 일입니다. 어쩐 일인지 하나님께서 그것을 허락하지 아니하셨습니다. 그때 다윗은 그 일을 하려고 힘쓰지 않았습니다.(로 힐라크티 lô hillakətti=가지 않았다) 자기 일이 아닌 것을 하겠다고 억지를 부리지 않았습니다. 오버하지 않았습니다. 하나님의 거절을 하나님의 뜻으로 받아들였습니다. 다만 자기 아들 솔로몬이 그 일을 할 수 있도록 돕는 것으로 만족했습니다.

　시 131:1에 그런 마음이 나타나 있습니다. 그렇습니다. 우리는 언제나 어디서나 비전을 품은 사람으로 살아야 합니다. 그러나 하나님이 허락하지 아니하시는 일까지 비전의 이름으로 하려는 욕심의 사람이 되면 곤란합니다. 그런 것은 그냥 자기 명예욕이요 성취욕이요 과시욕일 뿐입니다.

　단테가 《신곡》에서 자기 스승 베르길리우스의 안내로 지옥을 순례했습니다. 그때 어두운 숲에서 세 마리의 야수가 나타났습니다. 그것은 표범과 사자와 늑대였습니다. 사람들은 그 세 야수를 색욕과 권력욕 그리고 물질의 탐욕이라고 합니다. 그런 것을 향하는 욕심이 우리의 인생을 지옥으로 만듭니다.

여기서 성경의 권면이 들려옵니다.

14 오직 각 사람이 시험을 받는 것은 자기 욕심에 끌려 미혹됨이니 15 욕심이 잉태한즉 죄를 낳고 죄가 장성한즉 사망을 낳느니라(약 1:14-15)

순례자는 자기 자신을 아는 사람, 아니 자기 본분을 아는 사람이었습니다. 자기 주제에 벗어나는 일은 아무리 하고 싶거나 해야 할 당위성이 보여도 달려들지 않았습니다. 주변 사람(세상)이 그 일까지 하라고 자꾸 권하더라도 그는 세상 기준이 아니라 주님의 기준에 맞추려 노력하며 살았습니다. 영적으로 판단할 때 자기한계를 벗어나는 일에는 뛰어들지 않았습니다.

새벽을 구하는 기도

– 켄 가이어(Ken Gire, 1950~)

사랑하는 하나님,
누군가 이렇게 말했습니다.
'우는 법과 밤을 지새는 법과
새벽을 기다리는 법을 배우는 것,
그것이 바로 인간이 된다는 뜻이다.'

누구의 말인지는 몰라도 이 말을 인해 감사합니다.

기도하오니 그렇게 사는 법을 가르쳐 주소서.

자기 연민에 빠지지 않으면서
우는 법을 가르쳐 주소서,
어둠 속에 벌벌 떨면서도
밤을 지새는 법을 가르쳐 주소서.

밤을 지나 본 적 없는 사람이 던지는
멋있는 낙관론 없이도
새벽을 기다리는 법을 가르쳐 주소서…

44

젖 뗀 아이

시131:2-3

찬송: 417장(주 예수 넓은 품에)

> 2 실로 내가 내 영혼으로 고요하고 평온하게 하기를 젖 뗀 아이가 그의 어머니
>   품에 있음 같게 하였나니 내 영혼이 젖 뗀 아이와 같도다
> 3 이스라엘아 지금부터 영원까지 여호와를 바랄지어다

이것은 한 폭의 그림입니다. 순례자는 이제 막 젖을 뗄 정도의 어린 아이가 어머니 품에 안긴 모습을 보았습니다. 이는 아마 자기 자신이 어렸을 때를 상상하며 부르는 노래일 것입니다. 특이하게도 그는 여기서 젖 먹는 아이 대신에 이미 젖 뗀 아기를 묘사했습니다.

우리가 알다시피 아기가 젖을 떼는 일은 결코 쉽지 않습니다. 비교적 온순한 아기도 젖을 뗄 때에는 신경이 날카로워지곤 합니다. 젖을 더 먹고 싶어 안달하거나 집착하곤 합니다. 잠도 잘 자지 않고 많이 보채기도 합니다. 젖 이외의 다른 음식을 거부하기도 합니다. 서서히 젖을 떼기 시작해 완전히 떼기까지 짧으면 한 달 길면 서너 달 걸리기도 합니다. 이 기간은 아기에게 참 서러운 나날입니다. 거절당하고 버림받은 기분에 내심 불안하고

두려운 나날을 보냅니다. 엄마 젖을 빠는 것도 거부당한 채 홀로 일어서 다니는 연습을 해야 합니다.

이것이 쉽지 않기에 옛 어머니들은 젖에 쓴맛 나는 것을 묻혀 놓았습니다. 이는 아이가 무의식 중에 어머니 젖을 빨다가 평소와는 달리 쓰디 쓴 맛을 느끼게 함으로써 자동적으로 젖을 멀리하게 하는 지혜입니다. 그 쓴맛을 본 뒤로는 두 번 다시 물고픈 마음이 사라집니다. 그러다가 잠시 뒤 그 쓴 맛을 잊고 젖을 물려 달려듭니다. 몇 번 그렇게 하다가는 저절로 젖 물기에서 떨어집니다.

어떤 의미에서 보자면 그 아기는 이때부터 '쓴맛'을 보기 시작합니다. 이것은 신앙이 성숙하는 과정을 비유합니다. 전에는 기도드리면 응답이 느껴졌습니다. 기도드리면 문제가 해결되었습니다. 어느 때부터 기도드려도 응답이 없습니다. 부르짖어도 묵묵부답입니다. 하나님은 자기와 동떨어진 곳에 계신 듯 느껴집니다, 마치 욥이 경험한 것처럼.

3 내가 어찌하면 하나님을 발견하고 그의 처소에 나아가랴…8 그런데 내가 앞으로 가도 그가 아니 계시고 뒤로 가도 보이지 아니하며 9 그가 왼쪽에서 일하시나 내가 만날 수 없고 그가 오른쪽으로 돌이키시나 뵈올 수 없구나(욥 23:3, 8-9)

여호와여 어느 때까지니이까 나를 영원히 잊으시나이까 주의 얼굴을 나에게서 어느 때까지 숨기시겠나이까(시 13:1)

젖 뗀 아이는 처음에 어머니가 낯설게 느껴집니다. 자기가 힘들어도 도와주시지 않을 것만 같아 겁이 납니다. 그러다가 울음이 터집니다. 그런 지경이 되어서야 비로소 엄마는 그 아이를 안아줍니다. 젖 뗀 아이는 이 순간 더 이상 다른 것을 바라지 않습니다. 갓 난 아이 때에는 엄마의 젖을 빠는 것으로 만족했습니다. 그것이 전부였습니다.

이제는 그것이 아닙니다. 엄마의 젖이 중요한 게 아니라 엄마의 품안에 안겨있는 것 자체가 중요합니다. 더 이상 다른 것이 필요 없습니다. 엄마 자체로 만족합니다. 넘어지고 깨어진 자기를 말없이 안아주고 토닥토닥해 주는 엄마 한 사람이면 언제 서럽게 울었냐는 듯이 아기는 평안해집니다. 순례자가 말하는 고요와 평온이 바로 이런 것입니다.

이런 뜻에서 '젖뗀 아이'란 말은 한편으로 평온과 고요를 다른 한편으로 성장(성숙)을 나타냅니다. 젖을 뗀다는 말(가말 gāmal)로 표현된 시점부터는 젖 대신에 밥을 먹습니다. 아브라함은 자기 아들 이삭이 젖을 뗄 때 큰 잔치를 열었습니다.(창 21:8) 이 경사스러운 잔치를 표현하느라 젖을 떼다는 낱말이 창 21:8에 두 차례나 쓰였습니다.

아직 신앙이 덜 성숙한 사람들, 그래서 순간 순간 교만한 눈빛을 드러내는 사람은 하나님이 주시는 복에 매달립니다. 눈에 보이는 그 어떤 것에 매달립니다. 오직 복 받는 것과 은혜 받는 것 자체가 목적입니다. 그러다보니 모든 것을 항상 내가 무엇을 받았나에 초점을 맞춥니다. '나는 이것을 받았는데, 다른 사람은 무엇을 받았나'를 비교합니다. 서로의 눈높이를 잽니다. 그리고는 나는 못 받았다고 생각되면 실망하고 원망하고 불평합니다. 결국 그 마음에 평안을 잃어버리고 맙니다.

영적으로 성숙한 사람은 하나님께서 주시는 은사나 직분 그리고 복과 은혜로 만족하지 않고, 젖 뗀 아이같이 그 모든 것의 주인이신 하나님 한 분만으로 만족합니다. 젖 뗀 아이와 같이 신앙이 어느 정도 성숙한 사람은 그 복을 허락하신 하나님께 소망을 둡니다. 하나님께서 주시는 복이 귀한 것이긴 하지만, 그것보다 더욱 귀한 것은 그 복과 은혜를 주시는 하나님이

심을 압니다. 그분 품안에 안기기를 좋아합니다. 그리고 하나님의 품안에서 진정한 만족과 영혼의 쉼을 얻게 됩니다.

순례자는 비록 젖을 뗐더라도 여전히 엄마 품에 안겨서 안정과 평화를 느끼는 아기의 모습에 자기 자신을 비추어봅니다. 우리가 우리 자신을 개혁하는 일은 고된 작업입니다. 그런 과정을 거치는 동안 우리는 자칫 마음의 안정과 영혼의 평화를 잃고 경직되기 쉽습니다. 마치 아기가 젖을 떼고 나서도 따스한 엄마 품에 자신을 내어 맡기며 안심하고 평화롭듯이 스스로를 갱신해 나가는 우리도 자주 자주 주님 품에 안겨야 합니다.

영화 〈아바타〉에 "I see you"라는 인사말이 있습니다. 이는 '나는 당신을 봅니다, 나는 당신을 알고 있습니다'는 뜻입니다. 이것은 '나는 당신을 사랑합니다'로 확장되어 쓰입니다.

시 131:2에서 젖 뗀 아이가 엄마 품에 있는 모습을 상상해 보십시오. 어머니와 아기의 눈이 마주치는 장면이 떠오르지요? 엄마는 자신의 품에 있는 아이가 사랑스러워 잠잠히 바라봅니다. 그러는 중에 아이가 엄마를 바라봅니다. 눈과 눈이 그렇게 만날 때 사랑의 에너지가 엄청나게 폭발합니다. 아이가 엄마와 눈을 맞추는 것 하나로 자신이 받은 모든 사랑을 돌려주게 됩니다. 주님이 우리를 바라보시는 것이나 우리가 주님을 바라보는 것도 이와 같습니다. 그 자체가 사랑입니다.

마치 젖 뗀 아기가 엄마 품에서 안정을 느끼듯이 순례자는 하나님 품에서 평화를 누립니다. 그리고 자기 이웃이요 동족인 이스라엘도 자기와 같기를 소망합니다. "이스라엘아 지금부터 영원까지 여호와를 바랄지어다" (3절)

45

과거를 기억하며 미래를 소망하라

시132:1

찬송: 208장(내 주의 나라와)

여호와여 다윗을 위하여 그의 모든 겸손을 기억하소서

이것은 하나님께서 다윗의 모든(온전한) 겸손을 기억해주시기를 바라는 간구입니다. 이 부분을 표준새번역과 공동번역개정본으로 읽겠습니다.

표준	공개
주님, 다윗을 기억하여 주십시오. 그가 겪은 그 모든 역경을 기억하여 주십시오.	야훼여, 다윗을 생각해 주소서. 얼마나 애썼는지 생각하소서,

개역개정이 '겸손'이라 옮긴 말(아나 ānâ)을 위의 성경들은 '역경, 애씀(고생)'으로 번역했습니다.(개역: '그의 모든 근심한 것') 다른 나라 성경은 이를 고통(NAS all his afflictions) 고생 (ESV ELB Luther all the hardships ; lle seine Mühsal) 자기부정 (TNK his extreme self-denial) 온화함(칠십인역 *파세스 테스 프라우테토스 아우투*=all his meekness) 온순함(Vugata omnis mansuetudinis eius)등

225

다양하게 옮겼습니다. 앨터(R. Alter)는 이를 번민(torment)이라 번역했습니다. 이는 히브리말 아나가 가난하다 고생하다 겸손하다 등 여러 가지 뜻을 지닌 데서 기인합니다.

겸손하기가 얼마나 어려운 지 우리는 하루에도 열 두 번씩 경험합니다. 사람들과 만나 이야기할 때에는 '겸손'이란 낱말조차 생각나지 않습니다. 그냥 머리에 생각나는대로, 입에서 나오는대로 하고 싶은 말을 합니다. 그러다가 집(사무실)에 돌아와 고요한 시간이 되면 그 사람과 나눈 대화를 곱씹어 봅니다. 그럴 때 우리(내)가 겸손에서 얼마나 멀리 떨어져 있었는지 깨달으며 깜짝 놀랍니다. 심지어 우리(나)는 마땅히 해야 할 말을 한 것일 뿐 조금도 겸손에서 벗어나지 않았다고 생각합니다. 그 상대방이 우리(나)를 얼마나 우습게 볼 지 의식조차 하지 못한 채 스스로 잘난 체 했으니 우리는 이 얼마나 연약한 사람입니까!

겸손은 자기를 낮추는 일이 아닙니다. 낮추는 것과 겸손한 것 사이에는 부분적인 공통점이 있더라도 사실 엄청나게 큰 차이가 있습니다. 겸손은 상대방을 배려하고 존중하는 것입니다. 교만하게 보이지 않으려고 일부러 겸손하게 하려다 보면 스스로 위축되기도 하고 우리(나) 자신이 지닌 본연의 모습을 드러내기 어렵습니다. 그러나 상대방을 존중하는 마음을 바탕에 두고 대하면, 경청하기도 공감하기도 쉬워집니다.

고난과 역경 앞에서 겸손해진다는 말은 무슨 뜻일까요? '우리(나)는 이런 일을 당할 사람이 아니야, 우리(내)가 이런 일을 당하면서도 가만히 있으면 사람들이 우리(나)를 무시할거야' 라고 생각하는 대신에, 하나님께서 이 시련 속에 어떤 거룩한 계획을 세워놓으셨가를 묵상하며 기도드리는 것입니다. 겸손이란 자비로우신 하나님의 그 섭리와 목적을 깨닫고자 잠잠히 하나님 앞에 나아오는 것입니다.

"겸손히 주를 섬길 때 괴로운 일이 많으나 구주여 내게 힘 주사 잘 감당하게 하

소서…"(찬송가 212장 1절)

위에서 살펴본 대로 순례자는 하나님께서 다윗의 고생(고뇌)과 수고를
기억해주시기를 기도드립니다. 실제로 다윗은 고난을 많이 겪는 한편 하나
님의 영광과 이스라엘을 든든하게 하기 위한 수고를 많이 했습니다. 순례
자의 이 기도는 이미 하나님 품에 안긴 다윗을 위한 것이라기보다는 그의
후손인 이스라엘 백성을 위한 것입니다. 동시에 이것은 자신이 인생살이에
서 겪는 일들로 인해 생겨나는 이런 저런 고통(번민)과 수고를 다윗에게 이
입시킨 것으로 보입니다.

성경에 따르면 힘들게 사는 인생을 향한 하나님의 기억은 하나님의 구
원으로 이어집니다. 예를 들면 창 8:1입니다.

하나님이 노아와 그와 함께 방주에 있는 모든 들짐승과 가축을 기억하사 하나

님이 바람을 땅 위에 불게 하시매 물이 줄어들었고

출애굽기 2:24-25입니다.

24 하나님이 그들의 고통 소리를 들으시고 하나님이 아브라함과 이삭과 야곱

에게 세운 그의 언약을 기억하사 25 하나님이 이스라엘 자손을 돌보셨고 하나

님이 그들을 기억하셨더라

여기서 기억하다는 말(자카르 zākar = 생각하다, 주의를 기울이라)은 어떤 사람
이나 사실에 관해 '깜박 잊고' 있다가 갑자기 생각났다는 뜻이 아닙니다.

이 말에는 기억하는 상대를 향한 하나님의 의지 구원행위가 들어 있습니다. 성경에서 이 말은 상대방의 처지와 형편을 눈여겨보시던 하나님께서 마음에 품고 계시던 계획을 본격적으로 시작하신다는 의미입니다. 그러므로 다윗의 온전한 겸손을 기억해 달라는 간구는 하나님께서 신실한 다윗에게 주셨던 약속을 실현시켜 달라는 기도입니다.

예수님은 잡히시기 전날 밤 식탁을 차리신 다음 제자들을 부르셨습니다. 감사기도드리신 다음 떡을 떼어 주시며 '이것은 너희를 위하는 내 몸이니 이것을 행하여 나를 기념하라'(고전 11:24) 하셨습니다. 식후에 잔을 드시고 '이 잔은 내 피로 세운 새 언약이니 이것을 행하여 마실 때마다 나를 기념하라'(고전 11:25) 하셨습니다.

여기서 기념하라는 말(아나므네시스 ← 므네모네우오, 아나미므네스코)은 기억하라와 같은 낱말입니다. 우리는 성만찬에 참여하여 주님의 몸인 떡과 주님의 피인 포도주 곧 주님의 생명을 먹고 마십니다.

'이 일을 행하여 나를 기념하라'는 말씀을 기억하며 우리는 '가장 온전한 몸인 예수님의 몸'이 불완전한 우리 몸에 대체되기를 기도드립니다. '가장 온전한 피인 예수님의 피'가 순결하지 못한 우리 피에 대신하기를 간구합니다. '가장 온전한 생명인 예수님의 생명'이 유한하고 연약한 우리 생명을 이끌어가기를 소망합니다. 그렇습니다. 우리는 십자가에 달려 죽으셨다가 다시 사신 예수 그리스도를 기억하며, 하나님께서 선물로 주실 온전한 인생, 영원한 생명을 소망합니다.

이렇게 성만찬은 세파에 시달리며 흔들리고 지치는 우리 몸과 마음과 영혼이 예수 그리스도의 살과 피로써 온전해지는 성례전(sacrament 성사 聖事)입니다. 그렇습니다. 우리는 십자가에 달려 죽으셨다가 다시 사신 예수 그리스도를 기억하며, 하나님께서 선물로 주실 온전한 인생, 영원한 생명을 소망합니다.

46

야곱의 전능자가 계시는 곳

시 132:2-5

찬송: 266장(주의 피로 이룬 샘물)

> 2 그가 여호와께 맹세하며 야곱의 전능자에게 서원하기를
>
> 3 내가 내 장막 집에 들어가지 아니하며 내 침상에 오르지 아니하고
>
> 4 내 눈으로 잠들게 하지 아니하며 내 눈꺼풀로 졸게 하지 아니하기를
>
> 5 여호와의 처소 곧 야곱의 전능자의 성막을 발견하기까지 하리라 하였나이다

이것은 다윗의 신앙적인 수고를 노래합니다. 시편 132의 주제는 기억, 성막(성전) 법궤(언약궤)입니다. 이와 관련하여 다윗이란 이름은 1, 10, 18절에 등장하며 이 시편의 처음과 중간과 마지막을 장식합니다. 순례의 길을 떠나 예루살렘으로 오던 순례자는 지금 예루살렘 성전이 눈에 보이는 곳에 도착했습니다. 멀찍이 떨어진 곳에서 그 성전을 바라보는 순간 순례자의 머리에 다윗이 생각났습니다.

스페인 바르셀로나에 성가족성당(La Sagrada Familia)이 있습니다. 건축가 안토니오 가우디(1852-1926)가 이 성당을 설계해 1882년부터 짓기 시작했으며 지금도 계속하고 있습니다. 그곳을 찾는 사람들은 모두 다 가우디의

신앙과 탁월한 예술감각에 혀를 내두릅니다. 사람들은 그의 신앙과 인격 그리고 건축세계가 어떠한지, 그 작품이 후대에 어떤 영향을 주었는지를 생각하며 그곳을 찾습니다. 사람마다 그의 신앙과 솜씨를 칭찬합니다.

물론 순례자가 보는 것은 그 겉모양이 아닙니다. 그는 그런 외형(성전, 성물)을 만들도록 이끄신 성령님의 역사를 느끼고자 합니다. 그는 하나님을 경외하는 건축가가 기울였던 혼신의 노력과 정성 속에 담긴 믿음을 본받고자 합니다.

그렇습니다. 순례자는 예루살렘 성전을 바라보며 다윗의 신앙과 생애를 떠올렸습니다. 물론 예루살렘 성전을 세운 사람은 솔로몬이고, 그가 지금 눈으로 보는 성전은 바벨론 포로 귀환 이후에 주전 515년에 완공된 제2성전입니다. 이것은 바벨론 포로를 겪은 세대인 총독 스룹바벨 대제사장 예수아 예언자 학개 등이 중심이 되어 재건한 것입니다.

이스라엘 전체를 다스리는 왕이 된 다윗은 예루살렘을 정복했습니다. 그곳에 하나님의 법궤를 안장하고자 했습니다. 그것이 어디 있는지를 찾으며 그는 사람들에게 말했습니다.

3 나는 내 집에 들어가지 않겠습니다. 잠자리에 들어 편히 쉴 수도 없습니다. 4

눈 붙이고 잠들지 못하겠습니다. 눈시울에 선잠조차 붙일 수가 없습니다. 5 야훼 계실 장막을 마련하기까지, 야곱의 전능하신 분이 계실 곳을 찾을 때까지(시 132:3-5 공동번역개정)

하나님을 향한 그의 사랑은 하나님의 법궤와 성전을 향한 사랑으로 확장되었습니다. 그는 각고의 노력 끝에 법궤를 예루살렘에 안장했습니다. 그리고 하나님의 법궤를 모실 성전을 짓고자 했습니다. 하나님께서 그 일을 다윗에게 허락하는 대신에 그 아들 솔로몬에게 맡기겠다고 하셨습니다. 그러자 다윗은 아들이 그 일을 차질 없이 하게 하려고 만반의 준비를 갖추어 아들에게 물려주었습니다.

그는 '야곱의 전능자'(아비르 야콥 ābîr ja ǎkōb=여호와 하나님)를 평생 동안 믿고 산 사람입니다.(창 49:24; 사 1:24; 49:26; 60:16 참조) 그의 관심은 야곱의 전능자가 계시는 '장소'에 집중되었습니다. 처소에(5절) 그의 계신 곳(7절) 편안한 곳(8절) 자기 처소(13절) 내가… 쉴 곳(14절) 거기서(17절) 등이 그것을 말해줍니다.

우리는 이렇게 하는 그의 심정을 충분히 이해할 수 있습니다. 하나님 섬기는 일은 비록 장소가 전부는 아니더라도 장소가 갖는 비중이 자못 크기 때문입니다.

이스라엘 백성은 그 성전을 보고 '솔로몬의 성전'이라고 부르면서도 정작 솔로몬보다는 다윗을 먼저 생각했습니다. 바벨론 포로에서 돌아온 귀향민들도 똑같았습니다. 지금 순례자도 같은 생각을 하고 있습니다. 그 성전을 순례하며 하나님께 영광을 돌리고자 하는 그에게 다윗의 고난과 수고가 생각났습니다. 성전을 향해 올라가면 그는 하나님 영광을 위해 수고하는 사람을 기억하시며 겸손한 자에게 은혜를 주시는 하나님을 마음에 모셨습니다. 그는 한편으로 다윗의 고생과 수고를 기억하고 긍휼과 사랑으로 응답하셨던 하나님을, 다른 한편으로 하나님과 세상 현실 앞에 치열하게 살아가면서도 항상 겸손했던 다윗을 생각했습니다.

하나님은 우리 각 사람과 신앙공동체를 '성전' 삼아 우리 안에 계십니다. 찬송가 266장 2절 '죄악 세상 이김으로 거룩한 길 가는 나의 마음 성전삼고 주께서 계시네'라는 가사 그대로입니다.

너희는 너희가 하나님의 성전인 것과 하나님의 성령이 너희 안에 계시는 것을 알지 못하느냐(고전 3:16)

누구든지 하나님의 성전을 더럽히면 하나님이 그 사람을 멸하시리라 하나님의 성전은 거룩하니 너희도 그러하니라(고후 3:17)

… 우리는 살아 계신 하나님의 성전이라 이와 같이 하나님께서 이르시되 내가 그들 가운데 거하며 두루 행하여 나는 그들의 하나님이 되고 그들은 나의 백성이 되리라(고후 6:16)

20 너희는 사도들과 선지자들의 터 위에 세우심을 입은 자라 그리스도 예수께서 친히 모퉁잇돌이 되셨느니라 21 그의 안에서 건물마다 서로 연결하여 주 안에서 성전이 되어 가고 22 너희도 성령 안에서 하나님이 거하실 처소가 되기 위하여 그리스도 예수 안에서 함께 지어져 가느니라(엡 2:20-22)

하나님의 성전은 건물(건축물)만이 아닙니다. 다윗의 신앙과 수고를 기억하며 순례하던 순례자가 하나님의 성전입니다. 그리고 위의 말씀들을 기억하며, 그 말씀을 자기 자신에게 적용하며 살고자 하는 우리가 순결하고 순수한 하나님의 성전입니다.

47

졌더라도 진 것이 아니다

시 132:6

찬송: 150장(갈보리산 위에)

**우리가 그것이 에브라다(에브라임)에 있다 함을 들었더니 나무 밭(야일의 밭)에
서 찾았도다**

이것은 법궤를 예루살렘에 안치하려는 다윗의 노력을 보여줍니다. 사
울-다윗시대 초기에 법궤는 이스라엘의 성소에 있지 않았습니다.

사사시대 말기 엘리 대제사장이 이스라엘의 사사였습니다. 어느 시대나
그 시대가 끝날 무렵에 나타나는 공통적인 현상이 있습니다. 그것은 지도
자의 타락(무능)과 백성의 어리석은 선택입니다. 블레셋과 전쟁할 때 전세
가 불리해지자 이스라엘 지도자들은 당시 실로 성소에 있던 여호와의 법궤
를 전쟁터로 옮기자고 했습니다. 이미 영적 분별력이 떨어진 엘리 대제사
장은 이스라엘 군 지휘자들의 그런 결정이 신앙적으로 얼마나 어처구니없
는 것인지를 분별하지 못했습니다. 그는 법궤를 전장으로 보내면서 제사장
인 자기 두 아들을 동행시켰습니다.

그 전투에서 이스라엘은 대패하고, 엘리의 두 아들도 전사했습니다. 블

레셋 사람들은 그 법궤를 노획물로 빼앗아 다곤의 신전에 갖다 두었습니다. 이는 그들의 신 다곤이 이스라엘의 신 여호와보다 우월하다는 점을 과시하려는 것이었습니다. 곧 여호와에게 패배를 안겨 준 신 다곤을 여호와가 섬겨야 한다고 여겼습니다. 마치 전쟁 패한 이스라엘이 승리한 블레셋을 섬기듯이.

그런데 웬걸… 다음 날 아침에 가보니 다곤 신상이 하나님의 궤 앞에서 그 얼굴이 땅에 닿은 채 엎어져 있었습니다. 이는 경배와 굴복의 표시였습니다. 여호와는 그들이 생각하듯이 이스라엘의 하나님이 다곤을 섬겨야 하는 것이 아니라, 다곤이 이스라엘의 하나님 앞에 굴복해야 함을 보이셨습니다. 이에 질겁한 그들은 다곤 상을 제 자리에 갖다 놓았습니다.

그 이튿날 아침에 일찍이 일어나 다곤 신전에 간 그들은 기겁을 했습니다. 이번에도 다곤이 여호와의 궤 앞에서 그 얼굴이 땅에 닿은 채 엎드려져 있었습니다. 그뿐 아니라 그 머리와 두 손목이 잘려 있었습니다. 머리나 손목을 자르는 것은 전투에서 적을 이기거나 처형할 때 흔히 있는 일입니다.

목과 팔이 잘린 채 땅에 엎어진 다곤 상(삼상 5장)

이로써 다곤은 하나님의 적수가 될 수 없으며 하나님에 의해 심판을 받아 파괴되고 사라져야 할 우상에 지나지 않는 것이 분명히 드러났습니다.

그들은 난리가 날 때마다 법궤를 이리 저리 옮겼습니다. 법궤가 가는 곳마다 재앙이 일어났습니다. 그들은 결국 두 손 두 발 다 들고 "이스라엘 신의 궤를 보내어 그 있던 곳으로 돌아가게 하고 우리와 우리 백성이 죽임을 면하게 하자"(삼상 5:11)고 했습니다.

하나님께서 하시는 일은 참으로 놀랍습니다. 블레셋은 이스라엘에게 대승을 거두었습니다. 더 나아가 하나님의 임재의 상징인 언약궤를 탈취하는 전과를 올렸습니다. 얼마나 자랑스럽고 우쭐하였을까요? 하나님께서는 이때 자신의 궤가 블레셋 사람의 손에 붙잡혀 블레셋 땅으로 끌려가는 것처럼 보이게 하셨습니다. 그것이 블레셋의 정신과 삶의 중심인 다곤의 신전으로 들어가 그들의 신 자체를 굴복시키고 파괴시키셨습니다. 이로써 하나님만이 온 세상의 참 하나님이시며 주권자이심을 알게 하셨습니다.

이 일은 우리를 일깨워줍니다. "이스라엘이 전쟁에서 졌다고 하여 하나님이 없거나 패배한 것이 아니다. 하나님은 어디서나 언제나 살아 계신다."

순례자는 하나님 안에 머무르는 한 패배도 결코 패배만은 아니라는 사실을 아는 사람입니다. 하나님 안에서 우리는 이겨도 이기는 것이요 져도 이기는 것입니다. 때로는 이기는 것에서보다는 지는 것에서 더 많은 승리를 체험하곤 합니다. 이김을 통한 승리보다는 패배를 통한 승리의 본보기를 예수님이 십자가에서 보여주셨습니다. 유대교 지도자들과 로마세력이 예수님을 십자가에 죽게 하고 승리의 개가를 부르는 바로 그 시각에 하나님은 예수님의 부활을 준비하고 계셨습니다.

사람들이 법궤를 방치하고 있을 때, 사람들이 까마득히 잊고 그것 없어도 얼마든지 살 수 있다고 할 때 다윗은 그것을 찾아 나섰습니다. 그것을 예루살렘에 안치하기에 힘썼습니다. 그런 다윗을 하나님은 기쁘게 받아주시며 은혜와 복을 내리셨습니다.

순례자의 발은 그 법궤가 있는 예루살렘에, 순례자의 마음과 영혼은 법궤 앞에 엎드려 경배하던 다윗의 영성에 머물렀습니다.

48

엎드려 예배하리로다

시 132:7-10

찬송: 71장(옛부터 도움 되시고)

> 7 우리가 그의 계신 곳으로 들어가서 그의 발등상 앞에서 엎드려 예배하리로다
>
> 8 여호와여 일어나사 주의 권능의 궤와 함께 평안한 곳으로 들어가소서
>
> 9 주의 제사장들은 의를 옷 입고 주의 성도들은 즐거이 외칠지어다
>
> 10 주의 종 다윗을 위하여 주의 기름 부음 받은 자의 얼굴을 외면하지 마옵소서

이것은 법궤를 모셔놓고 드리는 예배입니다. 법궤는 길이가 126센티, 높이와 폭이 76센티 되는 직사각형 상자 모양입니다. 그 윗판에 날개를 편 천사 둘이 조각되어 있습니다.

순례자는 옛 조상들이 "여호와 우리 하나님을 높여 그 발등상 앞에서 경배할찌어다"(시 99:5)라고 노래했던 것을 본받아 "우리가 그의 계신 곳으로 들어가서 그의 발등상 앞에서 엎드려 예배하리로다"(7절)라며 성전으로 들어갔습니다.

발등상(足蹬床)이란 성막 지성소 안에 안치된 법궤의 상단(뚜껑)을 가리킵니다. 성경은 그곳을 시은좌(施恩座＝자비의 자리)라고 합니다. 그것은 하

나님의 임재를 상징하는 것입니다.(대상 28:2 *이에 다윗 왕이 일어서서 이르되 나의 형제들, 나의 백성들아 내 말을 들으라 나는 여호와의 언약궤 곧 우리 하나님의 발 판을 봉안할 성전을 건축할 마음이 있어서 건축할 재료를 준비하였으나*)

대하 9:18에 따르면 솔로몬왕의 보좌에는 금족대(金足臺=발등상)가 있 습니다. 이는 왕권의 지배권, 통치권을 상징합니다.

다윗은 기럇여아림 아비나답의 집에 있던 법궤를 예루살렘으로 옮겼습 니다. 첫 번째 시도에서 그는 성경의 가르침대로 하지 않는 실수를 했습니 다. 그로 인해 웃짜가 사망하는 불상사가 생겼습니다. 그 일을 두 번째로 시도할 때 그는 첫 번째 실패를 거울삼아 성경의 가르침에 온전히 따랐습 니다.

그것이 예루살렘에 안치되는 날 다윗은 너무나도 기쁘고 즐거웠습니다. 그는 백성과 어울려 길바닥에서 춤을 추었습니다. 그 기쁨을 이기지 못하 여 겉옷이 벗겨지는 줄도 모른 채 체면 불고하고 춤을 추었습니다. 그날 그는 번제와 화목제를 드렸고 모든 백성에게 떡 한 개, 고기 한 조각, 건포도를 한 아름씩 나누어 주었습니다.

법궤 앞에서 순례자는 기도를 드립니다.

여호와여 일어나사 주의 권능의 궤와 함께 평안한 곳으로 들어가소서(시 132:8)

이 기도는 무슨 뜻일까요? 솔로몬이 예루살렘 성전을 봉헌하며 드린 기도 가운데 이 말씀을 이해하는 단서가 있습니다.

하나님이 참으로 사람과 함께 땅에 계시리이까 보소서 하늘과 하늘들의 하늘이라도 주를 용납하지 못하겠거든 하물며 내가 건축한 이 성전이오리이까(대하 6:18)

이와같이 법궤를 어느 곳에 모셨더라도, 성전을 지었더라도 그것은 하나님을 모시는 상징이지, 하나님께서 그 안에만 계신다는 뜻이 결코 아닙니다.

1 여호와께서 이와 같이 말씀하시되 하늘은 나의 보좌요 땅은 나의 발판이니 너희가 나를 위하여 무슨 집을 지으랴 내가 안식할 처소가 어디랴 2 나 여호와가 말하노라 내 손이 이 모든 것을 지었으므로 그들이 생겼느니라 무릇 마음이 가난하고 심령에 통회하며 내 말을 듣고 떠는 자 그 사람은 내가 돌보려니와(사 66:1-2)

이와 같이 하나님께서 거하시는 곳은 심령이 가난한 자, 마음에 통회하는 자, 말씀을 두렵고 떨림으로 받는 자와 그의 생활환경입니다. 그러므로 8절의 기도는 "하나님이여! 일어나셔서 제 마음 문을 여오니 제 속에 들어오시옵소서! 제 중심 보좌에 좌정하시옵소서!"라는 뜻입니다.

예수님은 하나님의 발등상을 법궤(지성소)의 영역을 넘어 온 땅(이 세계)으로 확장시키셨습니다.

> 34 나는 너희에게 이르노니 도무지 맹세하지 말지니 하늘로도 하지 말라 이는 하나님의 보좌임이요 35 땅으로도 하지 말라 이는 하나님의 발등상임이요 예루살렘으로도 하지 말라 이는 큰 임금의 성임이요 36 네 머리로도 하지 말라 이는 네가 한 터럭도 희고 검게 할 수 없음이라(마 5:34-36)

하나님의 발등상은 임금의 지배권, 통치권을 상징합니다. 예수님께서도 서기관과 바리새인들에게 "내가 네 원수를 네 발의 발등상으로 둘 때까지 내 우편에 앉았으라 하셨도다"(눅 20:43)고 하셨습니다. 베드로 사도는 예수님의 주권과 승천하심에 대한 증거로 이 말씀(시 110:1)을 인용했습니다.(행 2:35) 우리가 예배하는 자리는 바로 하나님의 발등상입니다. 그 분의 임재를 기뻐하며, 또한 하나님의 다스림을 기대하고 순종하며 그 자리에 서는 것입니다.

우리는 하나님의 피조물입니다. 하나님은 흙가루로 우리를 빚으시고 생명의 숨결을 불어넣으셔서 생령(영적인 존재)이 되게 하셨습니다. 이런 우리 속에 하나님이 거하지 않으면, 흙가루에서 시작한 우리 인생은 흙가루로 끝이 납니다. 그런 인생은 아무리 의미를 찾아도, 아무리 목표를 이루어도 결국에는 허무에 빠질 수밖에 없습니다. 하나님 없이는 건강 지위 재물 학위 명예 등이 있어도 없어도 그 마지막은 허탈과 무의미뿐입니다.

이런 사실을 아주 잘 아는 순례자는 순결한 마음가짐으로 예배의 자리에 나아왔습니다. 허무 대신에 충만한 인생을 소망하는 심정을 안고 정기적으로 성전을 찾아가 예배를 드렸습니다.

물론 이것은 겉으로 드리는 예배가 아닙니다. 그것은 자신이 마치 제사장처럼 '의의 옷'을 입었다는 상징행위입니다. 다시 말해 의롭기에 거룩하신 하나님을 본받아 교회에서는 하나님의 방법대로 직분자 노릇을 하는 것입니다. 교회 밖에서 일상생활을 할 때 하나님의 말씀에 따라 말하고, 하나님의 방법대로 생각하고, 하나님의 뜻을 의식하며 직장에서 생활하고, 하나님의 말씀인 성경의 가르침에 따라 아버지, 남편, 아내 노릇, 자녀 노릇 하는 것을 가리킵니다.

1 그러므로 사랑을 받는 자녀 같이 너희는 하나님을 본받는 자가 되고 2 그리스도께서 너희를 사랑하신 것 같이 너희도 사랑 가운데서 행하라…(엡 5:1-2)

49

굳게 서리

시 132:11-12

찬송: 546장(주님 약속하는 말씀 위에서)

> 11 여호와께서 다윗에게 성실히 맹세하셨으니 변하지 아니하실지라 이르시기를 네 몸의 소생을 네 왕위에 둘지라
>
> 12 네 자손이 내 언약과 그들에게 교훈하는 내 증거를 지킬진대 그들의 후손도 영원히 네 왕위에 앉으리라 하셨도다

이것은 다윗에게 주어진 하나님의 언약(약속)입니다. 삼하 7:12-16입니다.

11 … 여호와가 너를 위하여 집을 짓고 12 네 수한이 차서 네 조상들과 함께 누울 때에 내가 네 몸에서 날 네 씨를 네 뒤에 세워 그의 나라를 견고하게 하리라 13 그는 내 이름을 위하여 집을 건축할 것이요 나는 그의 나라 왕위를 영원히 견고하게 하리라 14 나는 그에게 아버지가 되고 그는 내게 아들이 되리니 그가 만일 죄를 범하면 내가 사람의 매와 인생의 채찍으로 징계하려니와 15 내가 네 앞에서 물러나게 한 사울에게서 내 은총을 빼앗은 것처럼 그에게서 빼앗지는 아니하리라 16 네 집과 네 나라가 내 앞에서 영원히 보전되고 네 왕위가 영원

히 견고하리라

우리는 다윗이 성전건축을 얼마나 간절히 원했는지 잘 알고 있습니다. 그는 나단 선지자에게 말했습니다. "나는 백향목 궁에 살거늘 하나님의 궤는 휘장 가운데 있도다"(삼하 7:2) 그런 다윗의 마음을 아시는 하나님은 "네 집과 네 나라가 내 앞에서 영원히 보전되고 네 왕위가 영원히 견고하리라"(삼하 7:16)는 약속을 하셨습니다.

다윗이 '성전-하나님의 집(House of God)'을 세우기를 간절하게 소원했는데 오히려 하나님께서 '다윗의 집(다윗의 가문 family of David)'을 세워주신다고 약속하셨습니다. 이에 따라 유다 지파에서 계속적으로 왕이 나오게 하시고, 마침내 예수님도 유다 지파에서 태어나 온 인류의 영원한 왕이 되셨습니다. 이렇게 다윗의 왕위가 영원히 이어지고 있습니다.

순례자는 다윗의 언약 중에서 '만일 죄를 범하면 내가 사람의 매와 인생의 채찍으로 징계하려니와'는 말씀이 이스라엘 역사에 적용되었던 사례들을 생각해 보았습니다. 그것은 북왕국 이스라엘 멸망(주전 721년) 남왕국 유다 멸망과 바벨론 포로(주전 586년) 그리고 포로귀환(주전 538년)과 성전재건(주전 515년) 등입니다.

그는 그 말씀이 개인의 생활에 작용되었던 경우도 헤아려 보았습니다. 자신의 오르내림과 흥망성쇠의 순간마다 바로 그전에 자신이 무엇을 어떻게 했는가를 되짚어보았습니다.

그러면서 하나님께서 다윗의 후손에게 요구하신 것이 생각났습니다. "네 자손이 내 언약과 그들에게 교훈하는 내 증거를 지킬진대 그들의 후손도 영원히 네 왕위에 앉으리라"(12절)

하나님께서 이렇게 말씀하신 목적은 자신의 말씀이 영원한 것이기에 그 말씀을 지키는 사람을 영원히 지켜주는데 있습니다. 이것은 혈통으로 다윗의 후손에게만 주신 말씀이 아니라 하나님의 백성 모두에게 주시는 말씀입니다.

> 이 율법책을 네 입에서 떠나지 말게 하며 주야로 그것을 묵상하여 그 안에 기록된 대로 다 지켜 행하라 그리하면 네 길이 평탄하게 될 것이며 네가 형통하리라 (수 1:8)

우리가 좌로나 우로나 치우치지 않는 가장 좋은 방법은 하나님의 말씀을 우리 언행심사의 중심에 놓는 것입니다. 우리로 하여금 좌로나 우로나 치우치지 않고 바른 길을 가게 하는 것은 우리 생각이나 우리 결심이 아닙니다. 하나님의 말씀을 향한 열망과 순종이 우리를 바르고 형통한 길로 인도합니다.

순례는 이것을 다시 되새기는 과정입니다. 일상생활을 잠시 멈추는 것입니다. 성전과 말씀을 향해 나아가는 순례자는 이것을 자기 일상생활에 배어들게 하려는 목적을 안고 있습니다.

지금 이 순간(This is The Moment)

지금 이 순간
지금 여기
간절히 바라고
원했던 이 순간
나만의 꿈이

나만의 소원

이뤄질지 몰라

여기 바로 오늘

지금 이 순간

지금 여기

말로는 뭐라

할 수 없는 이 순간

참아온 나날

힘겹던 날

다 사라져 간다

연기처럼 멀리

지금 이 순간

마법처럼

날 묶어왔던

사슬을 벗어던진다

지금 내겐

확신만 있을 뿐

남은 건 이젠 승리뿐

그 많았던

비난과 고난을

떨치고 일어서

세상으로 부딪쳐 맞설 뿐

지금 이 순간
내 모든 걸
내 육신마저
내 영혼마저 다 걸고

던지리라
바치리라
애타게 찾던
절실한 소원을 위해

지금 이 순간
나만의 길
당신이 나를
버리고 저주하여도

내 마음 속
깊이 간직한 꿈
간절한 기도
절실한 기도
신이여 허락하소서!

- 뮤지컬 지킬앤하이드에서

50

구원을 옷 입히리니

시 132:13-16

찬송: 623장(주님의 시간에)

13 여호와께서 시온을 택하시고 자기 거처를 삼고자 하여 이르시기를

14 이는 내가 영원히 쉴 곳이라 내가 여기 거주할 것은 이를 원하였음이로다

15 내가 이 성의 식료품에 풍족히 복을 주고 떡으로 그 빈민을 만족하게 하리
   로다

16 내가 그 제사장들에게 구원을 옷 입히리니 그 성도들은 즐거이 외치리로다

이것이 순례의 목적지인 예루살렘 성전에 들어온 순례자가 부르는 노래입니다. 그 심정이 어떠했을까요? 아마 가슴 뿌듯했을 것입니다. 무엇인가를 성취한 사람의 감격이 마음에, 목표를 달성한 사람의 웃음이 얼굴에 그득했을 것입니다.

어느 인생이나 불행과 행복이 있기 마련입니다. 현재를 불행하게 사는 사람은 자신의 과거를 어떻게 봅니까? 그는 자신의 과거에서 불행한 것들만 골라서 뽑아냅니다.

그래서일까요? 어떤 사람은 이렇게 말했습니다. "인생이란 현재의 시간

에 서서 과거의 강물에 낚싯대를 들인 낚시꾼이다." 과거라는 이름의 연못 속에는 행복했던 것도, 불행했던 것도 있습니다. 아무리 좋은 부모 밑에서 자라나도 그 부모 밑에서 받은 상처와 섭섭함이 있을 수 있습니다. 사람은 완벽하지 않기 때문입니다. 아무리 좋은 선생님을 만나고, 좋은 학창시절 을 지냈다고 해도, 되돌아보면 불행과 행복이 동시에 공존합니다.

그렇다면 현재라는 시간에 사는 우리가 지금 여기 서서, '과거'의 강물에 떠다니는 행복과 불행 중 어느 것을 끄집어내는가가 관건입니다. 어떤 사 람은 그곳에서 마음 아픈 것들을 골라냅니다. 그러니 그 인생은 지금도 여 전히 불행합니다. 학창시절에 동창생에게 따돌림받았던 것만 생각합니다. 그러니 그 얼굴에 어두운 그늘이 집니다. 눈썹 사이 아미에 내 천(川)가 두 텁게 새겨집니다.

다윗은 파란만장한 인생을 살았습니다. 생사의 문턱을 여러 차례 드나

앗시리아 시대의 팬던트

들었습니다. 그러면서도 "내가 사망의 음침한 골짜 기로 다닐지라도 해를 두려 워하지 않을 것은 주께서 나와 함께 하심이라 주의 지팡이와 막대기가 나를 안 위하시나이다"(시 23:4)라고 노래했습니다. 그는 과거라 는 이름의 강물에서 '주의 지팡이와 막대기'를 건져내 며 살았습니다. 비록 삼복 더위의 여름날에도 마음은

차가운 겨울바람 부는 동지섣달 같은 현실에 선 것 같더라도, 그의 눈길은 과거의 강물에서 건져 낸 '주의 지팡이와 막대기'를 잡고 살았습니다.

이런 사람은 어지럽고 혼탁한 세상에 살면서도 '쉴 곳'을 얻습니다. 마치 사울의 군대가 바짝 뒤 쫓아오는데도 다윗이 잠자리에 눕자마자 잠들 수 있었듯이, 그는 어떤 처지와 형편에서도 하나님 품에 안긴 듯 평온합니다.

> 잠자리에 눕자마자, 나는 평화롭게 잠에 빠져드나이다. 오직 주님만이 저를 안 전하게 살게 하시니.(시 4:9 직역)

'쉴 곳'이란 말(므누카 mənūḥā)은 휴식하다 안식하다 위로하다는 말(누흐 nūḥ)에서 나왔습니다. 이것은 보통 공간과 사람 마음 두 가지 영역에 쓰입니다. 공간에서 이것은 i) 쉬는 곳(창 49:15) 쉴만한 물가(시 23:3) 병참감(렘 51:59) ii) 고요한 곳 평온 한 곳(사 28:12) 집 고향(룻 1:9) iii) 이스라엘의 주거지 가나안(신 12:9; 왕상 8:56; 사 11:10) iv) 하나님의 거처(왕상 28:2; 시 95:11; 132:8, 14; 사 66:1; 슥 9:1) 등에 쓰였습니다. 인간심리에서 이것은 위로 안심시킴(삼하 14:17; 렘 45:3) 평온 평안 태평(대상 22:9) 등에 쓰였습니다.

사람에게는 몸과 마음과 영혼의 평온이 필요합니다. 이 세 가지가 다 필요하더라도 굳이 그 중에서 우선순위를 정한다면 우리는 어느 쪽에 손을 들까요? 그때 그때 상황과 처지에 따라 다르더라도 상식적인 사람이라면 대체로 몸보다는 마음의 평안을, 마음보다는 영혼의 평정을 먼저 선택할 것입니다. 이런 사람이 입은 옷이 곧 구원의 옷입니다.

아담과 하와가 타락한 이래 하나님은 인간에게 옷을 입히셨습니다.(창 3:21) 이런 뜻에서 옷은 인류의 역사와 그 궤를 같이 해 왔습니다. 성경에도 옷에 관한 언급이 자주 나옵니다. 성경에서 옷은 그 사람 자체, 신분(사회적 위치), 인품을 상징합니다.

내가 여호와로 말미암아 크게 기뻐하며 내 영혼이 나의 하나님으로 말미암아 즐거워하리니 이는 그가 구원의 옷을 내게 입히시며 공의의 겉옷을 내게 더하심이 신랑이 사모를 쓰며 신부가 자기 보석으로 단장함 같게 하셨음이라(사 61:10)

12 밤이 깊고 낮이 가까웠으니 그러므로 우리가 어둠의 일을 벗고 빛의 갑옷을 입자 13 낮에와 같이 단정히 행하고 방탕하거나 술 취하지 말며 음란하거나 호색하지 말며 다투거나 시기하지 말고 14 오직 주 예수 그리스도로 옷 입고 정욕을 위하여 육신의 일을 도모하지 말라(롬 13:12-14)

27 누구든지 그리스도와 합하기 위하여 세례를 받은 자는 그리스도로 옷 입었느니라 28 너희는 유대인이나 헬라인이나 종이나 자유인이나 남자나 여자나 다 그리스도 예수 안에서 하나이니라(갈 3:27-28)

순례자는 하나님이 주시는 물질적인 복의 약속(15절)과 영적인 복주심의 약속(16절)을 주의 지팡이와 막대기로 붙들고 사는 사람입니다. 그 약속을 굳게 믿기에, 어느 곳에 있으나 마음은 한결같았습니다. 오를 수 없는 곳에 오르려고 안달복달하지 않았으며, 지금 있는 곳을 떠나려고 조바심내지도 않았습니다.

사람이 지닌 약점 중에 하나는 자기에게 있는 것보다 없는 것을 더 갖고 싶어하며, 자기 떡보다 남의 떡을 더 크게 보는 것입니다.

가나안은 전체적으로는 비옥한 초생달 지역에 속해 있으면서도 유독 건조하고 메마른 곳입니다. 특히 예루살렘은 시온 산꼭대기에 있는 성입니다. 그런 곳이라도 하나님이 거하시면 그곳에서 복의 샘이 솟아납니다. 하나님의 복이 하나님의 보좌로부터 흘러넘쳐 모든 사람이 풍족하고 만족하며 사는 것입니다.

순례자는 일상생활의 자리에서도 하나님과 함께, 순례의 길에서도 하나님과 동행했습니다. 자신이 있는 자리를 지렛대로 삼아 자신의 마음을 영적인 세계로 끌어올리며 살았습니다. 이런 뜻에서 그는 영원한 순례자입니다.

정각선(鄭覺先, 1660∼1743)에게 설오(雪悟) 스님이 찾아왔습니다. 은퇴한 뒤 조용한 나날을 보내는 어느 날이었습니다.

두 사람이 함께 집 앞을 한가롭게 거닐며 봄 경치를 감상하다가 문득 정각선이 설오에게 집안 걱정이나 자식 걱정 없이 평생 승려로서 평온하게 살아가는 그대의 삶이 부럽다고 했습니다.

설오 스님은 자신이 이미 늙어서 눈과 귀가 어둡고, 매일 굶주리고 있으며, 장차 더 나이가 들면 용변도 제대로 가리지 못하게 될 것이라 한탄하며 이렇게 사는 것보다는 차라리 죽는 편이 나을 것이라고 했습니다. 설오의 눈에 비친 정각선은 젊은 시절 현령을 지낸 관운(官運)이 있고 은퇴한 뒤로는 좋은 경치 속에서 집을 짓고 살아가는 여유로운 인물이니 근심이나 걱정 따위가 있을 리 없습니다. 그런 삶이라면 수천 년을 산다고 해도 인생이 싫증나거나 지루할 이유가 없다고 부러워했습니다.

외발 짐승 기(夔)는 다리가 많이 달린 지네(蚿)를 부러워하고, 지네는 뱀을 부러워하고, 뱀은 바람을 부러워하고, 바람은 눈〔目〕을 부러워하고, 눈은 마음

〔心〕을 부러워한다.(夔憐蚿, 蚿憐蛇, 蛇憐風, 風憐目, 目憐心)《장자(莊子)》〈추수
(秋水)〉

자신이 가지지 못하거나 이루지 못한 삶을 부러워하고, 그런 모습으로
한 번 살아봤으면 하고 생각하는 건 인간이 가지고 있는 본성입니다. 상대
방의 처지에서 생각해보면 내가 누군가를 부러워하는 가운데, 또 어떤 이
는 내가 가진 것을 부러워할 수도 있습니다. 결국 남이 가진 것은 크게 보
이고, 내가 가진 것은 작게 보이는 것 아닐까요?

대화 끝에 유학자 정각선은 자신의 생각을 이렇게 정리합니다. "나는 산
승의 생애를 부러워하고, 산승은 나의 넉넉한 삶을 부러워했다. 이는 실로
서로 간에 마음으로만 헤아리고 직접 경험해보지 못했기 때문이다. 만약
입장이 바뀌었다면 서로 상대방처럼 생각했을 것이다."(我羨山僧之生涯,
山僧亦羨我之厚享. 良由於彼此所擬於心者, 不得親經, 而易地則皆然)

순례는 하나님께서 우리에게(내게) 주신 것을 선용하며 살려는 마음을
가다듬는 것입니다.

내가 부러워하는 남의 떡이 사실은 그가 평생 지고 살아가는 짐일 수도
있습니다. 순례는 사람에게 생겨나는 부러움(선망) 대신에 주어진 은혜를
감사하는 마음을 키웁니다. 남을 부러워하는 마음으로 사는 대신에 자기
마음을 수양하며, 하나님 앞에 선 인생을 가꾸는 과정이 곧 순례입니다.

51
기도와 응답

시132:17–18

찬송: 154장(생명의 주여 면류관)

> 17 내가 거기서 다윗에게 뿔이 나게 할 것이라 내가 내 기름 부음 받은 자를 위
>   하여 등을 준비하였도다
> 18 내가 그의 원수에게는 수치를 옷 입히고 그에게는 왕관이 빛나게 하리라 하
>   셨도다

이것은 시 132:9-10의 기도에 이어지는 내용입니다. 그 기도는 다음과
같이 응답받습니다.

i) 제사장에게 '의의 옷을 입혀달라'(일버슈-체텍 jilbbəšû-ṣedeq)는 기도(9
절)가 내가 그 제사장들에게 구원의 옷 입히리니(알비쉬-예샤 albbiš ješa)로 응
답되었습니다.(16a) 의의 옷을 입는 것은 바르고 참되게 살아가는 것입니
다. 구원의 옷을 입는 것은 사람들을 구원받는 길로 인도하는 것입니다.

ii) 주의 성도들은 즐거이 외치게 해 달라는 기도는 '그 성도들은 즐거이
외치리로다'(16b)로 응답되었습니다. 하나님은 제사장들에게 구원의 옷을
입히시고, 성도들에게 신바람나는 환호성을 올리게 하셨습니다.

iii) 주의 기름 부음 받은 자의 얼굴을 외면하지 말라는 기도는 17-18절 말씀으로 응답되었습니다.

하나님은 원수에게 수치를 옷 입듯 하게 하시며, 다윗에게 뿔이 나게 하시고 등을 준비하십니다. 그의 왕관을 빛나게 하십니다.

뿔은 강력한 힘이나 탁월한 인물 또는 번영을 표시합니다.(신 33:17; 삼하 22:3; 단 7:7-8) 세례 요한의 아버지 사가랴의 노래 가운데 한 구절입니다.

> 68 찬송하리로다 주 이스라엘의 하나님이여 그 백성을 돌보사 속량하시며 69 우리를 위하여 구원의 뿔을 그 종 다윗의 집에 일으키셨으니 70 이것은 주께서 예로부터 거룩한 선지자의 입으로 말씀하신 바와 같이 71 우리 원수에게서와 우리를 미워하는 모든 자의 손에서 구원하시는 일이라(눅 1:68-71)

등(등불)은 어두운 세상을 밝히는 빛(구원) 또는 빛으로 오시는 분을 상징합니다. 마치 집안에 불이 켜져 있는 것은 그곳에 사람이 살고 있다는 표시가 되듯이, 다윗의 집에 등불이 켜져 있는 것은 그의 통치(왕조)가 계속된다는 뜻이기도 합니다.

> 그의 아들에게는 내가 한 지파를 주어서 내가 거기에 내 이름을 두고자 하여 택한 성읍 예루살렘에서 내 종 다윗이 항상 내 앞에 등불을 가지고 있게 하리라 (왕상 11:36)

> 4 그의 하나님 여호와께서 다윗을 위하여 예루살렘에서 그에게 등불을 주시되 그의 아들을 세워 뒤를 잇게 하사 예루살렘을 견고하게 하셨으니 5 이는 다윗이 헷 사람 우리아의 일 외에는 평생에 여호와 보시기에 정직하게 행하고 자기

에게 명령하신 모든 일을 어기지 아니하였음이라(왕상 15:4-5)

여호와께서 그의 종 다윗을 위하여 유다 멸하기를 즐겨하지 아니하셨으니 이는
그와 그의 자손에게 항상 등불을 주겠다고 말씀하셨음이더라(왕하 8:19)

왕관(면류관)은 본디 제사장이나 왕을 상징합니다. 나중에 이것은 죄와
사망의 권세에 대하여 승리하신 메시야를 가리킵니다.

또 내가 보니 흰 구름이 있고 구름 위에 인자와 같은 이가 앉으셨는데 그 머리
에는 금 면류관이 있고 그 손에는 예리한 낫을 가졌더라(계 14:14)

시편 132는 크게 두 부분으로 나누어집니다: 1-10절과 11-18절. 이 두
부분의 내용은 대칭구조로 되어 있습니다. 2절 '그가 여호와께 맹세하며'
에서 '그'는 누구입니까? 그 대답이 11절에 있습니다: '여호와께서 다윗에
게 성실히 맹세하셨으니'라는 2절에서 서원의 주체는 다윗입니다. 11절에
서 맹세의 주체는 하나님입니다. 8절 '평안한 곳으로 들어가소서'라는 말
씀의 응답은 14절입니다: "이는 나의 영원히 쉴 곳이라 내가 여기 거할 것
은 이를 원하였음이로다." 9절 "주의 제사장들은 의를 입고 주의 성도들은
즐거이 외칠지어다"는 말씀에 대한 응답은 16절 "내가 그 제사장들에게
구원으로 입히리니 그 성도들은 즐거움으로 외치리로다"입니다.

시편집에 있는 시들의 평균 절 수는 17절입니다. 시편 132는 순례자의
노래들 가운데 가장 깁니다.(18절) 다른 순례자의 시편들의 평균 절수는 7
절입니다.(Seybold 20) 순례자는 성전으로 올라가면서 믿음의 선배들(특히
다윗)에게 고마운 마음을 표했습니다. 그리고 성전이 있기에 예배를 드리

러 갈 수 있음에도 마음깊이 감사를 드렸습니다.

순례자는 기도가 응답받았던 일들을 회상합니다. 자기 개인 기도는 물론 사회와 공동체가 함께 드렸던 기도가 하나님께 상달되고 받아들여진 것에 감사하며 기억을 더듬습니다. 그 일을 하나 하나 헤아리면서, 지금 자신과 이스라엘이 드리는 기도를 하나님께서 응답해주실 것을 믿으며 간곡하게 정성껏 기도드립니다.

기도응답 받았던 일들을 기억하는 순례자의 발걸음은 예루살렘까지 가느라 험한 산길, 거센 물길을 건너면서도 가볍습니다. 길가는 도중 어떤 때에는 친절한 사람을 만나고, 어떤 때에는 기분을 잡치게 하는 사람을 만나도 크게 개의치 않습니다. 그냥 '세상에는 이런 저런 사람이 있기 마련이지' 하며 가볍게 넘깁니다. 그리고 하나님의 성전에서 하나님께 예배드릴 그 날 그 시간에 가장 큰 비중을 두고 앞으로 앞으로 나아갑니다.

52

어찌 그리 선하고 아름다운가!!!

시133:13

찬송: 475장(인류는 하나 되게)

보라 형제가 연합하여 동거함이 어찌 그리 선하고 아름다운고

시 133:1을 직역하면 다음과 같습니다.

얼마나 좋은가! 얼마나 즐거운가! 형제자매가 어울려 함께 사는 일!

형제자매라는 말(*aḥim*)은 본디 가족 내지 친족 구성원을 포함하는 말입니다.(창 13:5-8; 36:6-7 참조) 여기서는 지역공동체 더 나아가 국가 및 민족 공동체를 가리키는 것으로 보아도 무방합니다.

1절 말씀에서 우리는 무엇을 느낍니까? 그것은 웃음보요 감격이요 평화입니다. 하나님께서는 형제가 연합하여 사는 것을 보시며 감탄사를 두번이나 되풀이하셨습니다. '얼마나 좋은가'할 때 좋다(토브 *ṭôb*=선하다)는 말은 창세기 1장에 하나님께서 천지만물을 창조하실 때 하나 하나가 완성될 때마다 하셨던 말씀 '보시기에 좋았더라'에 나오는 것과 같은 낱말입니다. 이

것은 바르고 풍요롭다는 것과 아울러 기쁘고 보기좋다는 말맛을 지니고 있습니다.

사실 하나님께서는 인간세상에서 형제가 원수로 되고, 자매들 서로 간에 물고 뜯으며, 피흘리는 모습을 많이 보셨습니다. 다윗이 예루살렘에 언약궤를 안치하기 이전에 이스라엘 민족은 분열과 갈등에 시달렸습니다. 이들은 사울집안과 다윗집안으로 나뉘어 전쟁도 하였습니다. 그러던 이스라엘이 다윗을 중심으로 하나가 되었습니다. 이후에 다윗은 언약궤를 시온산으로 옮겨놓고 거룩한 예배처소를 가장 먼저 만들었습니다. 그리고 이스라엘 민족이 신앙의 정신, 다시말해 하나님 중심으로 살아가는 길을 보여주었습니다.

신앙을 가진 사람도, 잠시 세상에 한 눈을 팔면, 또다시 내편 네편으로 갈라져 다투게 된다는 점을 다윗 자신이 보여주었습니다. 다윗은 잔꾀를 부려 충성된 신하 우리아를 죽이고 그의 아내를 빼앗았습니다. 다윗의 아들 암논은 이복동생인 자매 다말을 범한 다음에 외면하였습니다. 다윗의 또 다른 아들 압살롬은 동생 암논을 죽이고, 나중에는 아버지 다윗을 대항하여 반란을 일으켰습니다. 사람이 살면서 부모자식관계가 이렇게 살벌해진다면, 꽃이 아무리 아름다운들 무슨 소용이 있습니까? 사람이 살면서 형제자매 관계가 이렇게 살벌해진다면, 자연과 우주가 아무리 신비롭고 오묘한들 무슨 소용이 있습니까?

이는 그냥 한 지붕 아래 사는 것이 아니라, 연합한다, 곧 뜻을 하나로 합친다는 사실이 중요하다는 점을 일러줍니다. 《시경(诗经)》〈소아(小雅) 상체(常棣)〉7연에 나오는 시입니다.

妻子好合(처자호합) 아내와 자식이 화합하는 것이

如鼓瑟琴(여고슬금) 거문고와 비파를 연주하는 것 같아

兄弟歸翕(형제귀흡) 형제가 모두 모이니

和樂且湛(화락차담) 화기애애 즐겁구나

아서 골든이라는 작가가 있습니다. 그리스도인인 그에게 어느 날부터 무기력증이 찾아왔습니다. 갑자기 아무 것도 하고 싶지 않았습니다. 하루 아침에 인생의 모든 것이 의미 없어 보였어요. 작가로 상당한 명성을 날리던 그는 자살을 생각했습니다. 여러 번 그런 생각을 하다가 자기와 절친한 친구를 찾아갔습니다. 그 친구는 정신과 의사이자 상담가였습니다. 그에게 자기 마음을 솔직하게 애기했습니다. 그가 물었습니다. "자네가 어릴 때 가장 좋아했던 일이 무엇이었나?" 한참 생각한 끝에 골든은 "어릴 때 바닷가에 살았는데, 파도소리를 들으며 갈매기 소리를 듣는 것을 참 좋아했어."라고 대답했습니다.

그 의사는 다음 날 10시에 만나자고 했습니다. 그 시간에 갔더니 그는 꼼꼼하게 적힌 네 가지 처방전을 그에게 주었습니다. 그리고 "이 처방전은 너무 중요한 거니까, 약을 시간 맞춰서 먹듯이 꼭 그 시간에 펴 봐야 한다"라고 하더니 골든이 자란 그 바닷가에 가서 그 처방전을 펴 보라고 덧붙였습니다. 그는 처방전을 가지고 자기의 고향에 갔습니다.

아침 9시에 첫 번째 처방전을 뜯었습니다. 그 처방전에는 "자네가 이 처방전을 열어 볼 때쯤이면 자네는 바닷가에 가 있겠군. 그곳에 앉아서 파도소리와 갈매기 소리를 2시간 동안 조용히 들어보게"라고 써 있었어요. '처방전에 뭐 유용한 것이 들어있을 줄 알았는데…'라며 조금 실망했습니다. 그래도 그는 시키는 대로 해 보기로 했습니다. 파도소리와 갈매기 소리가 들려왔습니다. 왠지 마음이 조금씩 차분해지는 것을 느꼈어요. 바다를 바라보고 어릴 때를 생각하고, 갈매기를 보는 사이 어느새 12시가 되었어요. 두 번째 처방전을 뜯어야 할 시간입니다.

두 번째 처방전에는 "지금까지 살면서 행복했다고 생각되는 순간들을 생각해 보라"고 써 있었습니다. 그는 눈을 감고 지금까지 살아온 과거의 인생 가운데 행복한 순간들을 생각해 보았어요. 자살까지 마음먹었던 의미 없는 인생이라고 생각했는데, 과거에 행복했던 순간들이 많았음을 기억해 냅니다. 친구들과 바닷가에서 씨름하던 일, 수영하던 일, 저녁 늦게까지 놀고 있으면 어머니가 자기의 이름을 부르며 찾아와서, 손을 잡고 집에 데리고 가서 씻겨 주시고 밥상을 차려 주시던 일, 참으로 행복한 순간들이 많았습니다. 과거의 추억을 떠올리며 그의 마음이 점차 밝아지기 시작했어요. 오후 3시가 되었습니다. 이제 세 번째 처방전을 뜯을 차례입니다.

"지금부터 자네의 마음속을 자세히 들여다보게. 그리고 자네가 지금까지 살아온 인생의 동기가 무엇인지, 의미가 무엇인지 곰곰이 되씹어 보게" 라고 써 있었어요. 그는 몇 시간 동안 자기가 인생을 살아 온 동기와 마음을 들여다봅니다. 그리고 나서 깜짝 놀랍니다.

아서 골든은 그리스도인이었습니다. 당연히 자신의 마음속에 하나님이 계실 줄 알았어요. 그런데 그 바닷가에서 자신의 마음을 들여다본 그 순간, 그의 마음속에는 하나님이 아니라 세상의 모든 것들이 가득 차 있었어요. 그동안 하나님의 영광을 위해 글을 쓴다고 밥먹듯 얘기했지만, 마음속에는 하나님이 없었어요. 왜 글을 썼는가? 자신의 명예와 수입을 위해 글을 썼던 자신을 발견합니다. 이 사실을 발견한 그는 눈물이 쏟아지기 시작했습니다. 울면서 하나님과 자신의 마음을 바라보며 탄식합니다. "하나님, 내 마음에 하나님이 안 계시군요. 하나님이 어느새 내 가장자리에 존재합니다!" 울다 보니 어느덧 저녁 6시를 맞았습니다. 마지막 처방전이 기다리고 있었습니다.

"이제 자네의 죄를 자백할 시간이네. 자네가 자백할 죄들을 모래사장에 모두 써 보게." 그는 울면서 참으로 회개하며 모래사장에 글을 써내려갔습니다.

올바르게 산 줄 알았는데 왜 그렇게도 잘못 산 것이 많은지요! 아내와 자녀에게 잘못한 것, 하나님 중심으로 살지 못했던 것, 쾌락을 위해 산 것, 이 모든 죄를 모래사장에 써내려갔습니다. 그 처방전에서 시키는 대로 다 써놓고 한 곁에 물러나, 하나님께 이 죄들을 용서해 달라고 간절히 기도드렸습니다.

어느새 바다에는 해가 지고 밤이 찾아왔습니다. 그때 아서 골든이 눈을 들어보니 그가 많은 죄를 적어놓은 모래사장이 밀물에 깨끗이 씻겨났습니다. 그 순간, 하나님께서 자신의 모든 죄를 용서하셨음을 알았습니다. 그는 일어나 주님을 찬양하며 삶의 의미를 다시 찾고, 그리스도인 작가로서의 일을 계속했습니다. 그는 이 간증을 월간지 〈리더스 다이제스트〉에 보냈습니다.

순례자는 여기서 인생의 의미를 찾는 길들 가운데 하나인 이웃과의 조화(평화)를 말합니다. 신앙인에게 인생은 자기 자신과의 평화, 이웃과의 평화, 주변 세계와의 평화 등 평화의 길을 평생 걸어가는 순례입니다.

53
당신은 사랑받고 있는 사람

시133:2-3

찬송: 158장(서쪽 하늘 붉은 노을)

> 2 머리에 있는 보배로운 기름이 수염 곧 아론의 수염에 흘러서 그의 옷깃까지
>   내림 같고
>
> 3 헐몬의 이슬이 시온의 산들에 내림 같도다 거기서 여호와께서 복을 명령하셨
>   나니 곧 영생이로다

이것은 영적인 감동을 받은 사람의 가슴 뛰는 이야기입니다. 하나님께서 내려주시는 복을 받은 감격이 그 영혼에 흘러 넘칩니다.

우리가 부르는 CCM 가운데 "당신은 사랑 받기 위해 태어난 사람 당신의 삶 속에서 그 사랑 받고 있지요"라는 노래가 있습니다. 천상천하유아독존(天上天下唯我獨尊=우주만물 중에 내가 가장 귀하다)이라는 말도 있습니다. 이것들은 모두 자존(自尊)에 관해 말합니다.

그 자존은 자존심(self-pride)도 되고 자존감(self-esteem)도 됩니다. 윌리엄 제임스(William James 1842-1910)가 1890년에 이런 말을 처음 썼습니다. 자존감과 자존심은 자신을 향한 긍정이라는 공통점이 있습니다. 그리고 이것

들은 심(心)이냐 감(感)이냐는 글자 하나만 다른데도 그 내용에 엄청난 차이가 있습니다.

자존심(自尊心)과 자존감(自尊感)은 어떻게 다를까요? '자존심을 건드린다'는 말에는 상대방에게서 무시당했다고 느끼는 감정이 들어 있습니다. 이는 '나는 네가 생각하는 것보다 훨씬 옳아.(잘해) 그러니까 나를 인정해 줘' 하는 심정입니다. 이런 뜻에서 자존심은 '나는 잘났다'면서 자신을 지키는 마음이고, 자존감은 '나는 소중하다' 하면서 자신을 존중하는 마음입니다. 자존심은 외부의 영향을 받아 자기를 주변에 비교하면서 스스로에게 생기는 마음입니다. 자존감은 자기 존재의 깊이를 들여다보면서 무엇에나 누구에게나 비교하거나 영향을 받지 않는 자기 존재 그 자체를 의미있게 받아들이는 마음입니다. 다시 말하자면 자존감은 '있는 그대로의 모습에 대한 긍정'을, 자존심은 '비교·경쟁 속에서의 긍정'을 뜻합니다.

자존심은 특히 이웃에게 자신을 절대로 굽히지 않으려는 의지로 나타납니다. 이는 그 사람보다 자기가 더 존중받고 싶기에 더 많이 가진 사람, 더 많이 성취한 사람, 더 예쁜 사람, 더 똑똑한 사람, 더 좋은 일을 하는 사람, 더 좋은 의견을 낸 사람 등 '더'를 향해 나갑니다. 자존심을 드러낼 때 사람은 얼굴을 일그러뜨리거나 뻣뻣한 말투를 보여줍니다. 자존감이 낮은 사람은 매사에 이웃의 시선을 의식합니다. 그 결과 불필요할 때 자존심을 드러내며 과민하게 반응합니다.

이것의 진짜 주인은 '자기'가 아니라 '남'입니다. 자기가 자기를 보는 대신에 남이 자신을 보는 것입니다. 자존심은 자신보다 높은 수준의 사람을 만나면 저 혼자 비참해지고, 자기보다 낮은 수준의 사람을 만나면 괜히 우쭐하며 기분이 좋아집니다.

이것이 커지면 커질수록 독선(獨善)으로 나타납니다. 예를 들면 다윗을 바라보는 사울 임금의 마음입니다. 사람이 자존심에 이끌릴 때 이기적으로 됩니다. 비타협적이고, 지나친 경쟁과 차별을 가져옵니다. 자존심을 지키려는 것 자체로 이미 시샘이 발동하여 자신과 이웃에게 상처를 안겨줍니다. 일을 더 이상 진척되지 않게 만들곤 합니다. 그리고 울화통(鬱火痛)이 터집니다. 자존심을 부리는 동안에 그는 자기 자존심을 건드린 사람이 바로 자기를 비춰주는 거울인 것을 깨닫지 못합니다.

자존감은 자기 자신의 고유한 가치에 관심이 큽니다. 어떤 구체적인 일에서 다른 사람이 '너는 자존심도 없냐'고 비웃듯 말할 때 '응, 그 정도쯤이야 내게 별 상관없어'라고 여유롭게 대답하는 사람은 자존감이 높은 사람입니다. 자존감이 높은 사람은 자기를 이웃과 비교하여 우월감이나 열등감을 갖는 대신에 있는 그대로의 자신을 인정하고 있는 그대로의 자기 모습을 사랑합니다.

자존감의 주인은 '남'이 아니라 '자기'입니다. 자존감이 높은 사람은 자신의 참된 가치와 본분을 압니다. 예를 들면 다윗을 대하는 사울임금의 아들 요나단입니다.

방탄소년단(BTS)은 2018년 9월 24일 유엔 정기총회 무대에 한국 가수 최초로 연설을 했습니다. 그때 그룹 멤버 중 한 명인 RM은 약 7분 동안 말했습니다.

"저는 오늘 저에 대한 이야기로 시작하려 합니다. 저는 대한민국 서울 근교 일산에서 태어났습니다… 그곳에서 행복한 어린 시절을 보냈고, 저는 그저 평범한 소년이었습니다. 두근거리는 가슴을 안고 밤하늘을 올려다보고, 소년의 꿈을 꾸기도 했습니다. 세상을 구하는 영웅이 되는 상상을 하곤 했습니다.

저희 초기 앨범 인트로 중 '아홉, 열 살쯤 내 심장은 멈췄다'는 가사가 있습니다. 돌이켜보면, 그때쯤이 처음으로 다른 사람의 시선을 의식하고, 다른 사람의 시선으로 나를 보게 된 때가 아닌가 싶습니다. 그때 이후 저는 점차 밤하늘과 별들을 올려다보지도 않게 됐고, 쓸데없는 상상을 하지도 않게 되었습니다. 그보다는 누군가가 만들어 놓은 틀에 저를 끼워 맞추는데 급급했습니다. 얼마 지나지 않아 내 목소리를 잃어버리고, 다른 사람의 목소리를 듣기 시작했습니다. 아무도 내 이름을 불러주지 않았고, 저 스스로도 그랬습니다. 심장은 멈췄고 시선은 닫혔습니다. 그렇게 저는, 우리는 이름을 잃어버렸고 유령이 되었습니다. 하지만 제게는 하나의 안식처가 있었습니다. 바로 음악이었습니다. 제 안에 작은 목소리가 들렸습니다. '깨어나, 남준. 너 자신한테 귀를 기울여!' 그러나 음악이 제 진짜 이름을 부르는 것을 듣는데 까지는 오랜 시간이 걸렸습니다. 막상 방탄소년단에 합류하기로 결심한 이후에도 많은 난관이 있었습니다. 못 믿는 분들도 계시겠지만, 대다수의 사람은 우리에게 희망이 없다고 생각했습니다. 때때로 그저 포기하고 싶었습니다. 하지만 제가 모든 것을 포기하지 않은 것은 정말 행운이라고 생각합니다. 저는, 그리고 우리는 앞으로도 이렇게 넘어지고 휘청거릴 겁니다…

어제 실수했더라도 어제의 나도 나이고, 오늘의 부족하고 실수하는 나도 나입니다. 내일의 좀 더 현명해질 수 있는 나도 나일 것입니다. 이런 내 실수와 잘못들 모두 나이며, 내 삶의 별자리의 가장 밝은 별 무리입니다. 저는 오늘의 나이 든, 어제의 나이 든, 앞으로 되고 싶은 나이 든, 제 자신을 사랑하게 되었습니다. LOVE YOURSELF 앨범을 발매하고, LOVE MYSELF 캠페인을 시작한 후 우리는 전 세계 팬들로부터 믿지 못할 이야기들을 들었습니다. 우리의 메시지가 그들이 삶의 어려움을 극복하고 그들 자신을 사랑하게 되는데 어떤 도움이 되었는지를요. 그런 이야기들은 우리의 책임감을 계속해서 환기시킵니다… 이제 저는 여러분께 "여러분 자신에 관해 말해보세요"라고 말씀드리고 싶습니다.

저는 여러분 모두에게 묻고 싶습니다. 여러분의 이름은 무엇입니까? 무엇이 여러분의 심장을 뛰게 만듭니까? 여러분의 이야기를 들려주세요. 여러분의 목소리를 듣고 싶습니다. 여러분의 신념을 듣고 싶습니다. 여러분이 누구이든, 어느 나라 출신이든, 피부색이 어떻든, 성 정체성이 어떻든, 여러분 자신에 관해 이야기해주세요. 여러분 자신에 대해 말하면서 여러분의 이름과 목소리를 찾으세요.

저는, 김남준이며, 방탄소년단의 RM이기도 합니다. 아이돌이자 한국의 작은 마을 출신의 아티스트입니다. 다른 많은 사람처럼, 흠이 많고, 그보다 더 많은 두려움이 있습니다. 그래도 이제는 온 힘을 다해 저 자신을 끌어안고 천천히, 그저 조금씩 사랑하려 합니다…."

순례자는 자신이 하나님의 복을 받은 사람이라는 의식을 안고 살아갑니다. 그러다보니 세상의 웬만한 일에는 끄떡도 하지 않습니다. '하나님께서 내게 이런 복 저런 복을 주셨는데, 그 사람이… 이 환경이… 나를 어떻게 할 수 있겠어'하며 마음이 든든합니다. 웬만한 사람이라면 자존심이 상할 법한데도 전혀 흔들리지 않습니다.

1 하나님은 우리의 피난처시요 힘이시니 환난 중에 만날 큰 도움이시라 2 그러므로 땅이 변하든지 산이 흔들려 바다 가운데에 빠지든지 3 바닷물이 솟아나고 뛰놀든지 그것이 넘침으로 산이 흔들릴지라도 우리는 두려워하지 아니하리로다(시 46:1-3)

자존감이 이렇게 높은 순례자는 공동체를 위해 노래합니다. 그는 이스라엘 북쪽에 있는 헐몬(헤르몬산)과 남쪽에 있는 시온산 – 이스라엘을 대표하는 두 산을 이야기합니다. 우리나라에 빗대면 이것은 한라산에서 백두산까지, 백두산에서 한라산까지 라는 뜻입니다. 이것은 국가공동체 민족공동체를 상징합니다.

헤르몬산은 해발 2814m 되는 높은 산입니다. 그 봉우리에는 연중 여러 달 동안 눈이 쌓여 있습니다. 그 눈이 녹아 내려 갈릴리 호수로 흘러듭니다. 갈릴리 호수에서 이 물은 요르단 계곡을 타고 흐르는 요르단강이 되어 사해까지 흘러가면서 요르단강변에 농토를 촉촉하게 적셔줍니다. 그 눈이 수증기로 변하여 하늘로 올라갔다가 남쪽으로 내려와 시온에 있는 산들에 이슬로 내립니다.

여기서 이슬은 신선함 영롱함 촉촉한 부드러움 등의 이미지로 우리에게 다가옵니다. 성경은 하나님께서 찾아와 사람들 가운데 계시는 것(임재)을 이슬에 비유하기도 합니다.

5 내가 이스라엘에게 이슬과 같으리니 그가 백합화 같이 피겠고 레바논 백향목 같이 뿌리가 박힐 것이라 6 그의 가지는 퍼지며 그의 아름다움은 감람나무와 같고 그의 향기는 레바논 백향목 같으리니 7 그 그늘 아래에 거주하는 자가 돌아올지라 그들은 곡식 같이 풍성할 것이며 포도나무 같이 꽃이 필 것이며 그 향기는 레바논의 포도주 같이 되리라 (호 14:5-7)

54

어둠 속에 이루어진 부활

시 134:1

찬송: 31장(찬양하라 복되신 구세주 예수)

보라 밤에 여호와의 성전에 서 있는 여호와의 모든 종들아 여호와를 송축하라

이것은 하나님을 찬양하는 노래입니다. 이 노래의 분위기로 짐작컨대 순례자는 예루살렘 성전에 들어와 예배에 참여한 듯합니다. 시편 120편 회개로 시작된 성전으로 올라가는 노래(순례자의 노래)는 시편 134편 찬양으로 마무리됩니다. "이 백성은 내가 나를 위하여 지었나니 나를 찬송하게 하려 함이니라"(사 43:21)

이 찬양은 '보라'는 말로 시작됩니다. 무엇을 보라는 말씀입니까? '여호와의 성전에 있는 사람들'을 보라는 것입니다. 이것은 눈으로 보라는 말일 뿐만 아니라 '주의력을 기울리라' 다시말해 마음으로 영혼으로 보라는 뜻입니다. 온 힘 다해, 온 맘 다해 여호와를 찬양하라는 권유입니다.

여기서 '밤에'라는 말이 눈에 띕니다. 그 뜻은 낮에는 말할 것도 없고 밤에도 라는 말맛입니다. 그렇더라도 무슨 연고로 낮이 아니라 밤일까요? 낮이 아니라 밤에 찬양을 드릴까요? 여기서 우리는 '밤'이라는 시간보다는

270

그 말에 담긴 은유(의미)를 생각합니다. 하루 24시간 그 짧은 시간에도 낮과 밤이 있듯이 우리 인생살이에도 낮과 밤이 공존합니다. 흔히 즐겁고 기쁘고 행복한 때를 낮이라고 하고, 외로움과 괴로움이나 가난, 질병 등으로 고통스러운 시간이나 날을 밤이라고 부릅니다.

하라자끼 모모꼬라는 일본인이 있었습니다. 그는 어느 개척교회 목사의 사모였습니다. 남편을 도와 사역하던 어느 날 폐암 진단이 그에게 내렸습니다. 그는 공책 두 권을 마련했습니다. 그리고 죽기까지 44일간 투병일기를 썼습니다. 자신이 암환자라는 사실을 알게 된 그는 바로 그날의 일기를 이렇게 썼습니다. "내 마음은 주를 경배하며, 내 영혼은 내 구원이신 하나님을 기뻐하노라. 오늘이라는 날, 1978년 6월 28일을 나는 분명히 적어야만 하겠다. 오늘은 내 길지 않는 생애에 있어서 획기적인 날이 되었다. 나의 생애는 오늘부터 시작된다. 이제부터가 진정한 삶이다."

그로부터 한 달 뒤 7월 30일 그는 교회에 나갈 수 없을 정도로 기력을 잃었습니다. 교회를 나갈 수 없었던 그는 그날 교회에서 성도들이 모여 드리는 예배를 상상하며 시 한 편을 남겼습니다.

"내 신음이여, 내 찬미의 노래가 되어라.

내 괴로운 숨결이여, 내 신앙의 고백이 되어라.

내 눈물이여, 내 노래가 되어라. 주님을 찬양하는 내 노래가 되어다오.

내 병든 육체에서 나오는 모든 숨결이여, 호흡의 곤란이여, 기침이여,

내 열이여, 땀이여, 내 숨결이여 최후까지 내 찬송이 되어라."

혹시 지금 우리는 인생의 어두운 밤(시기)을 맞았습니까? 그렇다면 여호와를 찬양하는 노래를 부르십시오. 밤의 현실에 파묻히는 대신에 새로운

아침을 열어 주실 하나님께 찬미의 제사를 드리십시오. 순례자가 밤에 성소를 향하여 손을 들고 여호와를 송축하였듯이, 사도 바울 일행이 억울한 누명을 쓰고 감옥에 갇혀서 감사의 기도와 찬양을 드렸듯이.(행 16:16-34)

바울과 실라는 자기들의 잘못으로 매를 맞은 것이 아니었습니다. 하나님의 뜻과 성령님의 인도하심에 따라 복음을 전하다가 당한 고난이었습니다. 우리가 그런 일을 당했다면 어떻게 했을까요? 그 지독한 고통의 밤에 두 사람은 무엇을 했습니까? 하나님을 송축했습니다. 하나님께 기쁨의 찬양을 올렸습니다. 그 찬양은 험악한 죄수들을 감동시켰습니다. 심지어 땅까지 감동해 흔들릴 정도였습니다.

그때 잠겼던 감옥 문이 다 열렸고, 죄수들에게 채워졌던 차꼬까지 벗겨졌습니다. 밤이라 어둡고, 지하 감옥이라 더 어두운 그곳에서 바울과 실라가 부른 찬양은 그 어둠을 환하게 밝혔습니다. 이에 감옥 소란과 죄수 탈주를 예상한 간수가 책임감 때문에 자살하려다가 주님을 영접했습니다. 그와 그의 가족의 인생이 밤에서 낮으로 바뀌었습니다.

인간적이고 세상적인 모든 수단과 방법을 총동원해도 해결할 수 없고, 동서남북을 바라보아도 꽉 막혀 절망뿐인 어두운 밤. 그 처절한 아픔과 눈물로 얼룩진 밤을 벗어날 수 있는 유일한 길은 감사와 찬미의 노래를 부르는 것입니다. 감사와 찬미의 노래는 우리에게 인생의 어두운 밤을 밝고 환한 대낮으로 만드시는 하나님의 크신 능력을 직접 체험하게 만들 수 있습니다.

예수 그리스도의 부활은 우리 모두의 부활을 예표하는 것입니다. 부활의 첫열매이신 예수님은 자신의 부활과 생명에 우리도 참여할 은혜를 주십니다.

예수님의 부활은 날이 채 밝지 않은 때 곧 아직 어두운 시간에 이루어졌습니다. 하나님의 선물인 우리 인생의 부활도 어쩌면 어두운 세상살이 속에서 불현듯 찾아올 것입니다. 천국을 향해 순례하는 우리 인생길의 끝은 부활이요 영생입니다.

순례자는 밤에도 성전에 머물렀습니다. 예배의 자리를 지켰습니다. 그곳에서 그는 하나님과 만나고, 자기 자신과 만납니다. 믿음의 형제자매들을 만납니다. 자신이 아직 가 보지 못한 지구촌 다른 곳에 사는 형제자매들, 얼굴도 이름도 모르는 그들을 위해 중보기도 드립니다. 순례의 길에 선 순례자의 예배 안에서 익숙한 것들도 친근해지며, 낯선 것들도 가까워지며 교감을 나눕니다.

55

손 높이 들고

시 134:2

찬송: 37장(주 예수 이름 높이여)

> 2 성소를 향하여 너희 손을 들고 여호와를 송축하라
>
> 3 헐몬의 이슬이 시온의 산들에 내림 같도다 거기서 여호와께서 복을 명령하셨
> 나니 곧 영생이로다

시편 134편은 대화체로 쓰였습니다. 1절은 순례의 길에서 성전을 찾아 예배를 드린 다음 집으로 돌아가는 성도들이 남아서 성전을 지키는 레위인들을 향해 부르는 노래입니다. 2-3절은 생활의 자리로 돌아가는 순례자들을 배웅하는 레위인들이 부르는 노래입니다. 그 모습을 머릿속에 그리며 우리는 예배 참석자들이 서로 서로 격려하고 축복하는 것을 흐뭇하게 바라봅니다. 예배자들은 다른 이들을 바라보고, 다른 사람을 이해하며, 다른 사람을 배려하며 속으로 걱정해 주고, 다른 사람들을 찬양의 자리로 초청하며, 다른 사람들에게 하나님의 복이 임하길 기도드리며 노래를 부릅니다.

찬양드리며 손을 드는 이유가 무엇입니까? 성경에 따르면 그것은 ① 복은 위에 계신 하나님께서 내려주시는 것이라는 믿음 ② 주님께 감사를 표

274

현하는 자세(시 63:3-4) ③ 하나님을 경
배하는 가장 적절하고도 적극적인 자세
(시 134:2) ④ 자신의 처지와 형편을 살
펴주시기를 바라는 영적인 간절함 ⑤
하나님께 승복하는 것 ⑥ 기뻐하며 감
격하여 자연스럽게 취하는 제스처 ⑦
입술로 읊은 찬양의 가사 그대로 복음
을 살아내겠다는 결단을 의미합니다.

기도(고대 이집트 석상)

이러므로 나의 평생에 주를 송축하며 주
의 이름으로 말미암아 나의 손을 들리이
다(시편 63:4)

곤란으로 말미암아 내 눈이 쇠하였나이다 여호와여 내가 매일 주를 부르며 주
를 향하여 나의 두 손을 들었나이다(시편 88:9)

또 내가 사랑하는 주의 계명들을 향하여 내 손을 들고 주의 율례들을 작은 소리
로 읊조리리이다(시편 119:48)

여호와여 내가 주를 불렀사오니 속히 내게 오시옵소서 내가 주께 부르짖을 때
에 내 음성에 귀를 기울이소서 나의 기도가 주의 앞에 분향함과 같이 되며 나의
손 드는 것이 저녁 제사 같이 되게 하소서(시편 141:1~2)

주를 향하여 손을 펴고 내 영혼이 마른 땅 같이 주를 사모하나이다 (셀라)(시편

143:6)

저녁 제사를 드릴 때에 내가 근심 중에 일어나서 속옷과 겉옷을 찢은 채 무릎을 꿇고 나의 하나님 여호와를 향하여 손을 들고(에스라 9:5)

모세가 손을 들고 기도드릴 때 하나님은 아말렉 족속과 싸우는 이스라엘 민족이 승리하게 하셨습니다.(출 17:11) 다윗은 성소를 향하여 손을 들고 부르짖으며 기도드렸습니다.(시 28:2) 사도 바울도 성도들에게 '거룩한 손을 들어 기도하라'고 권면했습니다.(딤전 2:8)

시편 134에는 바라크(bārak = 복주다)란 말이 동사로 두 번 명사로 한 번 쓰였습니다. 이 말은 고대 이디오피아, 이집트말로 '기도드리다'는 뜻이며, 히브리말에는 '(사람이나 동물이) 무릎을 꿇다'는 뜻으로 쓰였습니다.(사 45:23: 시 95:6) 이는 하나님께 순종하는 것이 곧 복이라는 뜻입니다. 이 말의 주어가 하나님이면 그 뜻은 '강복하다(복을 내려주시다)'요 사람이 하나님을 향한 것이면 '찬양하다, 송축하다'입니다. 사람이 사람을 향해 하는 것이면 '축복하다'입니다.

천지만물의 창조주이자 주인이신 하나님께 순종하여, 그분 의지와 뜻을 따라 사는 것을 가리켜 복이라 부르는 이스라엘 민족은 참 지혜롭습니다. 하나님은 천지만물의 주인이며, 인간의 생사화복을 주관하는 분입니다. 이런 분과 동행하는 것 자체가 영광입니다. 사실 우리는 하나님께 무릎을 꿇었기에 이 세상 그 어떤 것에 대해서도 무릎을 꿇지 않고 살아갈 수 있으며, 하나님을 두려워하기에 이 세상 그 어떤 것 앞에서도 두려워하지 않을 수 있습니다. 이렇게 하나님 '마음에 합한 자'(예를 들면 다윗)가 된다면, 그분이 어떤 복을 내리실지를 우리는 충분히 짐작할 수 있습니다:

276

2 네가 네 하나님 여호와의 말씀을 청종하면 이 모든 복이 네게 임하며 네게 이르리니 3 성읍에서도 복을 받고 들에서도 복을 받을 것이며 4 네 몸의 자녀와 네 토지의 소산과 네 짐승의 새끼와 소와 양의 새끼가 복을 받을 것이며 5 네 광주리와 떡 반죽 그릇이 복을 받을 것이며 6 네가 들어와도 복을 받고 나가도 복을 받을 것이니라 (신 28:2-6)

12 우리 아들들은 어리다가 장성한 나무들과 같으며 우리 딸들은 궁전의 양식대로 아름답게 다듬은 모퉁잇돌들과 같으며 13 우리의 곳간에는 백곡이 가득하며 우리의 양은 들에서 천천과 만만으로 번성하며 14 우리 수소는 무겁게 실었으며 또 우리를 침노하는 일이나 우리가 나아가 막는 일이 없으며 우리 거리에는 슬피 부르짖음이 없을진대 15 이러한 백성은 복이 있나니 여호와를 자기 하나님으로 삼는 백성은 복이 있도다 (시 144:12-15)

내 영혼아 여호와를 송축하라 내 속에 있는 것들아 다 그의 거룩한 이름을 송축하라 (시 103:1)

호흡이 있는 자마다 여호와를 찬양할지어다 할렐루야 (시 150:6)

10 주의 궁정에서의 한 날이 다른 곳에서의 천 날보다 나은즉 악인의 장막에 사는 것보다 내 하나님의 성전 문지기로 있는 것이 좋사오니 11 여호와 하나님은 해요 방패이시라 여호와께서 은혜와 영화를 주시며 정직하게 행하는 자에게 좋은 것을 아끼지 아니하실 것임이니이다 12 만군의 여호와여 주께 의지하는 자는 복이 있나이다 (시 84:10-12)

56

특별한 소유

시135:1-4

찬송: 529장(온유한 주님의 음성)

> 1 할렐루야 여호와의 이름을 찬송하라 여호와의 종들아 찬송하라
>
> 2 여호와의 집 우리 여호와의 성전 곧 우리 하나님의 성전 뜰에 서 있는 너희여
>
> 3 여호와를 찬송하라 여호와는 선하시며 그의 이름이 아름다우니 그의 이름을 찬양하라
>
> 4 여호와께서 자기를 위하여 야곱 곧 이스라엘을 자기의 특별한 소유로 택하셨음이로다

이것은 성도들이 성전에 모여 부르는 할렐루야 찬양입니다. 이것은 순례의 길 오가는 동안 세상 살아갈 힘을 재충전하고, 앞으로 살아갈 인생의 방향과 목적을 재설정한 사람이 부르는 감격에 찬 노래입니다.

1-2절에는 시편 134에 사용되었던 낱말들이 다시 쓰였습니다. '여호와의 종들, 여호와의 집, 서 있는 자들' 과 같은 단어가 두 시편에서 겹칩니다. 시편 134편이 밤에 일하는 성전 성직자들에게 초점을 맞추었다면, 시편 135편은 성소에 모인 예배 회중에게 관심을 기울입니다.

1-3절에 찬송(찬양)하라는 권고가 네 차례 나온 데 이어 19-21절에도 네 번 되풀이 나옵니다. 시인이 여호와를 찬양하라고 이렇게 열심히 권하는 이유가 있습니다. 그것은 하나님은 선하시며 그의 이름이 아름답기 때문입니다.(3절) 이것은 무슨 뜻입니까? 아름답다는 말(*나임 nā îm*)은 마음에 쏙 들다, 사랑스럽다, 기쁘다, 선하다, 아름답다는 뜻으로 쓰입니다.

> 6 내게 줄로 재어 준 구역은 아름다운 곳에 있음이여 나의 기업이 실로 아름답도다… 11 주께서 생명의 길을 내게 보이시리니 주의 앞에는 충만한 기쁨이 있고 주의 오른쪽에는 영원한 즐거움이 있나이다(시 16:6, 11)

하나님은 자신의 존재 자체와 자신이 하시는 모든 일에서 선하십니다. 그 선한 일 가운데서도 최고는 선하지 못한 인간을 택하셔서 선한 백성 삼으시는 것입니다. 바로 이것이 하나님의 은혜로우신 속성을 보여줍니다. 그러니 어찌 그분을 찬양하지 않을 수가 있겠습니까? 하나님께서 선하지 못한 인간을 택하셔서 선한 백성 삼으시는 하나님의 놀라운 은혜를 보여주는 대표적인 예는 4절입니다:

> (*왜냐하면*) 여호와께서 자기를 위하여 야곱 곧 이스라엘을 자기의 특별한 소유로 택하셨음이로다.

야곱은 교활하고 속임수 잘 쓰는 자였습니다. 결코 선하다 할 수 없는 자였습니다. 하나님은 그런 야곱을 택하셔서 변화시키시며 이스라엘이라는 이름을 주시고 그의 자손들을 자신의 특별한 소유인 백성이 되게 하셨습니다.

하나님은 야곱과 이스라엘 백성에게만 그리 하시는 분이 아닙니다. 우리 또한 야곱보다 결코 선하지 않은 백성입니다. 그런데도 하나님은 우리를 예수 그리스도 안에서 주님의 백성으로 선택해 주셨습니다. 이는 전적으로 하나님의 은혜입니다. 그러므로 우리 또한 하나님을 찬양하지 않을 수 없습니다.

예수 그리스도는 십자가에 달려 죽으셨다가 3일 만에 부활하셨습니다. 예수님이 그 모진 과정을 다 거치신 이유는 단 하나입니다. 그것은 우리를 구원하여 '하나님의 특별한 소유'로 만들기 위함이었습니다. 하나님께서 선물로 주신 우리의 특별한 모습이 벧전 2:9에 잘 나타나 있습니다:

그러나 너희는 택하신 족속이요 왕 같은 제사장들이요 거룩한 나라요 그의 소유가 된 백성이니 이는 너희를 어두운 데서 불러내어 그의 기이한 빛에 들어가게 하신 이의 아름다운 덕을 선포하게 하려 하심이라"

우리에게 일어난 이 모든 변화는 오직 한 가지 방법 곧 예수 그리스도의 십자가와 부활로 말미암아 거저 주어진 은혜입니다. 이 은혜는 인간 편에서 보면 자신의 노력이나 공로가 하나도 들어가지 않았기에 공짜입니다. 하나님 편에서 보면 사랑하는 독생자의 수난과 죽음을 통해 일어난 값비싼 은혜입니다.

우리 앞에는 하나님께서 주신 이 은혜를 홀으로 받아들여 값싸게 만들 것이냐, 소중하게 받아들여 값비싸게 만들 것이냐 하는 두 가지 길이 가로 놓여 있습니다. 우리는 과연 왕 같은 제사장 족속이요 거룩한 나라요 하나님의 아름다운 덕을 온 천하에 선포하는 자 다운 선택을 하며 살려는 사람입니까?

여기서 여호와의 종이란 말은, 시편 134에서 특별하게 성별된 제사장과 레위인 등을 가리키는 표현과는 달리, 하나님 성전에 모여 있는 모든 사람을 가리킵니다. 곧 왕이나 선지자나 제사장처럼 기름부음을 받은 사람을 가리킬 뿐만 아니라, 예루살렘 성전에 모여 예배드리는 한 사람 한 사람을 다 가리켜 '여호와의 종'이라고 부릅니다.

이와 같이 너희도 명령 받은 것을 다 행한 후에 이르기를 우리는 무익한 종이라 우리가 하여야 할 일을 한 것뿐이라 할지니라(눅 17:10)
우리가 살아도 주를 위하여 살고 죽어도 주를 위하여 죽나니 그러므로 사나 죽으나 우리가 주의 것이로다(롬 14:8)

순례자는 '여호와를 찬양하라'고 1-3절에서 네 번이나 되풀이 강조했습니다. 이미 여호와를 찬양할 마음을 품었기에, 사람들은 하나님의 성전을 찾아옵니다. 그렇게 이미 찬양할 준비가 되어 있는 사람들에게 찬양하라고 되풀이 강조하는 이유가 있을까요? 그것은 비록 하나님 앞에 찬양과 경배를 드리러 나왔더라도, 그 사람 역시 인간이라는 데 그 사연이 있습니다. 그가 주님 성전에 몸담고 있는 순간에도 그 마음이 온전히 주님을 향하는 대신에 다른 것에 더 많은 관심을 기울일 수 있는 것이 사람이기 때문입니다.

하나님 성전을 찾아온 사람들은 결코 믿음이 없는 사람이 아닙니다. 하나님 성전에 나오기까지 그 사람은 여러 가지 장애물을 넘어서 교회당까지 온 것입니다. 사실 교회의 예배나 집회, 모임에 참석하려면, 뿌리쳐야 할 유혹과 시험이 한두 가지가 아닙니다. 특히 새벽기도회에는 한 5분이라도 더 눈을 붙이고 싶은 마음을 이기고 성전에까지 나아옵니다. 때로는 오늘 하루만 빠지자 하는 마음이 굴뚝같이 들 정도로 피곤할 때도 있습니다.

그 모든 어려움과 유혹을 이기고 예배당에 나오고도 어떤 사람은 예배와 찬양과 기도에만 집중하지 못합니다. 참 안타까운 일입니다. 그런 사람에게는 예배와 찬양과 기도와 주어진 말씀보다 더 기억에 남는 것들이 있습니다. 곧 오늘 설교자의 설교가 자기 마음에 드는 지 들지 않는지를 판단하거나, 누가 오늘 빠졌는지를 세고 있거나, 예배인도자 등 순서를 맡은 이가 어떤 실수를 하는 지를 기억하고 있거나, 찬양대 찬양의 화음이 잘 맞는지, 누가 나에게 밝은 표정으로 인사하고 또 누가 그렇게 하지 않는 지 등이 그것입니다.

이러다보니 예배드림 그 자체가 가장 중요하다는 사실을 깜박 잊고 맙니다. 예배와 찬양과 기도에 몰두하여, 그 안에서 하나님과 나의 긴밀한 만남과 교류, 찬송가 가사 하나 하나를 음미하며 영혼에서 우러나는 찬양을 드리는 이 중요한 일이 오히려 소홀히 여겨집니다.

1 너는 하나님의 집에 들어갈 때에 네 발을 삼갈지어다 가까이 하여 말씀을 듣는 것이 우매한 자들이 제물 드리는 것보다 나으니 그들은 악을 행하면서도 깨닫지 못함이니라 2 너는 하나님 앞에서 함부로 입을 열지 말며 급한 마음으로 말을 내지 말라 하나님은 하늘에 계시고 너는 땅에 있음이니라 그런즉 마땅히 말을 적게 할 것이라(전 5:1-2)

23 아버지께 참되게 예배하는 자들은 영과 진리로 예배할 때가 오나니 곧 이때라 아버지께서는 자기에게 이렇게 예배하는 자들을 찾으시느니라 24 하나님은 영이시니 예배하는 자가 영과 진리로 예배할지니라(요 4:23-24)

57

안개를 땅 끝에서 일으키시며

시135:5-7

찬송: 331장(영광을 받으실 만유의 주여)

> 5 내가 알거니와 여호와께서는 위대하시며 우리 주는 모든 신들보다 위대하시도다
>
> 6 여호와께서 그가 기뻐하시는 모든 일을 천지와 바다와 모든 깊은 데서 다 행하셨도다
>
> 7 안개를 땅 끝에서 일으키시며 비를 위하여 번개를 만드시며 바람을 그 곳간에서 내시는도다

이것은 하나님을 찬양하는 시입니다. 아마 노래는 사람이 생겨나면서부터 생겨났을 것입니다. 노래(찬양)의 역사는 사람의 역사만큼 깁니다.

시 135:1-3은 우리가 드리는 아름다운 예배에 관한 내용입니다. 예배에서 찬양과 경배는 매우 중요합니다. 그것은 신령과 진정으로 드리는 예배의 핵심적인 구성요소입니다.

순례자가 찬양을 부르는 이유가 3절에 이어 4절에도 있습니다. 우리말 번역에는 생략되었어도 히브리 성경에는 '왜냐하면'이라는 부사(키 kî)로 4

절이 시작됩니다. 그것은 우리를 거룩하게 구별하여 하나님의 특별한 자녀(쓰굴라 *səḡūllā*＝특별한 소유)가 되게 해 주신 하나님 은혜입니다. 여기에 쓰인 선택하다는 말과 특별한 소유라는 말은 시내산에서 주신 하나님 약속을 생각나게 합니다.(출 19:5-6 참조)

우리는 우리 부모님이나 우리 자신의 것이 아닙니다. 우리는 하나님의 것입니다. 이런 사실은 12절에 하나님께서 기업(나칼라 *naḥ⁽ᵃ⁾lā*)을 주실 때, '자기 백성'에게 주셨다는 말씀으로 다시 한 번 확인됩니다. 우리가 하나님 것인데 누가 감히 우리를 건드리겠습니까? 누가 해코지 할 수 있겠습니까! 8절부터 나오는 출애굽과 가나안정착 말씀이 그런 사실을 강력하게 뒷받침합니다. 이에 우리는 더욱 더 소리높여 찬양을 드립니다.

시인은 하나님을 3개 절에 걸쳐 찬양합니다. 본격적인 찬양에 앞서 시인은 '나는 진실로 안다'는 말로 찬양하는 이유를 밝힙니다.(*키 아니 야다티 ki ⁽ᵃ⁾nî jāda ᵊttî*)

여호와께서는 위대하시며 우리 주는 모든 신들보다 위대하시도다(5절)

이것은 여호와 하나님이 다른 신들과 비교해서 위대하다는 것이 아닙니다. 그보다는 다른 어떤 신도 여호와 하나님이 행하신 것 만큼, 곧 선하고 아름다운 것을 흉내조차 낼 수 없다는 점에서 위대한 것입니다.

5절은 찬양의 서론입니다. 그것의 구체적인 내용은 6-14절에 있습니다. 시인은 여기서 하나님은 우주 만물을 창조하시고 다스리시는 분이며, 이스라엘 백성을 출애굽 시키시고, 광야 생활을 거뜬히 통과하게 하시고, 약속의 가나안 땅을 기업으로 주신 분이라는 점에서 위대하시고 위대하시다고 찬양합니다.

여호와께서 그가 기뻐하시는 모든 일을 천지와 바다와 모든 깊은 데서 다 행하셨도다(6절)

여기에는 하늘과 땅, 바다와 깊음이 쌍으로 하나님의 우주창조를 알려줍니다. 하나님은 자연세계와 삼라만상을 만드신 분입니다. 그리고 그 운행과 질서를 주관하실 뿐만 아니라, 때로는 그것들을 통해 인간에게 메세지를 전하십니다.

안개를 땅끝에서 일으키시며 비를 위하여 번개를 만드시며 바람을 그 곳간에서 내시는도다(7절)

하나님을 찬양하는 사람은 하나님의 놀라운 은혜를 체험합니다. 이를테면 사도 바울과 실라 일행입니다. 억울한 누명을 쓰고 갇힌 그들이 감옥 안에서 불평하거나 누군가를 원망·저주하는 대신에 기도드리며 찬양할 때(행 20:25) 이런 일이 일어났습니다.

이에 갑자기 큰 지진이 나서 옥터가 움직이고 문이 곧 다 열리며 모든 사람의 매인 것이 다 벗어진지라(행 16:26)

출 14:21에 따르면, 하나님은 동풍이 밤새도록 바닷물을 물러가게 하고 바닥을 바짝 마르게 하셨습니다. 그렇게 홍해를 가르신 하나님은 6절 말씀처럼 그 곳간에서 바람을 내셔서 홍해를 가르셨습니다. 그로부터 1300여 년 뒤 사도 바울과 실라가 하나님을 찬양할 때, 하나님이 곳간을 열어 동풍을 보내듯이 큰 지진을 일으키셨습니다. 옥문이 열리게 하셨습니다.

우리 인생이 때로 앞에는 홍해바다 뒤에는 이집트 군대 같이 진퇴양난의 처지에 놓였더라도, 때로 사도 바울과 실라처럼 감옥에 갇힌 것 같고, 때로 우리 환경이 사도 바울과 실라의 발에 채워진 차꼬처럼 장애물로 다가오더라도, 우리는 하나님을 찬양합니다. 찬양하는 우리를 특별한 소유 삼으신 하나님은, 동풍을 보내셔서 역사하십니다. 감옥문 같이 굳게 닫힌 문제 해결의 문을 활짝 여십니다.

찬양하는 우리는 하나님의 특별한 소유입니다. 우리는 바로 그 자격으로 감사·찬양을 드립니다. 하나님은 우리가 만난 홍해 같은 문제들에 바람을 내셔서 그 문제를 갈라내십니다. 그 문제를 정면돌파하며 이기게 하십니다. 바람을 내시는 그 분이 바로 우리 하나님이고, 우리는 하나님의 특별한 소유입니다. 그러니 찬양하지 말래도 우리는 찬양할 수밖에 없습니다.

시인은 첫 구절에서 '여호와는 자신이 기뻐하시는 것이라면 그 무엇이든 다 이루실 수 있는 분이다'고 노래합니다. 다시말해 하나님은 하실 수 있는 분입니다.(Gott can)

58

기업을 주셨도다

시 135:8–14

찬송: 435(나의 영원하신 기업)

8 그가 애굽의 처음 난 자를 사람부터 짐승까지 치셨도다

9 애굽이여 여호와께서 네게 행한 표적들과 징조들을 바로와 그의 모든 신하
들에게 보내셨도다

10 그가 많은 나라를 치시고 강한 왕들을 죽이셨나니

11 곧 아모리인의 왕 시혼과 바산 왕 옥과 가나안의 모든 국왕이로다

12 그들의 땅을 기업으로 주시되 자기 백성 이스라엘에게 기업으로 주셨도다

13 여호와여 주의 이름이 영원하시니이다 여호와여 주를 기념함이 대대에 이
르리이다

14 여호와께서 자기 백성을 판단하시며 그의 종들로 말미암아 위로를 받으시
리로다

이것은 출애굽과 가나안 땅 정착에 관한 역사를 기억하며 부르는 찬양
입니다. 시 135:6-7은 창조주 하나님을 찬양했고, 8-12절은 역사의 주인
이신 하나님을 찬양합니다.

시편 135는 시편 136과 함께 역사시편으로 분류됩니다. 이스라엘의 중요한 역사를 시로, 노래로 부르면서 그 은혜에 감사를 드리는 시편이기에 그렇습니다.

8절은 이스라엘 민족을 출애굽시키려고 하나님께서 보여주신 표적들 가운데 9번째 것에 관한 말씀입니다. 파라오는 어떻게 해서든지 하나님의 계획이 실현되는 것을 가로 막으려고 했어도 인간이 하나님을 방해할 수 없다는 엄연한 메시지를 남기는데 그쳤습니다. 그때 하나님은 하나님의 섭리를 가로막는 이집트를 심판하셔서, 당시 이집트에 사는 사람과 짐승 가릴 것 없이 처음 난 것을 모두 죽게 하셨습니다.

출애굽 한 이스라엘 백성이 가나안 땅에 들어가는 일은 결코 쉽지 않았습니다. 그곳에는 이미 여러 민족이 살고 있었습니다. 전력으로 보면 그들이 이스라엘 민족보다 월등하게 우세했습니다. 그들에게는 이스라엘 백성이 가나안 땅에 들어가는 것이 결코 달갑지 않았습니다. 그렇더라도 그들은 이스라엘 민족의 진로를 막을 수 없었습니다. 가나안 땅은 하나님께서 이스라엘에게 주기로 약속하신 땅이기 때문에 아무도 그것을 방해할 수 없었습니다. 시인은 그것을 요약해 '그가 많은 나라를 치시고 강한 왕들을 죽이셨나니'(시 135:10) 라고 했습니다. 이는 세상의 그 어떤 세력도 하나님의 뜻을 꺾을 수 없다는 엄청난 찬양입니다.

12절은 이스라엘이 가나안을 소유(나칼라 naḥᵃlâ=기업)하게 하신 하나님을 찬양합니다. 여기 쓰인 '나칼라'는 히브리말에서 4절의 쓰굴라(= 특별한 소유)와 함께 쌍벽을 이루는 낱말입니다. 이는 일반적인 소유 유산(상속재산) 기업 등을 가리킵니다.

기업이란 말을 오늘 우리는 우리 자신에게 주어진 역할과 위치로 받아들여봅니다. 자기 역할과 위치에 감사하며 일하는 사람과 불평하며 일하는 사람 사이에는 천지차이가 있습니다. 물론 우리가 사람이기에 감사와 불만이 시시때때로 교차할 것입니다. 그렇더라도 어느 쪽에 더 비중이 큰지가 매우 중요합니다. 우리의 저울추가 감사쪽으로 기울어진다면 우리는 진정한 신앙인입니다.

13절은 '여호와여, 주님 이름'(*jhwh šiməkâ*)이 영원하다고 찬양합니다. 이름이란 말(쉠 *šēm*)은 구약성경에 864번 쓰였습니다. 그 가운데 여호와와 함께 쓰인 것은 87번입니다.(시편에만 20번, THAT II 938; HAL 1462) 개정개역에 따르면 '주의 이름'은 시편에 45번 등장합니다. 이름은 단순히 각기 다른 대상을 구별하는 호칭만이 아닙니다. 그것은 그런 이름으로 불러지는 대상의 본질(속성)을 규정합니다.(J. Fichtner, Die etymologische Ätiologie in den Namengebung der geschichtlichen Bücher des AT, VT 6, 1956, 372) 여호와의 이름이란 표현(*šēm JHWH*)은 단순히 하나님의 명칭이 아닙니다. 그것은 그분의 본질(속성), 능력, 사역과 그 효력을 나타냅니다.(HAL 1434)

시인은 시편 135에서 찬양하는 이유를 분명하게 밝혔습니다. 그 첫째가 이스라엘을 자신의 소유로 선택하심입니다.(4절) 둘째는 그 하나님의 우월하심이요(5절) 셋째는 하나님의 주권적 능력입니다.(6-7절) 넷째는 선택된 자들에게 베푸신 구원과 긍휼이요(8-11절) 다섯째는 택하신 백성의 기업에 복을 주신 일입니다.(12-14절) 마지막으로 여호와 하나님과 대조적으로 열방의 우상들은 헛되다는 사실을 묘사하면서 여호와를 찬양할 근거를 아주 명확하게 노래했습니다.(15-18절)

하나님은 "오직 성령의 충만을 받으라 시와 찬미와 신령한 노래들로 서로 화답하며 너희의 마음으로 주께 노래하며 찬송하며"(엡 5:18b-19)라고 말씀하셨습니다. 또 "그러므로 우리는 예수로 말미암아 항상 찬송의 제사를 하나님께 드리자 이는 그 이름을 증언하는 입술의 열매니라"(히 13:15)

고 하셨습니다. 시편 135는 이런 말씀들을 실천하는 구체적인 예입니다.

시편 135의 짜임새는 다음과 같습니다.

할렐루야(1a)

　하나님을 찬양하라는 권고(1b-4)

　　창조주 하나님의 주권(5-7절)

　　　역사의 주이신 하나님의 사역(8-14)

　　우상들의 실체(15-18)

　하나님을 찬양하라는 권고(19-21a)

할렐루야(21b)

시편 135는 흔히 시편 134를 확대한 것으로 시편 134과 한 시로 받아들이는 사람도 있습니다. 다른 한편 모든 신보다 높으신 하나님을 찬양하고 (5절, 136:2-3), 이스라엘 역사를 요약하는 점(8-12절; 136:10-12)에서는 시편 136과 한 짝을 이룹니다. 그리고 이 시편은 하나님 말씀을 찬양하는 시편 119와 그에 이어지는 순례자의 노래인 시편 120-134로 잠시 중단되었던 할렐루야 시편들(113-118편)의 맥을 이어줍니다. 내용을 따라 분류하자면 이 시는 크게 세 부분으로 나누어집니다: i) 우리를 선택해주신 여호와를 찬양하라(시 135:1-4); ii) 우리를 창조해주신 여호와를 찬양하라(시 135:5-7); iii) 우리를 구원해주신 여호와를 찬양하라(시 135:8-21)

찬양은 좋은 환경, 좋은 기분에서만 나는 것이 아닙니다. 그것은 기본적으로 신앙에서 우러납니다. 남의 나라 전쟁에 용병으로 참가했다가 전쟁 포로가 된 사람이 있었습니다. 포로로 잡혀 고생하던 동료들은 모두 비탄에 빠져 있었습니다. 그들 중에 이제 먹을 것이나 입을 것이나 전사할 걱정이 없다며 오히려 기뻐하는 사람이 있었습니다. 그는 포로 생활이 글을 쓸 수 있는 '여가'를 얻어 주었다며 감옥에서 글을 쓰기 시작했습니다. 그리고 틈틈이 동료들에게 읽어주었습니다. 그렇게 완성된 소설이 바로 《돈키호테》입니다. 그 포로는 세르반테스였습니다.

인생을 살다보면 누구에게나 어려움이 찾아옵니다. 실직을 당하기도 하고 병상에 던져지기도 합니다. 코로나 19의 위협은 우리를 두려움에 휩싸이게 합니다. 경제위기 등 세상에서 들려오는 소문만 해도 감당하기 벅찬데 가짜 뉴스가 우리를 더욱 불안하게 합니다.

이런 것들을 찬양을 향한 초대장으로 받아들이면 어떨까요? 이런 때일수록 창조주 하나님, 사랑의 하나님, 은혜로우신 하나님을 찬양하다보면 오늘의 걱정거리가 내일의 간증이 되는 역사가 일어납니다.

59

시온

시 135:19-21

찬송: 550장(시온의 영광이 빛나는 아침)

> 19 이스라엘 족속아 여호와를 송축하라 아론의 족속아 여호와를 송축하라
>
> 20 레위 족속아 여호와를 송축하라 여호와를 경외하는 너희들아 여호와를 송축하라
>
> 21 예루살렘에 계시는 여호와는 시온에서 찬송을 받으실지어다 할렐루야

이것은 시온에서 하나님께 영광을 돌리며 부르는 찬양입니다. 순례자의 노래에 쓰인 핵심적인 낱말을 세 가지만 들라면 저는 서슴지 않고 '노래, 복, 시온'을 손꼽겠습니다.

시온이란 낱말은 구약성경에 154번(152번) 나옵니다.(HAL 958: ThWAT VI 1007) 시편에는 40번 쓰였습니다. 학자들은 이 말의 뿌리로 '산, 산성, 산등성이, 메마른 곳, 보호' 등 여러 가지를 제안했습니다. 그 가운데 어느 것도 확실하지는 않습니다.

이것은 특정 지역을 가리킵니다. 다윗은 예루살렘을 점령할 때 여부스 족에게서 시온 성을 빼앗았습니다. 이로써 그곳은 다윗 성이라 불러졌습

니다.(삼하 5:6-7) 본디 시온산은 예루살렘 남동쪽에 자리잡은 산이며(해발 765m) 흔히 시온 산(Mount Zion)이라 부릅니다. 여기가 성전이 세워진 터였습니다.(Tempelplatz 삼하 6:10, 12, 16; 왕상 3:1) 나중에 남동쪽 기슭 전체를 가리켜 시온이라 불러졌습니다.(대하 5:2; 왕상 8:1)

영어로 Zion은 '자이언'이라고 하며, 자주 Sion(사이온)이라 읽습니다. 히브리어 발음은 *치욘*(*sijjón*)에 가깝습니다. 이것이 성산(Tempelberg)으로 되었고(시 2:6; 110:2) 결국에는 예루살렘이란 말과 동의어처럼 쓰였습니다.(사 10:24; 33:20; 51:3, 11; 렘 3:14; 미 3:12; 시 51:20) 성경은 곳곳에서 시온(시온의 딸)과 예루살렘을 나란히 쓰며 그 의미를 강조합니다. 시 48:1-8입니다.

1 여호와는 위대하시니 우리 하나님의 성, 거룩한 산에서 극진히 찬양 받으시리로다 2 터가 높고 아름다워 온 세계가 즐거워함이여 큰 왕의 성 곧 북방에 있는 시온 산이 그러하도다 3 하나님이 그 여러 궁중에서 자기를 요새로 알리셨도다 4 왕들이 모여서 함께 지나갔음이여 5 그들이 보고 놀라고 두려워 빨리 지나갔도다 6 거기서 떨림이 그들을 사로잡으니 고통이 해산하는 여인의 고통 같도다 7 주께서 동풍으로 다시스의 배를 깨뜨리시도다 8 우리가 들은 대로 만군의 여호와의 성, 우리 하나님의 성에서 보았나니 하나님이 이를 영원히 견고하게 하시리로다 (셀라)

시온으로 향하는 순례는 '일단 멈춤'입니다. 그것은 수동적인 중단, 마지못해 억지로 하는 도중하차가 아닙니다. 그것은 재충전이요, 도약을 위한 발판을 만드는 시간입니다. 이 멈추기는 허탈함이나 불만이 아니라 기쁨과 기대감으로 채워집니다. '개구리도 움츠렸다 뛰어야 멀리 뛴다'는 속담이 있듯이 순례(멈춤)는 현실에 매몰되었던 자신을 되돌아보며 미래를 준비하는 것입니다. 이따금 '일단 멈춤'을 하는 일은 언제 어디서나 약동하는 영혼으로 살려는 사람에게 반드시 필요합니다.

코로나19 시대에 우리는 멈추기의 중요성을 새삼 깨달았습니다. 우리는 이 멈춤을 일부 사람들처럼 불평이나 우울함으로 이어가지 말아야 하겠습니다. 홍길주(洪吉周, 1786-1841)는《현수갑고(峴首甲藁)》〈지지당설(止止堂說)〉에서 말합니다.

위험한 곳을 만나 멈추는 것은 보통 사람도 할 수 있다.(遇險而止, 凡夫能之) 순탄한 곳을 만나 멈추는 것은 지혜로운 자가 아니면 불가능하다.(遇順而止, 非智者不能)

그대는 위험하니까 멈췄는가?(予其遇險而止歟) 아니면 순탄한데도 멈췄는가?(抑能遇順而止歟) 뜻을 잃고 멈추는 것은 누구나 할 수 있지만 뜻을 얻고 멈추는 것은 군자만이 할 수 있다.(失意而止, 衆人能之, 得意而止, 唯君子能焉)

그대는 뜻을 얻고 멈췄는가? 아니면 뜻을 잃은 후에 멈췄는가?(予其得意而止歟 抑亦失意而後止歟) … 위험한 일을 만났을 때 멈출 수 있고, 뜻을 잃었을 때 멈출 수 있는 자이면 나는 일반인보다 현명하다고 말하겠다.(於是而有遇險而能止者, 於是而有失意而能止者) 그 위에 있는 사람이야 논할 것이 무에 있겠는가?(吾亦謂之賢於人也. 尙奚論乎其上哉)

한 번에 멈출 수 있는 것은 현자의 일이다. 멈추고, 또 멈추면서 다시 나아갈까 두려워하는 것은 힘써서 가능해진 사람이다.(一止則已賢者事也. 止而又止, 唯恐其復進, 彊而能者也) 내가 현자를 내가 볼 수 없을지라도 힘써서 가능해진 자를 볼 수 있으면 또한 다행이다. 그대는 힘써 그 이름을 저버리지 말고 이 말을 소홀히 하지 말라.(賢者吾不可見爾, 得見彊而能者, 亦幸焉. 予其勉之, 毋負乎斯名,

毋忽乎斯言）

　그는 아마 "족함을 알면 욕되지 않고 멈춤을 알면 위태롭지 않아 오래갈
수 있다.(知足不辱, 知止不殆, 可以長久)"고 한 노자의 말에서 영감을 얻은
듯 합니다. 사람은 본디 늘 전진하고 항상 성취하고 늘 도약하려는 욕망을
갖고 있습니다. 그것은 잘못된 것도 죄도 아닙니다. 다만 조절(절제)되지
못할 때 그것은 자신과 이웃에게 해를 끼칩니다.
　일상생활을 잠시 멈추고 순례길에 나선 사람의 노랫말에 '시온'은 다음
과 같이 등장합니다.

여호와를 의지하는 자는 시온 산이 흔들리지 아니하고 영원히 있음 같도다(시
125:1)

여호와께서 시온의 포로를 돌려보내실 때에 우리는 꿈꾸는 것 같았도다(시
126:1)

여호와께서 시온에서 네게 복을 주실지어다 너는 평생에 예루살렘의 번영을 보
며(시 128:5)

무릇 시온을 미워하는 자들은 수치를 당하여 물러갈지어다(시 129:5)

여호와께서 시온을 택하시고 자기 거처를 삼고자 하여 이르시기를(시 132:13)

헐몬의 이슬이 시온의 산들에 내림 같도다 거기서 여호와께서 복을 명령하셨나

니 곧 영생이로다(시 133:3)

천지를 지으신 여호와께서 시온에서 네게 복을 주실지어다(시 134:3)

시편 84와 135에도 이것은 세 차례 쓰였습니다.

주께 힘을 얻고 그 마음에 시온의 대로가 있는 자는 복이 있나이다(시 84:5)

그들은 힘을 얻고 더 얻어 나아가 시온에서 하나님 앞에 각기 나타나리이다(시 84:7)

예루살렘에 계시는 여호와는 시온에서 찬송을 받으실지어다 할렐루야(시 135:21)

이와같이 시온은 순례자의 노래에서 중심적인 테마입니다. 그 쓰임새와 말맛은 순례자의 노래 안에서도 항상 같지는 않습니다.(E. Ballhorn, Zum Telos des Psalters. 248)

예루살렘에 있는 산 이름(시 125:1)
예루살렘 성전(시 128:5)
이스라엘 백성이 처한 현실(시 126:1)

성경에서 시온은 하나님의 거처, 하나님께서 자신의 이름을 두시는 곳입니다. 그래서 이곳은 구원의 은혜가 발산되는 출발점이자 처소입니다.

이것은 종종 거룩한 도시 예루살렘 또는 그 주민을 상징합니다. 이것은 또한 하나님을 섬기는 성전(교회)입니다. 시온을 바라보는 눈길에는 안전과 보호받음을 원하는 우리의 심정이 담겨 있습니다. 그리고 보다 알차고 건전한 방향으로 인생을 재설정하려는 우리의 정성이 들어 있습니다.

60

어찌 그리 사랑스러운지요!

시84:1-4

찬송: 94장(주 예수 보다 더 귀한 것은 없네)

1 만군의 여호와여 주의 장막이 어찌 그리 사랑스러운지요

2 내 영혼이 여호와의 궁정을 사모하여 쇠약함이여 내 마음과 육체가 살아 계
시는 하나님께 부르짖나이다

3 나의 왕, 나의 하나님, 만군의 여호와여 주의 제단에서 참새도 제 집을 얻고 제
비도 새끼 둘 보금자리를 얻었나이다

4 주의 집에 사는 자들은 복이 있나니 그들이 항상 주를 찬송하리이다(셀라)

이것은 시온과 그곳에 있는 성전을 사모하며 찬양하는 노래입니다. 주
의 장막(1b) 주의 궁정(뜰 2a) 주의 집(4a) 주의 궁정(집의 뜰 10a) 악인의 장
막(10b) 하나님의 집(10b) 등이 그것을 나타냅니다.

스펄전은 이것을 가리켜 '시편집의 진주'(the pearl of psalms)라 불렀습니
다. 그만큼 사람들은 이 시편을 좋아하며 자주 읊조립니다.

내용으로 볼 때 시편 84와 비슷한 것이 시 46, 48, 76, 122편에도 있습
니다. 시인은 시온으로 가고 싶어하며(1-4절) 순례의 행진을 하고(5-7절) 시

온에서 기도드리며(8-9절) '시온에서의 하루가 다른 곳에서 지내는 천 날보다 더 좋다고 합니다. 이런 내용의 시를 가리켜 사람들은 '시온의 노래, 순례자의 노래'라고 부릅니다. 물론 찬양의 대상은 지역이나 건물이 아니라 만군의 여호와입니다.(3, 8, 12절 참조)

성전이 하나님께 영광의 노래를 부르는 시인의 눈에 자연스럽게 들어왔습니다. 1절은 그것을 주의 장막(미쉬크노테카 miškkənôtēkā)이라 불렀습니다. 2절은 그것을 여호와의 궁정(카체림 ḥaṣērîm ← 카체르 ḥāṣēr = 거주지, 거처)이라 불렀습니다. 이 둘이 다 단수 대신에 복수로 쓰였습니다. 이는 분명 그것의 의미를 강화시키려는 의도가 개재된 것입니다. 이는 성전을 향한 시인의 존경심과 경외심, 애정, 그리움이 강렬하다는 사실을 보여줍니다. 그래서일까요? 시편 84편의 첫마디가 '얼마나 사랑스러운가'(마-여디도트 mâ-jjədidôt)입니다.

야곱이여 네 장막들이, 이스라엘이여 네 거처들이 어찌 그리 아름다운고(민 24:5)

사랑스럽다는 말(야디드 jādîd)은 본디 사람에게 쓰입니다. 이를테면 베냐민입니다.(신 33:12) 시인은 주의 장막(성전)을 향해 마치 애인에게 하듯이 사랑스럽다고 했습니다. 이를 강렬하게 표현하느라 영혼 마음 육체에 각각 '나의'라는 소유격 조사를 붙였습니다. 물론 이것은 성전 자체가 사랑스럽다기보다는 성전의 주인이신 하나님이 참으로 아름다운 분이요, 자신이 성전 안에 있다는 사실로 인해 자기 마음이 아주 든든하다는 뜻입니다.(Goldingay 589) 이에 그는 일부러 성전이라고 하는 대신 '주의 장막'이라고 불렀습니다.

2절 번역을 표준새번역 및 공동번역개정판과 비교해 봅니다.

표준	공개
내 영혼이 주의 궁전 뜰을 그리워하고 사모합니다. 내 마음도 이 몸도, 살아 계신 하나님께 기쁨의 노래 부릅니다.	야훼의 성전 뜰 안을 그리워하여 내 영혼이 애타다가 지치옵니다. 나의 마음 나의 이 몸이 살아 계신 하느님께 기쁜 소리 지르옵니다.

박동현은 이 부분을 '여호와의 궁전 뜰을 이 몸, 애타게 그리다가 진이 다 빠집니다. 내 마음도 내 살덩이도 기뻐 소리칩니다. 살아계시는 하나님께'라고 옮겼습니다.

개역개정이 사모하다로 옮긴 말(카사프 kāsaf)은 '창백해지다'입니다. '쇠약하다'로 번역한 말(칼라 kālâ)은 '끝나다 멸하다'입니다. 이는 기진맥진한 상태를 가리킵니다. 지금 시인은 찬란하게 빛나는 주님의 장막에 가고 싶은 마음이 너무나도 큰 나머지 얼굴이 창백해지고, 죽을 것 같다고 고백합니다. 이에 자기 마음과 육체가 하나님께 부르짖는다고 합니다. '부르짖다'는 말(rānan)은 '소리치다, 진동하다, 기뻐 소리지르다'입니다. 이는 온 몸이 흔들릴 정도로 소리지르는 모습을 나타냅니다.

내가 주의 계명들을 사모하므로 내가 입을 열고 헐떡였나이다(시 119:131)

마치 코로나19로 인해 우리가 성전에서 예배드리지 못하였듯이, 지금 시인은 예배의 자리에 가지 못하는 위치, 마음대로 성전에 갈 수 없는 형편에 놓였습니다. 그러자 예배할 수 있는 성전이 더욱 그립고 더욱 사랑스럽게 느껴졌습니다.

시인은 때로는 힘이 빠지고, 때로는 허탈함을 느낍니다. 거센 세파 앞에서 자신이 얼마나 무기력한 사람인지를 실감하며 가슴을 칠 때도 있습니다. 그런 자신에게 하나님께서 계신 곳, 하나님의 집이 주어졌다는 사실이 얼마나 감격스럽습니까? 상한 마음, 쇠약해진 육신, 침체된 영혼을 추스릴 곳이 이 세상에도 있다는 사실이 우리에게 얼마나 큰 안도감을 안겨줍니까? 하나님은 사람을 위해서도, 짐승들을 위해서도 그런 안식처, 기도처를 예비해 놓으셨습니다.

1-2절에서 하나님의 법궤가 있는 곳을 '주의 장막, 여호와의 궁정'이라 불렀던 시인은 이제 그곳을 '주의 제단, 주의 집'이라 부릅니다.(3-4절)

여기 나오는 참새와 제비는 두 가지 의미로 풀이할 수 있습니다. i) 주의 제단(주의 집)에 머무는 참새가 부럽다는 뜻입니다. 시인 자신은 성전을 그토록 선망하면서 정작 그리로 갈 수가 없는데 비해 참새와 제비는 그곳에 둥지를 틀고 항상 거기에 있으니 게염나는 것입니다. '주의 집에 사는 자들은 복이 있나니'라고 하는 이유가 바로 그런 것입니다. 새들은 주의 성전 언저리에 살면서 언제든지 마음 놓고 찬양을 부를 수 있다는 사실이 시인에게 한없이 부러웠습니다.

ii) 안전하며 평온하다는 뜻입니다. 새가 자기 거처를 떠나는 것은 안전지대를 벗어난 것입니다. 방어수단을 놓아버리는 것입니다. 새는 그 순간부터 위기에 봉착합니다. 참새와 제비는 맹금류가 아닙니다. 밖에 함부로 나돌다가는 언제 어떤 것이 자기 생명을 위협할지 모릅니다. "모압의 딸들은 아르논 나루에서 떠다니는 새 같고 보금자리에서 흩어진 새 새끼 같을 것이라"(사 16:2)는 말씀도 그런 정황을 반영합니다.

이에 시인은 하나님을 가리켜 '나의 왕, 나의 하나님, 만군의 여호와'라고 불렀습니다. 그러면서 참새와 제비를 예로 들었습니다. 성경에서 이 새들은 종종 하찮은 존재, 아주 무가치한 존재에 비유됩니다. 그런 것들조차도 '… 얻고 … 또 얻었나이다' 하며 자기도 그 안전한 자리에 있게 되기를 갈망합니다.

> 내 영혼이 하나님 곧 살아 계시는 하나님을 갈망하나니 내가 어느 때에 나아가서 하나님의 얼굴을 뵈올까(시 42:2)

하나니 품은 우리에게 "이 세상에서 가장 안전지대에 우리가 살고 있구나, 가장 좋은 방어체계(보호장치) 안에 우리가 있구나" 하며 안도감을 느끼게 합니다. 그것은 우리 안에 거센 세파에 담대하게 맞설 힘을 저절로 솟아나게 합니다.

61

길

시84:5-7

찬송: 94장(주 예수 보다 더 귀한 것은 없네)

> 5 주께 힘을 얻고 그 마음에 시온의 대로가 있는 자는 복이 있나이다
>
> 6 그들이 눈물 골짜기로(*바카 골짜기로*) 지나갈 때에 그 곳에 많은 샘이 있을 것
> 이며 이른 비가 복을 채워 주나이다
>
> 7 그들은 힘을 얻고 더 얻어 나아가 시온에서 하나님 앞에 각기 나타나리이다

시편 84는 세 개의 소절로 되어 있습니다. 각 소절마다 복을 빌어주는 내용이 있습니다.(4, 5, 12절) 그 가운데 둘째 소절에만 첫 구절에 그것이 들어 있는 것이 특징입니다.

5절은 시 27:4의 메아리처럼 들립니다.

내가 여호와께 바라는 한 가지 일 그것을 구하리니 곧 내가 내 평생에 여호와의
집에 살면서 여호와의 아름다움을 바라보며 그의 성전에서 사모하는 그것이라

시편 84에는 '복'이 세 번 나옵니다.

303

주의 집에 사는 자들은 복이 있나니 그들이 항상 주를 찬송하리이다(4절)

주께 힘을 얻고 그 마음에 시온의 대로가 있는 자는 복이 있나이다(5절)

만군의 여호와여 주께 의지하는 자는 복이 있나이다(12절)

여기에 쓰인 복이란 말은 *아셰르*(aśərê)입니다. 여기서 복이 있는 두 종류의 사람에 관해 말씀합니다. i) 주님께 힘을 얻는 사람입니다. '주님께 힘을 얻는다'는 말은 '주님 안에서 힘을 얻는다'는 뜻입니다. 즉 주님 밖에서는 아무 것도 얻을 수 없다는 것을 아는 것입니다. 독수리와 매, 올빼미 등 맹금류 같이 자기 힘을 의지하고 사는 사람보다는 참새와 제비 같이 자기에게 힘이 없음을 알고, 주님을 신뢰하고 의지하며 사는 사람이 더 복됩니다.

ii) 마음에 (시온의) 대로가 있는 사람입니다. 어떤 성경번역은 '대로' 앞에 '시온의' 또는 '순례자의'를 덧붙여놓기도 합니다. '대로'라는 말(*머씰라 məssilâ*)은 '자연적으로 다져진 길이 아니라, 인공적으로 만든 길'을 가리킵니다.(ELB die gebahnte Wege)

우리의 마음에는 여러 곳을 향하는 길이 있습니다. 이를 테면 직장 혹은 일터를 향하는 마음의 길이 있습니다. 부모 형제 가족을 향하는 마음의 길도 있습니다. 사회와 이웃을 향하는 마음의 길도 있습니다. 국가와 민족, 그리고 인류를 향하는 마음의 길도 있습니다. 자기의 꿈과 소망을 향하는 마음의 길도 있습니다. 이 중에서 어떤 길은, 항상 청소하고 가꾸어서 잘 닦여진 길이고 어떤 길은 잡초만 무성한 길이 있기도 합니다.

시온의 대로는 물질이 풍족하거나 생활환경이 아주 좋다는 뜻이 아닙니다. 그 길은 세상 사람들이 찾는 부유한 길이 아니라 하나님을 향한 길, 하나님을 만나러 가는 길입니다. 하란으로 향해 가던 야곱에게 하늘 문이 열리고 하늘과 땅을 연결하는 사닥다리가 이어진 것처럼, 자기 인생 과정에서 하나님을 만나는 길입니다. 그 마음에 대로가 있다는 말은 그 사람 마음속에 하나님을 향해 나가는 길을 닦고 있다는 뜻입니다.

(시온의) 대로라는 말은 반세속적ㆍ반문화적인 것을 가리킵니다. 세상은 끊임없이 자신의 내면을 들여다보라고, 마음의 나침반을 연구하고 그것이 이끄는 대로 따라가라고 합니다. 우리가 자주 듣는 말 중에 '네 자신의 욕망을 구현하라'는 것도 있습니다.

84편은 그런 소리에 관심이 없습니다. 진정한 기쁨은 '내 마음 가는대로' 자기 마음속 나침반을 따라갈 때가 아니라 '하나님을 따르라'는 주님의 음성에 순종할 때 찾아옵니다. 내가 원하는 게 아니라 하나님이 기뻐하시는 것을 추구하는 자가 바로 복 받은 자입니다.

그렇게 되려면, 그 대로를 닦아 길이 들게 하려면 노력이 필요합니다. 그 과정에서 땀도 눈물도 흐릅니다. 이에 시인은 '그들이 눈물 골짜기로 지나갈 때에'라고 했습니다. 우리의 인생에는 눈물 골짜기, 사망의 음침한 골짜기가 있습니다. 이것은 이럴 수도 저럴 수도 없는 고통스럽고 어려운 자리 또는 사면초가로 불안하고 두려운 시간을 가리킵니다. 이런 것을 싫어하더라도 원하지 않더라도 누구나 살다보면 이런 길을 만납니다.

비록 눈물 골짜기의 지점이나 내용은 다르더라도 그런 것이 없는 사람이 없습니다. 어떤 사람은 어린 시절에 눈물 골짜기를 통과합니다. 어떤 사람은 청소년기에 통과합니다. 중년에 통과하는 사람도 있고 노년에 통과하는 사람도 있습니다.

눈물 골짜기의 종류도 다릅니다. 어떤 사람은 경제적인 일로 눈물 골짜기를 통과합니다. 어떤 사람은 건강으로 통과합니다. 어떤 사람들은 가족이나 주변 사람들로 인해서 통과합니다. 어떤 이는 세상의 사건 사고로 눈물 골짜기를 지나갑니다.

눈물 골짜기를 통과할 때 흘리는 눈물의 양도 사람마다 다릅니다. 어떤 사람에게는 흘린 눈물샘이 몇 개만 보입니다. 어떤 사람에게는 수십 개가 보입니다. 또 어떤 사람의 눈물샘은 셀 수도 없습니다. 무엇보다도 내 눈물샘의 개수를 다른 사람은 모릅니다. 그 양은 당사자와 주님만 압니다.

1956년에 루이스(C. S. Lewis)는 '이런 일이 생기면 어떡하지, 생기지 않으면 어떡하지' 하는 걱정으로 고통받는 어떤 여성과 편지를 주고받았습니다. 어느 시점에서 그는 이렇게 썼습니다. "사람은 어떤 일이 일어나는가와 관계없이 발생한 일 자체를 견뎌낼 힘이 있는 존재입니다."

우리가 눈물 골짜기에 있을 때 하나님은 '그 곳으로 많은 샘의 곳이 되게 하며 이른 비도 은택을' 입히게 하십니다(시 84:6b) '많은 샘'은 긴 여행으로 지친 순례자들을 위해 파 놓은 물웅덩이를 의미합니다.

그들 발은 눈물 골짜기를 딛고 있었어도 그 마음과 영혼에는 시온의 대로가 있었습니다. 고라 후손들은 시온의 대로 – 하나님께서 인도하시고자 하는 길, 하나님께서 역사하시는 길, 하나님께서 만져주시고 치유하시는 길을 그 마음 중심에 닦아 나갔습니다. 그 눈물 골짜기에서, 믿을 것도 없는 현실밖에 없는 사람은 반드시 실망합니다. 그 눈물 골짜기에서 사람이나 환경이나 조건을 믿는 사람은 반드시 넘어집니다. 비록 눈으로 현재상황을 볼 때에는 별로 믿을 것이 없더라도 그런 현실조차도 믿음으로 바라보는 이는 반드시 최후 승리를 거둡니다. 결코 믿는 사람을 버리거나 떠나지 아니하시는 하나님께서 믿음의 사람을 결코 실망시키지 않으십니다.

이른 비는 가나안 지방에 내리는 가을비입니다.(신11:14) 이 비는 건기동안 메마르고 딱딱해진 흙을 적셔 주어 땅을 갈기에 알맞게 해줍니다. 이른 비는 예기치 않는 하나님의 도우심의 손길을 비유합니다. 이것은 길이 없는 곳에 길이 생기기도 하고 마른땅에서 생수가 솟아나는 기적을 나타냅니다. 이 기적을 시인은 다음과 같이 노래합니다.

저희는 힘을 얻고 더 얻어 나아가 시온에서 하나님 앞에 각기 나타나리이다(시 84:7)

주님의 성막에서 '힘을 얻고 더 얻어' 하나님 앞에 나가는 자들의 심경을 다윗이 아주 멋지게 표현했습니다. "나의 힘이신 여호와여 내가 주님을 사랑하나이다."(시18:1) 이런 마음가짐으로 사는 사람은 순례자의 여정을 마칠 때 사도 바울처럼 "나의 달려갈 길을 마치고 믿음을 지켰으니 이제 후로는 나를 위하여 의의 면류관이 예비되었노라(딤후 4:7)"고백할 수 있습니다. 이런 모습이 찬송가 102장에 잘 나타나 있습니다.

주 예수 보다 더 귀한 것은 없네. 세상 행복과 바꿀 수 없네! 유혹과 핍박이 몰려와도 주 사랑하는 맘 변치 못해. 세상 즐거움 다 버리고, 세상 자랑 다 버렸네. 주 예수 보다 더 귀한 것은 없네 예수 밖에는 없네.

하나님은 이런 우리에게 믿음의 순례를 완주하게 힘을 주시는 분입니다. 그렇습니다. 진정한 복은 '마음 가는 대로 따르라'는 마음속 나침반을 따라갈 때가 아니라 '하나님을 따르라'는 '(시온의) 대로'에 설 때 깃듭니다.

62

천 날과 하루(1000＜1)

시 84:8–12

찬송: 370장 (주 안에 있는 나에게)

> 8 만군의 하나님 여호와여 내 기도를 들으소서 야곱의 하나님이여 귀를 기울
> 이소서(셀라)
>
> 9 우리 방패이신 하나님이여 주께서 기름 부으신 자의 얼굴을 살펴 보옵소서
>
> 10 주의 궁정에서의 한 날이 다른 곳에서의 천 날보다 나은즉 악인의 장막에 사
> 는 것보다 내 하나님의 성전 문지기로 있는 것이 좋사오니
>
> 11 여호와 하나님은 해요 방패이시라 여호와께서 은혜와 영화를 주시며 정직하
> 게 행하는 자에게 좋은 것을 아끼지 아니하실 것임이니이다
>
> 12 만군의 여호와여 주께 의지하는 자는 복이 있나이다

이것은 계속 이어지는 시온의 노래입니다. '고라 자손의 시, 인도자를 따
라 깃딧에 맞춘 노래'라는 표제가 시편 84편에 붙어 있습니다. 이와 똑같
거나 비슷한 이름이 붙은 시편은 시편집에 12(11)편 들어 있습니다.(42, 44-
49, 84-85 : 87-88)

1 하나님은 우리의 피난처시요 힘이시니 환난 중에 만날 큰 도움이시라

2 그러므로 땅이 변하든지 산이 흔들려 바다 가운데에 빠지든지

3 바닷물이 솟아나고 뛰놀든지 그것이 넘침으로 산이 흔들릴지라도 우리는 두
  려워하지 아니하리로다 (셀라)(시 46:1-3)

주의 궁정에서의 한 날이 다른 곳에서의 천 날보다 나은즉 악인의 장막에 사는

것보다 내 하나님의 성전 문지기로 있는 것이 좋사오니(시 84:10)

이 노래를 부르는 '고라의 자손들'은 누구입니까? 그 이름이 나와 있지
않습니다. 이 말씀들을 읽으면 '고라는 좋은 신앙의 가문에서 아주 훌륭한
믿음의 유산을 물려받으며 자랐구나' 하는 생각을 하게 됩니다. 정말 그럴
까요?

이렇게 훌륭한 자손을 둔 '고라'가 도대체 누구입니까? 민수기 16:1-35
에 그에 관해 자세히 나와 있습니다.

민수기 16장에 '고라'라는 사람이 나옵니다. 그는 레위의 증손자이며 모
세와 사촌 사이였습니다. 고핫의 후손 가운데, 아론과 그 자녀들은 제사장
이 되고, 고라와 그 자녀들은 성막에서 봉사했습니다. 제사장이 되고 싶었
던 고라는 사람들 250명을 모아 선동했습니다. 고라의 생각에 자신과 동
일한 족보의 선(같은 항렬)에 있는 모세와 아론만 지도자와 제사장의 역할
을 하는 것이 불만이었습니다. 그 때에 모세는 고라에게 "하나님께서는 당
신들을 이스라엘 회중 가운데서 구별하여서 주님의 성막에서 일을 하게 하
며 회중들 앞에 세워주셨는데, 그것이 작고 부족하냐"라고 물었습니다. 그
들은 지금보다 더 큰 힘을 갖고 싶고 제사장의 지위도 겸하고 싶어서 모세
와 아론에게 반기를 들었습니다. 하나님께서 그들이 하는 짓을 기뻐하지
않으셨습니다. 하나님의 심판 날에 고라와 그를 따르던 주동자, 다단, 아비

람, 온은 입을 벌린 땅에게 삼킴을 당했고, 다른 250명은 하나님께서 보내신 불에 타버렸습니다.

고라의 문중 사람들 가운데 아마 고라에게 동조하지 않는 사람들이 있었던 모양입니다. 그들은 다행스럽게도 하나님의 심판을 면했습니다. 그렇더라도 사람들은 선입견을 가지고 그들을 매서운 눈초리로 쏘아보았을 것입니다.

민 26:10-11	대상 26:1, 12
10 땅이 그 입을 벌려서 그 무리와 고라를 삼키매 그들이 죽었고 당시에 불이 이백오십 명을 삼켜 징표가 되게 하였으나 11 고라의 아들들은 죽지 아니하였더라	1 고라 사람들의 문지기 반들은 이러하니라 아삽의 가문 중 고레의 아들 므셀레먀라 … 이상은 다 문지기의 반장으로서 그 형제처럼 직임을 얻어 여호와의 성전에서 섬기는 자들이라

민수기가 모세 시대의 일을 기록했다면 역대기상 26장은 솔로몬 시대의 것입니다. 이 둘 사이에는 약 300여년 세월이 흘렀습니다. 모세 시대 고라는 약속의 땅 가나안으로 가는 길에서 모난 돌멩이였습니다. 민수기 26:10-11은 반역으로 벌 받아 죽어간 아버지, 그리고 남겨진 아들들의 이름을 기록조차 하지 않았습니다. 아마 이름을 기록할 가치조차 느끼지 못했을 것 같습니다. 조선시대처럼 3족을 멸하지 않은 것이 그나마 다행이라고 해야 할까요?

그들은 '눈물 골짜기로(바카 골짜기로) 지나'다녔습니다.(6절) 그런데도 그들은 살아남았습니다. 어떻게 살았을까요? 어쩌면 그들은 죽은 것만도 못한 생활을 했을 것입니다. 아마 주변 사람들에게서 지독한 편견과 손가락질을 한 몸에 받았을 것입니다. 길에서 그와 마주치기라도 하면 고개를 외로 꼬는 사람들이 많았을 것입니다. 그들 자신은 땅에 떨어진 자존감으로 인해 고개 떨구며 살았을 것입니다. 자기 집안에 반역의 피(저주의 피)가 흐른다며 조상을 원망했을지도 모릅니다. 엄격히 말하자면 그들 자신의 죄가 아니었습니다. 광야생활 내내, 가나안 정착 뒤에도 한 동안 그들은 첩첩 산중에 갇힌 듯 모진 세월을 살아냈습니다. 아무리 지우려고 해도 지워지지 않는 가문의 혈통, 아무리 잊으려 해도 주변의 눈초리가 그들에게 결코 잊을 수 없는 과거를 기억나게 했습니다.

그 무기력의 지층에 짓눌리며 그들은 "우리(나) 같은 사람이 드리는 기도와 예배를 하나님께서 받아주실까? 우리(내)가 감히 하나님을 찬양하는 노래를 불러도 될까? 우리(나)도 다시 시작할 수 있을까?" 주저주저 하며, 회의하며 살아냈을 것입니다.

이러던 사람들이 어떻게 내놓고 하나님을 찬양할 수 있었을까요? 어떻게 그들의 찬양이 시편 형식으로 성경책에 12편이나 실릴 수 있었나요?

시작이 반이라는 말처럼 무엇인가를 시작하는 일은 쉽지 않습니다. 그리고 이미 실패했던 것을 다시 시작하는 일은 더더욱 어렵습니다. 이런 뜻에서 고라의 후손들의 재기는 놀랍고도 놀라운 일입니다. 그들의 찬양은 십자가의 고난을 거친 찬양입니다.

솔로몬 시절 그들은 성전 문지기였습니다.(대상 26:1, 12) 문지기는 하나님의 집에 머물면서 쓸고 닦고 고치고 칠하고 마음과 정성을 다하여서 하나님의 집을 돌보는 사람입니다. 더 나아가 그들은 누가 성전에 들어갈 수 있느냐 없느냐를 결정하는 중요한 역할을 맡았습니다. 이것은 당시 사람이 성전에 잘못(성결하지 않은 채) 들어가면 반드시 정결례를 드려야 하기에 매우 비중 있는 일이었습니다.

그들은 솔로몬 시대에 했던 그렇게 귀한 자리에 다시 올라섰습니다. 그렇지만 그 자리에 있게 되기까지 그들은 앞서 살펴본 대로 수많은 좌절과 실패로 주눅 드는 과정을 견뎌내고 살아냈습니다.

> 고라 자손 살룸의 맏아들 맏디댜라 하는 레위 사람은 전병 굽는 일을 맡았다(대
> 상 9:31)

고라 자손들은 지난날 뼈아픈 비극에서 교훈을 배웠습니다. 자기에게 일이 주어졌다는 사실 자체만으로도 기쁘고 감사했습니다. 그것을 감당하는 것이 최고의 행복임을 알았습니다. 전에는 지도자나 제사장이 최고처럼 보였는데 문지기로 섬기는 것, 성전에서 요리하는 것, 찬양하는 것도 감사하는 이들이 된 것입니다.

상하고 지치고 힘들 때마다, 시온의 대로를 따라 주님 전을 찾아와 '내가 너와 함께 할 것이라'는 주의 음성 을 듣는 사람은 복이 있습니다. '여호와 하나님은 나의 태양이시요 방패이시라'고 고백하며, 주님을 향한 사랑을 품은 사람을 그 어떤 생활의 조건이 가로막을 수 있습니까? '여호와 하나님은 나의 태양이시요 방패이시라'고 고백하며, 교회를 사랑하는 사람을 그 어떤 환경이 가로막을 수 있습니까? 이런 사람은 비록 땅에 떨어진 한 알의 밀알처럼 썩어지고 잊혀지는 듯한 순간 순간 들이 있을 지라도, 반드시 많은 열매를 맺는 한 알의 밀알로 쓰임을 받습니다.

그런 사람들에게는 과거의 실패가 중요하지 않았습니다. 가문에 흐르는 저주의 피가 중요하지 않았습니다. 하나님 안에서는 과거의 영광도 과거의 수치도 대물림되지 않습니다. 그런 것보다는 지금 여기서 말씀대로 사는 일이 천배 만배 중요했습니다. 하나님은 바로 그 신앙의 자리에서 그 사람의 인생길을 재설정(리셋 Reset)하시는 분입니다.

코로나19 시대를 살아가는 우리에게도 재설정(reset)의 은혜가 필요합니다. 그것도 보통 수준이 아니라 빅 리셋(Big Reset)이 필요합니다.

21세기에 들어선 인간에게는 할 수 없는 것이 거의 없는 듯 보였습니다. 옛날에 하나님께만 기대할 수 있었던 것들을 사람이 웬만큼 다 해냈습니다. 2천 년 전 사람이 오늘 우리가 살아가는 모습을 본다면 아마 신(神)이 나타났다고 생각할지도 모릅니다. 마치 《걸리버 여행기》에 나오는 난장이 국가 사람들처럼 말입니다.

우리는 인터넷은 물론 IT에 기반한 AI를 사용하고. 자동차 · 비행기를 이용하고, 냉난방 시설을 갖춘 집에 삽니다. 냉장고에 먹을 게 가득합니다. 의사는 웬만한 병을 다 고칩니다. 문명이 이렇게 발달하다 보니 하나님을 믿는 신앙의 비중이 점점 떨어졌습니다. 기독교인 중에도 신앙을 종교적인 장식품 정도로 여기는 사람이 있을 정도였습니다.

그러던 우리가 2년 전 갑자기 찾아온 코로나19를 만났습니다. 과학도 교회도 그 앞에서 맥을 못춥니다. 과학기술도 코로나19앞에 갈팡질팡합니다. 교회도 코로나19 앞에 답을 찾지 못해 허덕허덕합니다. 코로나19는 기술문명을 신처럼 떠받드는 세상에 던져진 도전장입니다. 코로나19는 세속화되어가는 우리 신앙에 던져진 도전장입니다.

순례자의 노래

히브리 성경의 시편은 5권으로 배열된 150편의 노래를 담고 있다. 그것은 시편을 편찬한 사람들의 의도에 따라 독특하게 모여 있다. 예를 들면 다음과 같다.

아삽의 시(50, 73-83)

고라 자손의 시(42, 44-49, 84-85, 87-88)

올라가는 노래(120-134)

할렐루야 시(113-118, 146-150)

야웨-말락 시(47, 93, 96-99)

위의 것들 가운데 〈올라가는 노래〉(순례자의 노래)는 독특하다. 그것은 다른 모음집과는 달리 중간에 끼어든 것 없이 한 줄로 꿰어졌다. 여기 쓰인 언어와 개념이 아주 매끄럽게 이어진다. 이 시편들을 성격에 따라 분류하고 그것의 개별적인 특징을 1548년 네덜란드에서 나온 《르우벤 성경(Leuvense Bijbel)》에 따라 요약하자면 다음과 같다.

i) 예루살렘으로 향하여

시 119(120): 인생의 환난을 안고 주님께로(Ad Dominum cum tribularer) 내가 환난 중에 여호와께 부르짖었더니 내게 응답하셨도다.

시 120(121): 내 눈을 듭니다.(Leuaui oculos meos) 내가 산을 향하여 눈을 들리라 나의 도움이 어디서 올까.

시 121(122): 나는 기쁘다.(Letatus sum) 사람이 내게 말하기를 여호와의 집에 올라가자 할 때에 내가 기뻐하였도다.

ii) 하나님의 도우심

시 122(123): 주님을 향하여 눈을 듭니다.(Ad te leuaui) 하늘에 계시는 주여 내가 눈을 들어 주께 향하나이다.

시 123(124): 만일 주께서 우리 편이 아니었다라면(Nisi quia Dominus) 이스라엘은 이제 말하기를 여호와께서 우리 편에 계시지 아니하셨더라면 우리가 어떻게 하였으랴.

시 125: 의지하는 자(Qui confidunt). 여호와를 의지하는 자는 시온 산이 흔들리지 아니하고 영원히 있음 같도다.

iii) 하나님의 복주심

시 125(126): 돌려보내실 때(In conuertendo) 여호와께서 시온의 포로를 돌려보내실 때에 우리는 꿈꾸는 것 같았도다.

시 126(127): 만일 주께서 세우지 아니하시면(Nisi dominus aedificauerit) 여호와께서 집을 세우지 아니하시면 세우는 자의 수고가 헛되며 여호와께서 성을 지키지 아니하시면 파수꾼의 깨어 있음이 헛되도다.

시 127(128): 주님을 경외하는 자마다 복이 있어라.(Beati omnes qui

timent) 여호와를 경외하며 그의 길을 걷는 자마다 복이 있도다.

iv) 하나님께서 거룩하게 하심

시 128(129): 여러 번 괴롭혔어도(Sepe expugnauerunt) 그들이 내가 어릴 때부터 여러 번 나를 괴롭혔으나 나를 이기지 못하였도다.

시 129(130): 깊은 곳에서(De profundis)여호와여 내가 깊은 곳에서 주께 부르짖었나이다.

시 130(131): 주여 내가 교만하지 않나이다.(Domine non est exaltatum) 여호와여 내 마음이 교만하지 아니하고 내 눈이 오만하지 아니하오며 내가 큰 일과 감당하지 못할 놀라운 일을 하려고 힘쓰지 아니하나이다.

v) 복받은 자들이 비는 축복

시 131(132): 기억하소서, 주님!(Memento Domine)여호와여 다윗을 위하여 그의 모든 겸손을 기억하소서.

시 132(133): 보라, 얼마나 아름다운가!(Ecce quam bonum) 보라 형제가 연합하여 동거함이 어찌 그리 선하고 아름다운고.

시 133(134): 보라, 밤에 찬양드리라.(Ecce nunc benedicite) 보라 밤에 여호와의 성전에 서 있는 여호와의 모든 종들아 여호와를 송축하라.

호스펠트와 쳉어는 순례자의 노래 15편를 세 개의 그룹으로 나누었다: 시편 120-124；125-129；130-134.(Hossfeld-Zenger, Pslamen 101-150, 403)

그보다 앞서 헹스텐베르크(E. W. Hengstenberg 1802-1869)는 시편 127을 가운데 놓고 네 그룹으로 분류했다.(120-123；124-126；128-131；132-134) 그는 또한 순례자의 노래가 시편 127을 기준으로 완벽한 대칭을 이룬다는 점을 찾아냈다. i) 시편 127 앞뒤로 7개의 순례자의 노래가 배치되었으며, ii) 각 그룹에서 두 개의 노래에만 '다윗의 시'라는 표제가 붙어 있고 iii) 각 그룹에 '여호와'라는 이름이 12번씩 모두 24번 등장하며, iv) 그 가운데 여호와의 단축형인 '야(jâ)'는 각 그룹의 세 번째 노래(시 122:3; 130:3)에 있다는 사실에 착안했다.(Commentary on the Psalms, 3 Vols. trans.: J. Thomson & P. Fairbaim. T & T Clark, 1854. 3:409; Bollock 80)

굴드(M. D. Goulder)는 이것을 느헤미야 시대 및 그의 활동과 연결시켰다. 느헤미야는 유다가 당한 재앙과 그 후유증에 슬퍼했다.(1장) 레위인들은 그의 슬픔을 시편 120으로 화답했다는 것이다.

1 내가 환난 중에 여호와께 부르짖었더니 내게 응답하셨도다 2 여호와여 거짓된 입술과 속이는 혀에서 내 생명을 건져 주소서(시 120:1-2)

그가 밝힌 내용은 다음과 같다.(The Songs of Ascents and Nehemiah 43-58)

느헤미야의 애가(시편 120)

느헤미야의 유다로의 여행(시편 121)

느헤미야의 예루살렘 도착 (시편 122)

대적들의 조롱(시편 123)

음모에서 벗어남(시편 124)

고리대금업자의 방해 (시편 125)

성벽공사가 끝남(시편 126)

집과 문이 건축됨(시편 127)

마을이 예루살렘으로 들어옴(시편 128)

도비야의 고백(시편 129)

안식일을 범함(시편 130)

이방인과의 결혼(시편 131)

성전 봉사자들을 정화시킴(시편 132)

성전을 향한 행진(시편 133)

예루살렘(성전)에서 드리는 감사예배(시편 134)

만일 순례자의 노래가 포로 귀환 이후에 만들어졌다면 위와 같은 가정이 받아들여질 수 있다. 만일 그렇지 않다면 이 가설은 설자리를 잃는다.

시편 120-134에는 올라가는 노래(쉬르 함마알로트 *šîr hamma ʻălot*)라는 제목이 붙어있다. 이것은 순례자들이 부른 노래다. 그 제목은 층계 시편(Gradual Psalms), 등급의 노래(Songs of Degrees), 계단의 노래(Songs of Steps), 예배드리러 가는 노래(Songs for going up to worship), 순례의 노래(Pilgrim Songs) 상승시편(Psalms of Ascent) 귀향의 노래(Lied der Heimkehr) 등이다. 칠십인역(LXX)은 여기에 '오데 톤 아나바트몬'(=발걸음의 노래), 불가타는 canticum graduum(=계단의 노래)이라는 제목을 붙였다.

미쉬나는 예루살렘 성전 안 여인의 터(court of women)에서 이스라엘의 터(court of Israel)로 올라가는 계단 15개에서 레위인들이 부르는 노래에 관해 다음과 같이 묘사했다.(Bullock, Encountering 107)

경건한 사람들은 타오르는 횃불을 손에 들고 그들 앞에서 춤추고 노래부르며 찬양했다. 수 많은 레위인이 수금과 비파와 피리와 나팔 등 모든 악기를 동원해 여인의 터에서 이스라엘의 터에 이르는 15개 계단에 섰다. 그들은 성전으로 올라가는 노래 15개를 서로 화답하며 불렀다.

이것을 '성전으로 올라가는 노래'로 부르기 시작한 사람은 헤르더(Johann Gottfried von Herder 1744-1803)이다. 헹스텐베르크(F. W. Hengstenberg 1802-1869) 콕스(Samuel Cox 1826-1893) 궁켈(Hermann Gunkel 1862-1932) 붸스터만(Claus Westermann 1909-2000) 케에트(C. C. Keet) 자이볼트(Klaus Seybold) 메이즈(J. M. Mays) 맥칸(J. G. McCann) 등이 그 뒤를 따랐다. 오늘날 많은 사람들은 이를 순례(순례자)의 노래(Wallfahrtspsalmen)라고 한다.(Hossfeld & Zenger)

올라간다면 당연히 '어디로'라는 물음이 생긴다. 이에 그 제목을 개역개정은 '성전에 올라가는 노래' 표준새번역은 '성전에 올라가는 순례자의 노래' 공동번역개정은 '순례자의 노래'라고 붙였다.

이 가운데 4개의 표제어에는 다윗(122, 124, 131, 133), 1개에는 솔로몬의 이름이 붙어 있다. 나머지 10개에는 인명이 들어있지 않다.

그 가운데 세 편(131, 133, 134)은 단 세 구절뿐이다. 순례자의 노래들 가운데 가장 긴 시편은 132로 18절 분량이다. 길이의 차이는 바로 앞에 있는 시편 119(176절)와 바로 뒤에 있는 시편 135(21절)와 비교해도 분명히 드러난다. 시편 전체의 평균 길이는 17절인데 〈성전으로 올라가는 노래〉의 그것은 7절이다.

히브리 성경은 이 시들의 제목을 '올라가는 노래'라고 간단하게 붙였다. 사실 시온은 높은 곳에 있다. 시온에 있는 예루살렘 성 둘레와 성전의 동쪽에 감람산(Olive Mountain) 서쪽에 시온 산 (Zion Mountain) 등이 있다. 예루살렘 성 자체도 모리아 산(Moriah Mountain) 위 등 모두 산에 있다. 그것들 덕분에 그곳으로 향하는 사람들은 그 성과 성전의 위용을 더욱 크게 느꼈으리라. 미첼(David C. Mitchell)은 올라간다는 말(accent)은 성전계단 15개 또는 '거룩한 언덕'에서 예루살렘으로 올라가는 것을 가리킨다고 했다.

이 15개 시편을 둘러싼 학자들의 논의는 예나 지금이나 끊임없이 계속 되고 있다. 그 쟁점은 i) 각자 개별적인 시편이 각기 다른 시대에 지어진 것 을 단순하게 모아놓은 것이냐, 동일한 시기에 같은 사회 환경 속에서 창작 된 것을 의도적인 편찬 계획 아래 수집한 것이냐 ii) 애당초부터 일정한 통 일성을 갖춘 작품이었나, 편찬자의 의도가 개재된 편집적인 통일체냐 iii) 어느 시대, 어느 곳에서 써지고 사용되었느냐 등이다.

몇몇 학자들이 이의를 제기하더라도 나는 다른 여러 학자들과 함께 이 것을 편찬 계획 아래 모아진 순례의 시편(순례자의 노래)으로 보겠다. 이 시편들의 특징은 다음과 같다.(Hossfeld-Zenger, Pslamen 101-150 391-407 ; Hossfeld-Zenger, Psalmen 101-150 die Neue Echter Bibel 725-729)

i) 다른 시편들에 비해 순례자의 노래 안에 있는 시편들의 길이는 매우 짧다. 대체로 3-9절 분량이다. 매우 압축된 내용을 담고 있으며 그 의미가 함축적이 다. 시편 132만 18절 분량이다. 이는 아마 외워서 리듬에 따라 노해하기에 적 당한 것이리라. 이 시편들에는 편집자가 붙인 '노래'(쉬르 šîr)라는 소제목이 달 려 있다.

ii) 형식 비평의 관점에서 볼 때 순례자의 노래는 일관성이 두드러지지 않는다. 그것들은 청원기도, 감사기도를 바탕으로 하여 작은 양식들이 예술적인 손길로 다듬어져 있다.

iii) 이것들의 시적인 기법(poetische Technik)은 매우 독특하다. 시편에서 흔히 발 견되는 평행법(der Parallelismus membrorum)이 여기서는 눈에 띄지 않는다. 그 대 신 점층법(Anadiplosis)과 반복법이 도드라지게 사용되었다. 특히 뒤엣것은 이 시편들의 길이가 짧다는 점에서 더욱 인상적이다.

iv) 여기에 쓰인 용어(낱말)들과 그 용례가 흔하지 않은 것들이다. 몇몇 개는 순례자의 노래에서만 발견된다.

v) 시편들은 예배의식에 관계된 낱말이나 문장을 선호한다. 예를들면 '천지를 지으신 여호와'(시 121:2: 124:8: 134:3) '지금부터 영원까지'(시 121:8: 125:2: 131:3) '이스라엘에게 평강이 있을지로다'(시 125:5: 128:6) 등입니다.

vi) 이 시편들에는 비유(비교)하는 내용이 많이 들어 있다. 그것들은 대체로 부사(전치사) כ(kə=마치 …처럼, …과 같이)와 함께 쓰였다.(시 123:2: 124:7: 125:1이하: 126:1: 128:3: 130:6: 131:2: 133:2 이하) 여기에는 대체로 사람들의 일상생활에서 빌려온 현상(사물)들이 사용되었다.

vii) 순례행위는 대체로 개인적이고 가족적인 영역에서 시행된다. 그런데도 순례자의 시선은 이스라엘 민족 전체를 향해 있다. 그 지평이 예루살렘 및 시온으로 확장되었다. 순례자의 노래들에는 개인적인 영역과 공동체적인 영역이 매우 조화롭고도 균형있게 배치되었다.

순례자의 기도(Pilgergebete)

- 한네스 로렌츠(Hannes Lorenz)

하나님 아버지!
주님은 우리를 순례자의 길로,
인생으로 부르셨습니다.

한 걸음 한 걸음 우리는 나아갑니다,
주님 신의 숨결로 채워지며
예수님께서 우리에게 보여주신 길로.

한 걸음 한 걸음 우리는 나아갑니다,
주님이 우리에게 보내주신
사람들이 있는 곳으로.

한 걸음 한 걸음 우리는 나아갑니다,
어렵고 또 힘들 때에도
주님 능력과 가까이계심을 신뢰하며.

한 걸음 한 걸음 우리는 나아갑니다,
이미 이룩한 것과 성취한 것에
기뻐하며 감사드리며.

주 하나님, 우리와 함께 하소서.
한 걸음 한 걸음,
순간과 영원 사이에 선
우리 인생의 순례 길에. 아멘.

참고문헌

- Richard Press, Der zeitgeschichtliche Hintergrund der Wallfahrtspsalmen, TZ (1958) 401-415

- Klaus Seybold, Die Wallfahrtspsalmen. Studien zur Entstehungsgeschichte von Psalm 120-134, Neukirchener Verlag, 1978

- Klaus Seybold, "Die Redaktion der Wallfahrtspsalmen", ZAW 91 (1979) 247-268

- Othmar Keel, Die Welt der altorientalischen Bildsymbolik und das Alte Testament. Am Beispiel der Psalmen, Neukirchener Verlag, 1984

- Viviers, Hendrik, "The Coherence of the ma'alôt Psalms (Pss 120 –134)", ZAW 106(1994), 275-289

- Michael D. Goulder, "The Songs of Ascents and Nehemiah," JSOT 75(1997) 43–58.

- Michael D. Goulder, The Psalms of the Return (Book V. Psalms 107-150). Edinburgh: Bloomsbury T & T Clark, 1998

- Erich Zenger, "Es segne dich JHWH vom Zion aus ... (Ps 134,3) Die Gottesmetaphorik in den Wallfahrtspsalmen Ps 120-134", in FS Otto Kaiser, Gott und Mensch im Dialog 601-621, de Gruyter 2004

- Martin Ebner u. a, Die Komposition der Wallfahrtspsalmen Ps 120-134. Zum Programm der Psalterexegese, Aschendorff, 2004

- Helgalinde Staudigel, "Anmerkungen zu Ps 120", ZAW 118(2006) 269-270

- Egbert Ballhorn: Zum Telos des Psalters. Der Textzusammenhang des Vierten und Fünften Psalmenbuches (Ps 90–150), Berlin 2004, 222–263.

- Oliver Dyma: Die Wallfahrt zum Zweiten Tempel. Untersuchungen zur Entwicklung der Wallfahrtsfeste in vorhasmonäischer Zeit, Tübingen 2009, 252–265.

- Michael Rohde, Wallfahrtspsalmen ohne Zionstheologie?: eine Auseinandersetzung mit der sog. Zionstheologie der Psalmen 120–134, ZAW 126(2014) 383-401

- David C. Mitchell, (2015). The Songs of Ascents: Psalms 120 to 134 in the Worship of Jerusalem's Temples, Campbell Publications, 2015.

- C. Hasell Bullock, Psalms Vol. 2. Psalms 73-150, Baker Books, 2017

- C. Hasell Bullock, Encountering the Book of Psalms A Literary and Theological Introduction, 2018[2].